Wer seinem Gesprächspartner ins Wort fällt, schlechte Tischmanieren hat oder unpassend gekleidet ist, hat es schwer auf dem Weg nach oben. Nur wer die Regeln kennt und in jeder Situation souverän und stilsicher aufzutreten weiß, kann überzeugen, gewinnt Symphatien und hat Erfolg. Und Fettnäpfchen lauern überall: Ob beim Begrüßen und Grüßen, beim Smalltalk, im Umgang mit den Kollegen und dem Chef, bei der Korrespondenz, am Telefon, bei Veranstaltungen, in Meetings oder auf Reisen …

Wie Sie sie elegant umgehen und sich auf jedem Parkett gekonnt bewegen, zeigt die erfahrene Etikette- und Kommunikationstrainerin Elisabeth Bonneau in diesem umfassenden Business-Knigge. Er gibt Antworten auf alle Stil-Fragen des modernen Berufslebens, zeigt Ihnen, welche Spielregeln heute gelten, und hilft Ihnen, auch verzwickte Situationen taktvoll zu meistern. Er ist damit ein unentbehrlicher Begleiter für alle, die stilvoll erfolgreich sein wollen.

Elisabeth Bonneau

Stilvoll zum Erfolg

Der moderne Business-Knigge

HOFFMANN UND CAMPE

1. Auflage 2004

www.hoffmann-und-campe.de
Schutzumschlaggestaltung: b3K text und gestalt GmbH
Umschlagfoto: Getty Images/Photodisc
Lektorat und Redaktion: Andreas Kobschätzky, Landsberg
Grafiken: Sonja Heller, Menden
Satz: Prill Partners | producing, Berlin
Druck und Bindung: GGP Media GmbH, Pößneck
Printed in Germany
ISBN 3-455-09471-6

HOFFMANN
UND CAMPE

Ein Unternehmen der
GANSKE VERLAGSGRUPPE

Inhalt

Vorwort

Menschen machen sich Bilder von Menschen und gestalten selbst das Bild, das andere sich von ihnen machen, auf mehr oder weniger bewusste Weise. Dabei können Absicht und Wirkung nur übereinstimmen, wenn Auftreten und Handeln mit der Absicht und den Erfordernissen in einer spezifischen Situation in Einklang sind.

Das Bewusstsein feilen, die Sensibilität erhöhen, das Wissen um Konventionen, Neuerungen und Wirkungsmechanismen ergänzen, dem Verhalten einen Feinschliff zufügen – das ist die Intention dieses Buches. Es wendet sich an alle, die die Sicherheit und Souveränität ihres Auftretens steigern wollen.

Ob Sie Angestellter sind oder Selbstständige, Frau oder Mann, Gastgeberin oder Gast, ob Sie sich auf beruflichem Terrain oder im Hinblick auf Ihren Berufserfolg auf dem glatten gesellschaftlichen Parkett bewegen, dies im In- oder Ausland – hier finden Sie Bestätigung für einiges und so manche Anregung, wie Sie Ihr Verhaltensspektrum auf stilvolle Weise erweitern können.

Stilvoll zum Erfolg wendet sich an Leserinnen und Leser im gesamten deutschsprachigen Raum. Ausgangspunkt sind Usancen in der Bundesrepublik Deutschland, erfahrungsgemäß weichen Österreich und die Schweiz in Details von diesen ab. Bei aller gebotenen Vorsicht sei die generalisierende These gewagt, dass Österreich dabei oft auf eine traditionellere Form Wert legt als Deutschland und dass die Schweiz eher in die weniger formgebundene Richtung tendiert. Beides zeigt sich insbesondere in den Anreden, beim Thema Hierarchie und im Umgang mit Damen respektive Frauen.

Wo Sie auch zu Hause sein und Ihre berufliche Tätigkeit ausüben mögen: Tragen Sie auf natürliche Weise professionell zu Ihrem guten Ruf und zum positiven Image Ihres Unternehmens bei. Letzteres ist ein in sich schlüssiges System, das alle Gebiete seines Erscheinungsbildes umfasst und von ihnen beeinflusst wird: von der Gestaltung der Geschäftskorrespondenz bis zum Auftreten der dort tätigen Menschen nach außen und dem Verhalten untereinander. Die gesamte Bandbreite der Aspekte finden Sie in diesem Buch wieder.

Mein besonderer Dank geht an Karl-Heinz Schopf, Oberkellner und Sommelier in Brenner's Park-Hotel & Spa, Baden-Baden, für seine Unterstützung beim Verfassen der Getränkekunde. Seiner intimen Kenntnis von Wein und Speisen hat das Buch die Bandbreite und Feinheiten in den Informationen über Menüwahl und Getränke zu verdanken.

Elisabeth Bonneau

Wie stilsicher sind Sie schon jetzt? Testen Sie sich selbst!

1. Sie gehen mit Ihrem Kunden, Dr. Georg Feldberg, durch Ihr Unternehmen und treffen auf eine Führungskraft Ihres Hauses, Susanne Belchen. Wie machen Sie die beiden miteinander bekannt?
   a) Herr Dr. Feldberg, ich freue mich sehr, Ihnen meine Kollegin Belchen vorstellen zu dürfen.
   b) Susanne, das ist Herr Dr. Feldberg. Herr Dr. Feldberg, das ist Frau Belchen.
   c) Wie schön, dass ich Sie miteinander bekannt machen kann: Susanne Belchen, sie leitet unsere Wertpapierabteilung. Herr Dr. Georg Feldberg. Kommen Sie beide nicht aus Wuppertal?

2. Sie, 35, Abteilungsleiter, möchten Ihre Sekretärin, 55, duzen. Wie gehen Sie vor?
   a) Als Vorgesetzter haben Sie die Entscheidungsfreiheit und bieten das Du an.
   b) Alter vor Schönheit: Sie können bestenfalls höflich darum bitten, sie duzen zu dürfen.
   c) Die Person ist weiblich und erheblich älter als Sie – keine Chance! Das Angebot zum Duzen müsste von ihr kommen.

3. Sie sind zu einer Veranstaltung eingeladen, bei der »dunkler Anzug« gewünscht wird. Als Schuhe wählen Sie zum dunkelblauen Designer-Outfit …
   a) die todschicken dunkelbraunen Slipper, die Sie sich gerade in Mailand gekauft haben
   b) einen Derby, zu dem Ihre englischen Freunde »Blucher« sagen
   c) den blitzblanken schwarzen Monkstrap, dessen Schnalle mit Ihrem Schmuck korrespondiert

4. Es wird noch eleganter. Dass Sie zum Smoking keine Krawatte tragen, ist klar. Doch welche Schleife passt auch in einem konservativen Umfeld dazu?
   a) die rote mit den weißen Punkten
   b) nur eine weiße
   c) nur eine schwarze

5. Zur Verabschiedung eines Vorstandsmitglieds sind der Bürgermeister und seine Frau, die Präsidentin der Industrie- und Handelskammer, der kurz zuvor pensionierte Vorstandsvorsitzende und zahlreiche Honoratioren der Stadt erschienen. In welcher Reihenfolge/nach welchem Prinzip erwähnen Sie sie in Ihrer Begrüßungsrede?
   a) Ladies first: die IHK-Präsidentin, die Frau des Bürgermeisters, den Bürgermeister, den früheren Vorstandsvorsitzenden

b) Das Alter ehren: den pensionierten Vorstandsvorsitzenden, den Bürgermeister, 52, die IHK-Präsidentin, 49, die Frau des Bürgermeisters, 42
c) Mandat vor Amt, Politik vor Wirtschaft: Bürgermeister und Frau, die IHK-Präsidentin, den früheren Vorstandsvorsitzenden

6. Die Visitenkarte einer Kundin lautet »Dr. Irene Gräfin von Schauinsland«. Wie begrüßen Sie sie?
a) Frau Dr. von Schauinsland
b) Dr. Gräfin Schauinsland
c) Frau Gräfin

7. Sie wollen sichergehen, dass ein Geschäftsbrief Ihre Kontaktperson direkt erreicht. Sie schreiben ins Adressfeld …
a) Herr Clemens Tuniberg Kaiserstuhl GmbH PERSÖNLICH
b) Firma Kaiserstuhl z.Hd. Herrn Clemens Tuniberg
c) Herrn Clemens Tuniberg c/o Kaiserstuhl GmbH

8. Im E-Mail-Verkehr muss es schnell gehen. Wie gehen Sie den Regeln entsprechend mit Anrede und Schlussformel um?
a) Sie lassen beide weg: Zeit ist Geld.
b) Sie kürzen beide ab: Hallo Fr. Meier, am Ende dann: MfG
c) Sie schreiben beide aus: so viel Zeit muss sein.

9. Sie besuchen eine Kundin in ihrem Unternehmen. Ihre ersten Worte nach der Begrüßung lauten:
a) Sie haben es aber schön hier!
b) Jetzt bin ich aber froh, dass ich Sie endlich gefunden habe!
c) Die Skulptur vor Ihrer Tür – kann es sein, dass eine ähnliche im MOMA in New York steht?

10. Sie gehören zum Orga-Team einer Kundenveranstaltung. Den Einstieg in eine Gruppe Ihnen völlig unbekannter Besucher finden Sie so:
a) Verzeihen Sie die Störung, doch ich würde gern fragen, ob ich mich einen Augenblick zu Ihnen gesellen dürfte?
b) Guten Tag und herzlich willkommen hier in der Vulkanfelsen AG. Ich freue mich, dass Sie sich so gut unterhalten. Ich bin Kai Batzenberg und hier für das Marketing zuständig.
c) Hallo zusammen. Ich bin der Herr Batzenberg. Nun, wie gefällt es Ihnen denn so bei uns?

11. Wenn die Mitarbeiterin im Restaurant Ihnen nachschenkt, …
a) ignorieren Sie das
b) danken Sie hin und wieder mit einem Nicken und Lächeln
c) sprechen Sie jedes Mal das Zauberwort »Danke« aus

12. Sie sind in einem edlen und konservativen Umfeld zu Gast. Wenn die Gastgeberin sich vom Tisch erhebt, um nach dem Rechten zu sehen:
    a) stehen die Herren rechts und links von ihr auf
    b) steht nur ihr Tischherr auf
    c) stehen alle Gäste auf

13. Sie haben im Restaurant Lammkoteletts bestellt. An jedem Knochenende befindet sich eine weiße Papiermanschette. Das heißt für Sie:
    a) Sie führen, nachdem Sie mit Messer und Gabel die größte Menge Fleisch vom Knochen entfernt haben, den Knochen mit den Fingern zum Mund und nagen das restliche Fleisch ab.
    b) Sie dürfen das ganze Kotelett in die Hand nehmen.
    c) Gar nichts: Das hübsche Teil ist Dekoration!

14. Wie essen Sie Spargel mit Stil?
    a) Sie schneiden zuerst alle Enden ab und arbeiten sich Stück für Stück bis zu den Köpfen vor.
    b) Sie verzichten auf den Einsatz des Messers und falten die Stangen jeweils mit der Gabel zusammen.
    c) Sie fassen das Ende jeder Spargelstange mit Daumen und Zeigefinger der rechten Hand und unterstützen beim Führen der Stange zum Mund den Kopf mit der Gabel. Zum Reinigen der Finger brauchen Sie eine Wasserschale.

15. Zum Spargel mit Vinaigrette trinken Sie …
    a) einen Spätburgunder aus dem Elsass, weil dort auch Spargel wächst
    b) einen frischen Riesling
    c) einen halbtrockenen Grauburgunder

16. Ein Dessertwein zum Käse …
    a) kann eine echte Entdeckung sein
    b) ist nur für Briten akzeptabel, die essen den Käse ja nach dem Dessert
    c) passt nie: Dessert bleibt Dessert!

17. Wenn Sie bei einem Bankett Tischkarten erstellen, …
    a) erübrigt sich das Einweisen der Gäste
    b) brauchen Sie nur noch die Ehrengäste einzuweisen
    c) müssen Sie alle Gäste einweisen, es sei denn, Sie hätten ein Placement veröffentlicht

18. Die Abkürzung »U.A.w.g.« auf einer Einladungskarte bedeutet:
    a) Um Antwort wird gebeten
    b) Um Abendkleidung wird gebeten
    c) Um Anruf wird gebeten

19. Die Stimmung in Ihrem Unternehmen ist schlecht. Sie wollen deshalb die Einladung Ihres Geschäftsführers zum Betriebsfest nicht annehmen. Sie …
    a) danken schriftlich, geben einen persönlichen Grund für Ihr Fernbleiben an und wünschen ein schönes Fest
    b) ignorieren die Einladung, der Mann weiß schon, warum Sie nicht kommen
    c) sagen den Kollegen, warum Sie nicht kommen, die verstehen das

20. Wenn Sie den Frühstücksraum eines Hotels betreten …
    a) grüßen Sie deutlich in den Raum hinein
    b) stören Sie niemanden mit einem Gruß, sondern setzen sich schweigend an einen Tisch
    c) erwidern Sie einen Blick mit einem Gruß

21. Wenn Sie Ihrem Vorgesetzten eine unangenehme Rückmeldung machen müssen, …
    a) beauftragen Sie lieber eine Person seines Vertrauens damit
    b) tun Sie das quasi zufällig zwischen Tür und Angel
    c) bitten Sie ihn um ein paar Minuten unter vier Augen und sagen ihm, was Sie beobachtet haben und was Sie sich wünschen

22. Wenn ein Kollege Sie in einer Besprechung unfair angreift, …
    a) sprechen Sie ihn irgendwann unter vier Augen darauf an
    b) fragen Sie ihn vor aller Augen, wie er seine Aussage genau gemeint hat
    c) gehen Sie nach dem Prinzip »Auge um Auge, Zahn um Zahn« vor und weisen ihn öffentlich darauf hin, dass Sie erst vor kurzem einen Fehler von ihm gedeckt haben

23. Ihr französischer Kollege lässt Ihnen den Vortritt. Sie nehmen sein Angebot an und sagen …
    a) Pardon
    b) Ça va?
    c) Merci

24. Sie, weiblich, rufen am Freitag um 9 Uhr Ortszeit einen Ihnen bisher nicht persönlich bekannten Geschäftspartner in Dubai an. Er beantwortet Ihre Frage unerwartet reserviert. Was haben Sie falsch gemacht?
    a) Sie hätten einen Mann anrufen lassen sollen.
    b) Sie hätten zu einer späteren Tageszeit anrufen sollen.
    c) Sie hätten nicht am Freitag anrufen sollen.

Auflösung

1 c, 2 a, 3 b, 4 c, 5 c, 6 b, 7 a, 8 c, 9 c, 10 b, 11 b, 12 a, 13 a, 14 c, 15 b, 16 a, 17 c, 18 a, 19 a, 20 c, 21 c, 22 b, 23 a, 24 c.

Die Erläuterungen im Lauf der Lektüre dieses Buches.

1 Corporate Behaviour

Bei gleicher Leistung wirkt sich Ähnlichkeit als Plus, Unähnlichkeit als Minus aus. Das ist das Fazit einer Studie der Technischen Hochschule Darmstadt, die deren Leiter, Professor Dr. Michael Hartmann, in seinem Buch *Der Mythos von den Leistungseliten* resümiert.

Für die Beurteilung einer Person und bei der Entscheidung über deren beruflichen Erfolg sind, so Hartmann, vier Merkmale entscheidend:

1. die Vertrautheit mit den in der Zielgruppe gültigen Verhaltens- und Dress-Codes
2. eine breit bildungsbürgerlich ausgerichtete Allgemeinbildung
3. eine ausgeprägte unternehmerische Einstellung
4. persönliche Souveränität und Selbstsicherheit

Ob Sie für sich allein Verantwortung tragen oder ein Unternehmen repräsentieren, leitet sich daraus der Schluss ab: 1. Machen Sie sich mit den bei Ihren Kunden, Geschäftspartnern, Lieferanten, Vorgesetzten, Kollegen und Mitarbeiter geltenden Spielregeln vertraut. 2. Gestalten Sie bewusst und auf natürliche Weise die Wirkung, die Sie auf diese Personen haben wollen.

Als Führungskraft sind Sie doppelt gefordert: Zum einen ist es Ihre Aufgabe, ein Team durch gezielte und konkrete Rückmeldungen dazu zu motivieren, sich als Botschafter des Unternehmens zu verstehen und somit Auftreten und Verhalten zu professionalisieren. Zum andern sollten Sie mit gutem Beispiel vorangehen. Schließlich ist »Lernen am Modell« die effektivste Art zu lernen, bei Kindern wie bei Erwachsenen. Es ist wirklich zu teuer, den Ruf einer Person und das Image eines Unternehmens dem Zufall zu überlassen.

Wie ein Eindruck entsteht

Wir alle gehen mit subjektiven Erwartungen durch das Leben und interpretieren unsere Eindrücke von der Welt auf die uns eigene Weise, nicht von ungefähr besteht das Wort »wahrnehmen« aus zwei Komponenten, die aus der Wendung »für wahr nehmen« verschmolzen sind: sich aus äußeren Informationen ein inneres Bild zusammenstellen. Wie bei unseren Vorfahren, die Unbekannte nach den Kategorien »Freund« oder »Feind« einordnen mussten, findet unsere Sortierung in Bruchteilen von Sekunden statt: Lohnt sich der Kontakt oder lohnt er sich nicht? Investiere ich meine Zeit besser hier oder an anderem Ort? Nützlichkeit ist ein wesentliches Auswahlkriterium!

Wie Menschen wahrnehmen

Werden Sie von einer fremden Person eingeschätzt, geht sie – vorwiegend unbewusst – in drei Schritten vor:

Am Anfang steht das sinnliche Erfassen: Die Person sieht, hört, riecht, fühlt Sie – Ihre Körpergröße, -form, -haltung, -spannung, Ihre Gestik, Mimik, Kleidung, Stimme, Ihren Handschlag, Ihren Duft – und gleicht diese Außenreize mit ihren Erwartungen zum Beispiel an Ihre Berufsgruppe ab. Nach einer Viertelsekunde steht die Hypothese fest: Sie sind für diese Person – hoffentlich – authentisch, offen, sympathisch.

Im zweiten Schritt – zirka 90 Sekunden lang – nimmt sie weitere Informationen auf, um ihr inneres Konzept über Sie zu prüfen und zu vervollständigen. Sie sind ja tatsächlich umgänglich, hilfsbereit, vertrauenerweckend usw., herzlichen Glückwunsch! Die Aussage, Sie hätten »keine zweite Chance für den ersten Eindruck« ist nämlich gleichermaßen richtig und falsch. Den ersten Eindruck können Sie nicht ungeschehen machen, er bleibt vorerst der Bezugspunkt für weitere Beobachtungen. Im Lauf des zweiten Schritts kann dieser erste Eindruck aber revidiert werden: Der zweite Eindruck kann Ihre Chance sein.

Danach stellt die beobachtende Person die Informationssuche ein; Eindrücke, die dem ersten und zweiten Eindruck widersprechen würden, werden übersehen, überhört, ignoriert. Die Wissenschaft spricht hier von der »Flaschenhals-Theorie«, nach der aus der Vielzahl der ankommenden Reize ein herausragender ausgewählt wird.

Parallel dazu wird intuitiv eine Vielzahl an Informationen verarbeitet. Dabei spielen – neben dem ersten Eindruck und der Konzentration auf ein zentrales Merkmal – Vorwissen (Vorurteile?) über bestimmte Menschengruppen und Typen sowie das Umfeld der Begegnung eine Rolle.

Extra-Tipp

Nicht vergessen: Der letzte Eindruck wird grundsätzlich mit dem ersten Eindruck abgeglichen – nur wenn die beiden übereinstimmen, wird eine Person als authentisch erlebt. Nur ein als »passend« und »schlüssig« eingeschätztes Verhalten wird positiv bewertet, Widersprüche wirken suspekt. Der letzte Eindruck ist Ihre erste Chance für die Zukunft.

Worauf Menschen bei der Begegnung achten

Jenseits aller Spekulationen (»Frauen sehen Männern zuerst auf die Hände ...«) konzentrieren sich Menschen in den ersten Bruchteilen einer Begegnung auf die Augen und auf den Mund:

- Wird der Blick als Zugangskanal oder als Machtmittel genutzt?
- Verschließt sich der Mund oder öffnet er sich?
- Ist das Lächeln der Lippen echt? Lächeln die Augen mit?

Symmetrie, Weichheit und Offenheit wirken attraktiver als Härte, Verschlossenheit und Unausgewogenheit:
- Wie geht einer auf andere zu? Wie öffnet er sich mir?
- Wo und wie bewegt er sich im Raum?
- Welche Erinnerungen an andere weckt er in mir?

Ähnlichkeit ist ein hoher Sympathieträger, denn sie bestätigt dem Betrachter: »Ich bin O.K.« »Meine Sicht der Welt stimmt.«
- Was hat einer mit mir gemeinsam?
- Teilt er meine Gewohnheiten, Meinungen, Werthaltungen?
- Lässt er Gleichgewicht zu oder will er dominieren?

Schließlich läuft schon in den ersten Mini-Sequenzen einer Begegnung alles auf das hinaus, was bereits der New Yorker Psychologe Abraham Maslow für das gesamte menschliche Zusammenleben entdeckte: Wenn Sie Menschen motivieren möchten, gelingt Ihnen das am leichtesten, wenn Sie deren Bedürfnisse nach Überlebens- und Rechtssicherheit, Zugehörigkeit, Anerkennung und Selbstverwirklichung befriedigen.

Innere und äußere Haltung: die Etikette

Nicht von ungefähr nannte Adolph Freiherr Knigge, der Autor des viel zitierten und selten gelesenen Werks *Über den Umgang mit Menschen* sich selbst den »Freien Herrn Knigge«: Er forderte von den gesitteten Menschen des ausgehenden 18. Jahrhunderts, »sich ungezwungen in den Ton jeder Gesellschaft stimmen zu können, ohne weder Eigentümlichkeit des Charakters zu verlieren noch sich niedriger Schmeichelei herabzulassen«. So altertümlich dies anmutet, so aktuell ist die Aussage: Beim Thema Berufsetikette geht es nicht um Takt als Mittel und um Stil als Zweck. Es geht bei dieser ohne ausdrückliche Absprache entstandenen Sammlung von Ritualen um Anregungen im Dienst des Bildes von Personen und Unternehmen in der Öffentlichkeit, um Empfehlungen zur Gestaltung von Begegnungen, um Hilfestellungen beim Einschätzen und Umsetzen von Spielregeln. Wissen macht sicher, Sicherheit macht frei!

Schließlich sind Umgangsformen nichts anderes »Formen« eines zivilen »Umgangs« und somit nicht mehr und nicht weniger als in Form gegossene Psychologie. Sich Etikette/Höflichkeit/Takt zweckgerichtet anzutrainieren ist im Sinne der Eindrucksbildung kontraproduktiv. Wem nach der Anstrengung des Übens der Schweiß auf der Stirn steht, wird belächelt. Wer ein zuvorkommendes Miteinander lebt, darf mit Sympathie und Anerkennung rechnen.

Begrüßen

Wer eine andere Person als Erster sieht, zögert nicht lange und sagt »Guten Tag«; das ist in demokratischen Zeiten angemessen, Rang hin, Rang her. Es bricht weder dem Vorgesetzten eine Perle aus der Krone, wenn er dem Mitarbeiter auf dem Flur ein »Grüß Gott« entgegenruft, noch der Kundin, wenn sie dem Berater in der Straßenbahn als Erste einen »Guten Tag« wünscht.

Wer aber zur Begrüßung als Erster die Hand ausstrecken sollte, das wird nicht von allen Beteiligten immer locker gesehen. »Streck dem Onkel das schöne Händchen hin«, haben Kinder aus der Vor-68er-Ära noch gelernt, und das war – vom erzieherischen Standpunkt einmal abgesehen – einfach falsch: Es sollte schon der wichtigeren Person überlassen bleiben, welchen Grad der Annäherung sie zulässt. Und genauso wie »der Onkel« dem Kind die Hand reicht, wenn er das will und darf, entscheidet

- der Vorgesetzte gegenüber dem Mitarbeiter,
- der Ältere gegenüber dem Jüngeren,
- die Dame gegenüber dem Herrn,

ob die Hände geschüttelt werden sollen oder nicht. Dabei hat der Rang in einer hierarchischen Beziehung Priorität gegenüber dem Alter und dem Geschlecht: Der 27-jährige Abteilungsleiter entscheidet, ob er der 62-jährigen Sachbearbeiterin die Hand reicht – oder nicht.

Extra-Tipp

Heute müssen Sie weder als Frau noch als Mann bei Begrüßungen auf der Straße Ihre Fingerhandschuhe ausziehen. Eine freundliche Geste bleibt das Angebot einer Berührung ohne ledernes Hindernis allemal.

Als Gastgeber

Ob die Begegnung in Ihrem Besprechungszimmer stattfindet, bei einer Kundenveranstaltung, am Messestand oder im Restaurant: Als Gastgeber reichen Sie jeder Person zum Willkommensgruß die Hand. Seien Sie sich dabei Ihrer Haltung, Gestik und Mimik bewusst. Schließen Sie Ihr Jackett, als Frau und als Mann. Verzichten Sie auf selbstbezogene Gesten wie Haare ordnen, Kinn streicheln. So vermitteln Sie dem Gegenüber den Eindruck, ganz und gar bei ihm zu sein.

Dabei halten Sie sich zuerst an die Ihnen bekannten Personen; die Wahrscheinlichkeit ist groß, dass diese Sie mit ihrer Begleitung bekannt machen. Bringt ein Ihnen bekannter Kunde erstmalig seine Frau mit, begrüßen Sie ihn zuerst, damit er Sie mit ihr bekannt machen kann.

Sind – bei bekannten oder unbekannten – Personen Rangunterschiede auszumachen, begrüßen Sie zuerst die ranghöchste Person. Dann gehen Sie bei einer größeren Gruppe praktischerweise der Reihe nach vor. Springen Sie nicht von einer Ecke der Gruppe zur anderen! Sie begrüßen also zuerst den Abteilungsleiter, dann die Sekretärin, die Regel »Ladies first« gilt im Business nur bei Gleichrangigen.

Sie können im Vorfeld möglicherweise nicht einschätzen, ob Ihre Besucher die zeitgemäßen Begrüßungsregeln kennen.

Allein schon aus diesem Grund ist es klug, sich für die Begrüßung Zeit zu nehmen.

- Gehen Sie langsam und entspannt auf Ihre Gäste zu.
- Bieten Sie jedem Mitglied der Runde einen kurzen Augenkontakt an.
- Öffnen Sie die Arme zum Willkommensgruß. Mit größter Wahrscheinlichkeit interpretiert einer der Gäste diese Bewegung als Beginn eines Handschlags und streckt Ihnen seine Hand entgegen. Mit ebenso großer Wahrscheinlichkeit ist das die Person, die meint, als Erste aus der Gruppe begrüßt werden zu sollen/dürfen. Ob das Ihrerseits protokollarisch korrekt ist oder nicht – lassen Sie eine Ihnen gereichte Hand niemals in der Luft hängen.
- Verzichten Sie auf die sozial markierte Wendung »Hallo« und – außer im regionalen Kontext – auf »Grüß Gott«, »Moin moin« und so weiter. Diese informellen Wörter könnten schlimmstenfalls als Anbiederung ausgelegt werden. Lassen Sie es bei der hochsprachlich neutralen Form »Guten Tag« bewenden.

Extra-Tipp

Als Besucher warten Sie die Begrüßung durch den Gastgeber ab, egal ob Sie Kunde, Partner oder Anbieter sind. Vertrieblern fällt das erfahrungsgemäß schwer, die Mittel aktiver Kontaktaufnahme sind ihnen in Fleisch und Blut übergegangen. Halten Sie sich dennoch in fremden Revieren zurück; erst wenn der Regisseur sichtlich unsicher ist, übernehmen Sie die Regie.

Aufstehen oder sitzen bleiben?

Ein Herr steht zur Begrüßung immer auf, es sei denn, er begrüße einen jüngeren Herrn. Eine Dame bleibt sitzen – außer bei der Begrüßung einer erheblich älteren Dame. Diese gesellschaftliche Regel wird in konservativen Kontexten noch praktiziert.

Im Geschäftsleben steht jede und jeder für jede und jeden auf – zum Zeichen der Wertschätzung und um mit der gleichen Augenhöhe ein partnerschaftliches Miteinander zu fördern.

Bei verspätetem Eintreffen zu einer Besprechung, einem Seminar, einem Essen wird die Störung meist minimiert, der Handschlag fällt aus. Alle bleiben sitzen. Ein unverschuldet zu spät kommender Gast wird jedoch die Geste des Gastgebers zu schätzen wissen, der ihm einige Schritte entgegenkommt, ihm die Hand reicht und ihn an seinen Platz geleitet.

Der Handschlag

Eine Umfrage bestätigt, dass 80 Prozent der Menschen Wert auf die Form des Händedrucks legen, wobei dies bei 85 Prozent der Männer, aber nur bei 75 Prozent der Frauen der Fall ist. Der Druck bestimmt den Eindruck: Ein fester Händedruck gilt als Zeichen von Selbstsicherheit, zu festes Zupacken jedoch wird als Dominanzgebaren verstanden.

Wobei der Handschlag ursprünglich nur unter Gleichen stattfand, die durch die Berührung – auch bei Bruderkuss und Umarmung – nachfühlten, ob da keine Waffe im Spiel sei. Ehrerbietung gegenüber Höhergestellten wurde mittels einer Verbeugung demonstriert. Diener und Bittsteller hatten Räume rückwärts mit wiederholten Verbeugungen vor den Hoheiten zu verlassen. Japaner praktizieren ein für Außenstehende kaum analysierbares Ritual der mehrfachen Verbeugung voreinander.

Extra-Tipp

Leiden Sie unter feuchten Händen? Ihre Apotheke hat ein Mittel für Sie! Hilft das nicht, streifen Sie Ihre rechte Hand vor einer Begrüßung sacht an der Rock- oder Hosennaht entlang. Wurde Ihnen bei der Begrüßung einer Gruppe eine schwitzende Hand gereicht, können Sie diesen Trick nicht anwenden. Es gibt auch keinen anderen.

Der Handkuss

Hohe kirchliche Würdenträger erwarten die Verbeugung beim Kuss des Fischerringes noch heute als Beweis der Gläubigkeit, orientalische und andere Potentaten wünschen den Kuss der Hand als Zeichen der Unterwerfung, in Polen, Tschechien und der Türkei ist er Volksbrauch.

Im Geschäftsleben werden Sie auf ihn verzichten; bei einem eleganten Anlass möchten Sie vielleicht mithalten können: Die Dame gibt das Zeichen und hebt beiläufig den rechten Arm an und reicht dem Herrn waagerecht die ausgestreckte Hand. Genauso ungezwungen ergreift der Herr ihre Hand mit zwei Fingern, beugt sich über sie und spitzt die Lippen zur Andeutung eines Kusses, ohne jedoch den Handrücken mit dem Mund zu berühren. War der Handkuss früher verheirateten Damen vorbehalten, gilt heute »Eine geküsst – alle geküsst«. Die Beschränkung auf geschlossene Veranstaltungen ist noch in Kraft, auch wenn Sie es immer wieder anders beobachten.

Gäste bei einer Veranstaltung willkommen heißen

Ihr Unternehmen bittet zu der Präsentation eines neuen Produkts, einem Fachvortrag, einem Tag der Offenen Tür, einer Vernissage ... da sind von den Mitarbeitern Steherqualitäten gefragt! Zu Beginn der Veranstaltung halten sich alle Mitarbeiter am Eingang auf. Als Empfangskomitee bieten sie möglichst vielen Gästen gleich in den ersten Sekunden, in denen sie den Raum mit suchendem Blick abtasten, Sicherheit und Anerkennung: »Bei uns sind Sie richtig!« Wenn möglich, teilen Sie die Räumlichkeiten in Quadranten auf. Für jeden ist nach der ersten Empfangsszene ein Teammitglied zuständig. So können Sie die Garantie erhöhen, dass jeder Besucher von mindestens einem Unternehmensvertreter willkommen geheißen wird.

Bekannten Gästen einen herzlichen Willkommensgruß zu entbieten, fällt nicht schwer. Hoffentlich fällt Ihnen, sobald Sie sich mit diesen Menschen mental auseinander setzen, ein würdigender persönlicher Zusatz ein:

- »Ich hatte mich schon auf Sie gefreut.«
- »Sie würden sich dieses Thema nicht entgegen lassen, da war ich mir ganz sicher.«
- »Dass Sie Ihre Familie mitbringen, ehrt uns sehr.«

Extra-Tipp
Haben Sie Zweifel, ob Sie den richtigen Ton treffen? Analysieren Sie Ihre eigene Befindlichkeit, wenn Sie andernorts eine Veranstaltung besuchen: Was wünschen Sie sich da? Mit Sicherheit wollen Sie keine Floskeln hören. Sie erwarten aber auch nicht, dass die Gastgeber sich im Detail zu Ihrem letzten persönlichen Austausch äußern. Zwei, drei Sätze werden Ihnen dort gefallen. Nehmen Sie sie in Ihr Repertoire auf. Benchmarking nennt man das: von den Besten lernen.

Begleiten
Sie haben – endlich! – einen Termin bei einem potenziellen Kunden bekommen. Die Dame am Empfang meldet Sie nach knapper Beantwortung Ihres Grußes und der Frage nach Ihrem Namen bei Ihrem Gesprächspartner an, drückt Ihnen einen Tagesausweis in die Hand und bellt: »Durch das Drehkreuz, der Aufzug da hinten, 12. Stock, dritte Tür links.« Hinter der besagten Tür tut sich nach Ihrem Anklopfen nichts. Hoffentlich sind Sie mental so gut gerüstet, dass Sie trotz dieser unwürdigen Behandlung optimistisch auf Ihren Gastgeber zugehen können!

Was hätten Sie sich von ihm gewünscht? Ein formvollendetes Ehrengeleit vielleicht nicht – als Anbieter können Sie nicht erwarten, dass er persönlich vom 12. Stock zu Ihnen an den Eingang kommt. Doch wenn die Assistentin Sie durch das Ihnen unbekannte Gebäude geleitet hätte, wäre das schon nicht schlecht gewesen. Wenigstens hätte sie Ihnen vor der Empfangsdame einen Willkommensgruß übermitteln lassen und Sie an der Aufzugtür begrüßen können!

Machen Sie es, wenn Sie einen Besucher empfangen, einfach besser. Bedenken Sie, dass er Ihr räumliches Entgegenkommen als menschliches Entgegenkommen interpretiert. Schicken Sie ihm wenigstens Ihre Assistentin entgegen.

Rechts und links

Die alte Regel »links schützt rechts« ist Ihnen vielleicht aus der Tanzschule geläufig: Der Herr geht links von der Dame, um sie an seinem rechten – starken – Arm zu führen, sie mit seiner rechten Hand für den Fall des Falles zu stützen, ihr einen Stuhl zurechtzurücken usw. Der Rechtshändigkeit wegen war in alten Zeiten das Schwert an der linken Hosennaht angebracht, so konnte es zur Verteidigung rechtzeitig gezückt werden.

Weil die große Mehrheit der Menschen mit ihrer rechten Hand leichter, fester, sicherer zupacken kann, ist protokollarisch festgeschrieben: Wer rechts vom Gastgeber geht/steht/sitzt, darf sich in hohem Maße geehrt fühlen. In den heutigen Zeiten eines gleichberechtigten Miteinanders wird diese Regel im Mikrokosmos der Begleitung von Besuchern geschlechtsneutral umgesetzt: Die gastgebende/schützende/würdigende Person geht links vom Besucher, von der Besucherin.

Da die Form dem Inhalt dienen soll und kein Selbstzweck ist, gilt dies nicht, wenn auf der – rechten – Seite des Gastes Gefahr drohen könnte: Gehen Sie auf dem Bürgersteig gegen die Fahrtrichtung, ist der beste, weil sicherste Platz für die zu schützende Person links vom Beschützer.

Der Vortritt

»Bitte nach Ihnen«, sagt die Kundenberaterin zum Kunden beim Betreten des Besprechungsraums. Vor einer anderen Person gehen zu dürfen wird als Zeichen von Anerkennung verstanden. Daher lässt der Mitarbeiter der Vorgesetzten, die Ortskundige dem Fremden, der Gastgeber seinen Gästen, der Herr der Dame in geschützten, überschaubaren Räumen den Vortritt. Das gilt auch für den Aufzug.

In einem unüberschaubaren Raum wie einer Kundenhalle jedoch, an der Restauranttür, beim Durchschreiten von Gängen und auf fremdem Terrain geht der Gastgeber/Regisseur/Beschützer voran, gibt die Richtung an, kann Türen öffnen und eventuelle Hindernisse umschiffen.

Im Restaurant wechselt der Gastgeber, sobald der Kellner auf dem Weg zum Tisch die Führung übernommen hat, an das Ende der Reihe. Wenn eine Frau einlädt, hat sie die Rolle des Gastgebers inne: Sie betritt das Restaurant als Erste und verlässt es als Letzte.

Die Treppe

Noch bis zum Ende des 19. Jahrhunderts galten sogar in Europa die Beine einer Frau als sekundäre Geschlechtsmerkmale und mussten im öffentlichen Raum verdeckt werden, in von der Ungleichheit der Geschlechter überzeugten Kulturkreisen ist das noch heute der Fall. Auf dieser – von uns als altertümlich gewerteten – Überzeugung basierte die Regel, dass Herren niemals hinter einer Dame die Treppe hinaufgehen dürften, sie könnten ja mehr zu sehen bekommen als erlaubt. Diese Regel ist in Deutschland seit dem Zweiten Weltkrieg außer Kraft – wird aber immer wieder einmal zitiert. Heute gilt: Auf der Treppe ist Sicherheit wichtiger als alle eventuellen Aussichten. Daher geht der Gast zuerst die Treppe hinauf und der Gastgeber geht zuerst hinunter.

Hilfsangebote

Ob Sie mit Menschen auf eigenem oder fremdem Terrain unterwegs sind, ist in einem Punkt gleichgültig: Beobachten Sie, dass eine Person Hilfe brauchen könnte, bieten Sie sie an. Sie halten dem Lieferanten eine Tür auf, heben dem Portier einen heruntergefallenen Stift auf, tragen der Praktikantin einen Stapel Aktenordner ins Archiv. Sie brauchen nur mindestens so schnell und kräftig sein wie die Person und Ihre Handlung mit einer Frage zu begleiten: »Darf ich …?«

Ob eine Person wünscht, dass Sie ihr aus dem Mantel helfen, können Sie an der Reaktion auf Ihre Frage »Darf ich Ihnen den Mantel abnehmen?« sehen. Bleibt die Person frontal vor Ihnen stehen, nehmen Sie den Mantel entgegen. Dreht sie sich herum, möchte sie, dass Sie ihn ihr von der Schulter herunternehmen. Fragen Sie nicht, ob Sie »helfen« können. Kaum einer Ihre Gerschäftskontakte möchte hilfsbedürftig wirken.

Extra-Tipp

In Anwesenheit ihres Lebenspartners helfen Sie einer Dame nicht aus dem Mantel, das ist seine Aufgabe. Kommt er dieser nicht nach und Sie springen in die Bresche, könnte er sich düpiert fühlen. Bleiben Sie in gehörigem Abstand und beobachten Sie, welche Gewohnheiten diese Gäste im Umgang miteinander und mit andere Personen haben.

Platzieren

Bieten Sie einem Besucher einen bestimmten Platz an, als Gastgeber sind Sie schließlich Regisseur. Respektieren Sie das Sicherheitsbedürfnis der Gäste: Platzieren Sie wichtige Personen nicht mit dem Rücken zur Tür. Zollen Sie ihnen Anerkennung, indem Sie sie nicht so setzen, dass sie geblendet werden.

Im Sinne eines harmonischen Miteinanders ist eine Anordnung im rechten Winkel am runden Tisch ideal, jedoch nicht immer praktikabel. Um Frontenbildung zum Beispiel am Beraterplatz zu vermeiden, richten Sie Ihre Sitzposition, nachdem der Besucher seine eingenommen hat, schräg gegenüber von ihm aus.

Der Rückweg

Ob Sie eine Person begrüßen und zu einem Raum begleiten oder ob Sie sie verabschieden – das Procedere ist das gleiche. Die höchste Ehre widerfährt dem Gast, dem Sie die Haustür öffnen und den Sie bis zum Taxi oder Parkplatz begleiten. Wer Ihre Eskorte bis zum Ausgang Ihres Gebäudes genießen darf, fühlt sich ebenfalls geachtet; je bedeutender der Begleiter, desto »wertvoller« der Gast. Da ein Besucher diese Wertschätzung nur an wenigen Orten erfährt, können Sie hier auf ganz einfache Weise Punkte sammeln.

Sich vorstellen

Menschen benutzen mehrere Kategorien, um eine Person einzuordnen; der Name und die Art, wie er ausgesprochen wird, gehören dazu. Sie legen sozusagen dem Gegenüber einen Film in den Kopf, auf dem es nach Kriterien für die Einordnung Ihrer Person sucht. Welchen Film Ihr Gegenüber bei einer der Selbstvorstellung »Mein Name ist Bond. James Bond« entsprechenden Variante sieht, ist klar. Daher ist davon abzuraten. Eine ansprechende Selbstvorstellung klingt so:

- Sie grüßen Ihr Gegenüber.
- Sie identifizieren sich mit Ihrem Vornamen und Ihrem Nachnamen. So beugen Sie auch dem Missverständnis vor, dem Herr Löffler aus Freiburg zum Opfer fiel: »Mein Name isch Löffler«, sagte er zum Versicherungsmakler. Der antwortete »Herzlich willkommen, Herr Schlöffler.«
- Sie nennen Ihre Position im Unternehmen so, dass Ihr Gegenüber den Nutzen der Begegnung einschätzen kann: Sie sind die Spezialistin für das Thema, das der Besucher klären will. Sie sind der Assistent von Frau Müller, mit der der Termin verabredet ist, und geleiten ihn in deren Büro. Sie sind der Kollege, der die Vorbereitungen für die Besprechungen trifft.
- Im Idealfall geben Sie Ihrer Freude über das Kennenlernen Ausdruck und heißen die Person willkommen.
- Verzichten Sie auf blumige fremdsprachige Positionsbezeichnungen, die Ihr Gegenüber nicht auf Anhieb einordnen kann.
- Akademische Grade und Adelstitel haben in der Selbstvorstellung keinen Platz. Wenn Sie dieses Ausmaß an Beschei-

denheit übertrieben finden, kommentieren Sie dezent Ihre Visitenkarte.

Extra-Tipp

Für einen professionellem Gäste-Empfang jenseits der Tagesform ist ein zum Unternehmen passender Standard notwendig. Niemals darf er formalisiert wirken, immer muss er Ausdruck Ihrer natürlichen Wertschätzung sein.

Die Visitenkarte

Die Visitenkarte gibt nicht nur umgehend Aufschluss über Ihre Identität, sie ist für die Zukunft Erinnerungsstück in den Händen des Empfängers. Daher ist sie dem Firmenimage, dem Corporate Design, entsprechend gestaltet. Am PC selbst entworfene oder aus dem Automaten gezogene Karten entsprechen selten den Anforderungen an ein professionelles Personal Design. Auch beim Überreichen nutzen Sie sie als Imageträger:

- Überreichen Sie sie zu Beginn des geschäftlichen Anlasses, das unterstützt die Einschätzung der beteiligten Personen.
- Geben Sie sie von Hand zu Hand, wie ein kleines Geschenk, gewähren Sie Blickkontakt dabei, das wird als Wertschätzung empfunden.
- Haben Sie keine untadelige/saubere/aktuelle Karte zur Hand, schicken Sie Ihrem Gegenüber lieber eine nach – die Karte bleibt, Ihre Erklärung verhallt.
- Widmen Sie der Karte Ihres Gegenübers die gebührende Aufmerksamkeit, fragen Sie gegebenenfalls nach dem Ursprung des Namens und wie Sie ihn sich merken können.

Bei gesellschaftlichen Anlässen ist der Austausch von Business Cards – die Bezeichung legt es nahe – ein Tabu. Zücken Sie Ihre Karte also erst, wenn Ihr Gegenüber Sie darum bittet. Ihr interessantes Gesprächsverhalten ist dem förderlich.

Andere einander vorstellen

Sie erinnern sich: Die wichtigere Person entscheidet über den Grad der Annäherung. Sie ist es auch, die alle nötigen Informationen als Erste erhält. Entsprechend gilt:

- Vorgesetzte werden zuerst über die Identität von Mitarbeitern informiert: »Das ist unsere neue Empfangschefin Renate Freundlich.« Dann erst wird Frau Freundlich informiert. Dass sie eine Frau ist, soll ihr weder Vor- noch Nachteile bringen, siehe oben.
- Gastgebende erfahren zuerst, wer ihre Gäste sind: »Das ist meine Frau, Irene Huber-Schneider.« Dann erfährt Ihre Frau, dass diese Person auf Gastgeberseite zum Beispiel der Abteilungsleiter im Kreditwesen ist. Immer wieder zu hören und immer wieder falsch ist diese Präsentation: »Schatz, ich stelle dir Herrn Maier vor. Herr Maier, das ist meine Gattin.« Diese Variante ist a) zu persönlich (»Schatz«), b) altmodisch (»Gattin«), c) sprachlich falsch (die formalsprachlichen Wörter »Gattin«/«Gatte« sind, wenn überhaupt, nur auf die Partner/innen anderer Personen zu beziehen), und wird d), weil Sie die eigene Person zuerst informieren, leicht als dünkelhaft gewertet.
- Kundinnen/Kunden erfahren zuerst, wer die Anbietenden sind: »Das ist Lisa Kurz, die Leiterin unserer Marketingabteilung.« Dann hört Frau Kurz, wer die Kunden sind. Im Idealfall ist sie natürlich bereits vorher informiert.
- Greifen die Vorteile von Rang, Ort und Kundenbeziehung nicht, werden ältere Personen zuerst über die Identität von jüngeren informiert und Damen über die von Herren.
- Sie stellen stets zuerst sich selbst vor, dann Ihre Begleitung. Im Geschäftsumfeld fügen Sie die Bedeutung der Person im Unternehmen hinzu: »... leitet den Außendienst.« Bei privaten Beziehungen nennen Sie den Bezug zu Ihnen: »mein Mann«/«meine Freundin«. Wortspiele wie »Lebensabschnittsgefährte« oder »bessere Hälfte« werden von vielen als albern empfunden.

Meist entsteht Konfusion, wenn die neuen Bekannten unmittelbar nach Nennung des ersten Namens beginnen, einander die Hände zu schütteln. Klüger ist dieses Vorgehen:

1. Alle Beteiligten schauen sich an und grüßen.
2. Die bekannten Personen schütteln einander die Hände.
3. Eine der bekannten Personen stellt die Unbekannten zügig vor.
4. Die Unbekannten schütteln sich die Hände.

Die traditionelle Etikette verlangt, dass Damen zuerst einander und dann den Herren die Hände schütteln. In der Realität ist die Freude über das Kennenlernen größer als die Disziplin, die die Wahrung der Form fordert. Ärgern Sie sich nicht darüber. Fangen Sie korrekt an – siehe Schritte 1 bis 3 – und lassen Sie dann dem Schicksal seinen Lauf.

Extra-Tipp

Der gängige Abschluss einer Vorstellung ist das Wörtchen »angenehm«. Fällt Ihnen wirklich nichts Adäquates sein? Dann widerholen Sie den Tagesgruß in Verbindung mit dem Namen des neuen Bekannten. Eine der Situation angemessene Anmerkung wäre jedoch besser:

- »Ich habe mich schon auf die Begegnung gefreut.«
- »Schön, dass wir uns nun persönlich kennen lernen.«
- »Gut, dass wir nun die Gelegenheit haben, die Sache im persönlichen Gespräch zu bereinigen.«

Duzen und Siezen

Eine Nürnberger Marktfrau unterstrich ihre Weigerung, einen Polizisten zu siezen, mit dem Argument, sie sei »selbst mit dem lieben Gott per Du«. Das ist ein paar Jahre her, ihre Überzeugung kostete sie seinerzeit mehr als zweitausend Mark. So einfach ist das mit dem Du und dem Sie auch heute nicht, der

Mannheimer Sprachwissenschaftler Prof. Dr. Werner Kallmeyer spricht gar von einer »babylonischen Anredeverwirrung« in Deutschland.

Bis in die 1960er Jahre hinein wurde das Du in der Öffentlichkeit vorwiegend unter »Genossen« praktiziert, im bürgerlichen Milieu gab es das Du nur im Familien- und Freundeskreis. Dann kam das kollektive Duzen, das seit den 90er Jahren nun wieder als »hippie-mäßig« empfunden wird. Dagegen steht der Trend, das »you« + Vorname aus dem internationalen Kontext so ins Deutsche zu transportieren, dass eine einzige Anredeform übrig bleibt: Sie + Vorname.

Das Du – kein Beweis für flache Hierarchie

Wird das Du vorgeschrieben, verliert es seine Bedeutung: In Berufen in der IT-Branche, in Firmen mit skandinavischem Mutterhaus, in Unternehmensberatungen von internationalem Standing weist ein Du weder auf eine freundschaftliche Kollegialität noch auf die Abschaffung innerbetrieblicher Hierarchien hin. Die Signale von Respekt, Macht und Distanz sind dort subtiler – wie in den USA jeder Mitarbeiter weiß, wie weit er gehen kann, nachdem die neue Vorgesetzte sich mit »Hi I'm Jane« vorgestellt hat.

Fremde Menschen duzen sich sonst vorwiegend, wenn sie eine Lebenswelt teilen: Studenten, Männer am Bau – der Bauleiter wird häufig gesiezt! – , Kellner und Gäste in Szene-Kneipen und alle, die zusammen schwitzen: auf der Skipiste, im Fitness-Studio, auf dem Fußballplatz. Das Freizeit-Du gilt oft über Hierarchieebenen hinweg, aber nicht für Begegnungen dieser Personen im Beruf.

Nicht einmal das Ergebnis einer Umfrage der Akademie für Führungskräfte in Bad Harzburg lässt eine eindeutige Folgerung für das Handeln zu: 33 Prozent der Manager sprechen sich »zur Förderung des Betriebsklimas« für das Duzen zwischen Vorgesetzten und Mitarbeitern aus, 30 Prozent ziehen das Siezen vor, der Rest legt sich nicht fest: Es bleibt Geschmackssache.

Das Du anbieten und ablehnen

Wie flach die Hierarchie sein mag: Die meisten Menschen haben ein gutes Gefühl dafür, »was man darf und was nicht«. Es besteht Übereinkunft in der Einschätzung, dass bei der verbalen Annäherung der Ranghöhere die Entscheidung dafür oder dagegen fällen muss: Das Du kann angeboten, aber nicht erbeten werden. Liegt kein Ranggefälle vor, bieten dienstältere Personen dem Neuzugang das Du an, ein bedeutend älterer Kollege der jüngeren Kollegin: Alter sticht Geschlecht. Bei Geschäftspartnern gleicher Rangstufe gilt ebenso: Die ältere Person bietet der jüngeren das Du an – geschlechtsneutral.

Heikler ist das Du im Kundenkontakt. Manchen Geschäftsbeziehungen ist der Übergang zum vertraulicheren Du förderlich, anderen nicht. Eine einheitliche Anregung auszusprechen wäre vermessen. Einigen Sie sich im Kollegenkreis auf einen Ihrer Unternehmensphilosophie gemäßen Standard. Im Private Banking wird der mit Sicherheit das Sie sein.

Dort ist es üblich, dass Kollegen sich im Kundenkontakt siezen, selbst wenn hinter den Kulissen das Du an der Tagesordnung ist. Der Nachteil: Beobachtet der Kunde die Kollegen beim Duzen im Back Office oder in der Freizeit, fühlt er sich möglicherweise hintergangen. Der Vorteil: Der Kunde hört immer den Namen, den auch er aussprechen soll, was zum Beispiel beim kurzzeitigen Einschalten von Spezialisten in die Gesamtberatung der Fall ist. Und er fühlt sich nicht durch die für ihn gültige distanziertere Anredeform ausgegrenzt – das ist gerade im Beschwerdefall günstig.

Wenn Sie nicht sicher sind, ob Ihr Geschäftspartner Ihr Bedürfnis zum Du teilt, nehmen Sie die Presse zu Hilfe. Es gibt immer wieder Medenberichte über Unternehmen, die das Du einfordern, oder über Vorgesetzte, die das Du verbieten. Tauschen Sie sich über allgemeine Einschätzungen zum Thema aus und hören Sie zwischen den Zeilen Ihre Chance auf Annahme oder Ablehnung des Angebots heraus.

Mischformen

Das »Hamburger Sie« war früher für Chauffeure und Hausmädchen reserviert (»Charlotte, bringen Sie bitte den Nachtisch«), ist heute aber immer noch weit verbreitet. So sprechen Kundinnen die Friseurin an, Lehrer die Oberstufenschüler und Eltern die studierenden Freunde ihrer Kinder. Verkäuferinnen untereinander drehen die Sache um: »Frau Meier, kannst du mal eben ...« Es ist klar: Das »Münchner Du« ist nicht auf den Viktualienmarkt beschränkt.

Extra-Tipp

Auszubildende haben den Anspruch, gesiezt zu werden, jüngere Schulabgänger tun sich aber schwer, das einzufordern, sind auch nicht mit der Anrede »Frau/Herr« glücklich. Sprechen Sie offen mit ihnen darüber, vielleicht sind sie mit dem Hamburger Sie einverstanden.

Wie das Sie entstand

Die Anredeform »Sie« haben wir den unübersichtlichen Höflichkeitsformen des Barockzeitalters zu verdanken. Zuvor war alles ganz einfach, wie es in vielen Dialekten heute noch der Fall ist: Die normale Anrede im Singular war »du«, im Plural »ihr«, wie heute unter Freunden.

Zur Demonstration der Statusunterschiede duzte der Herr den Knecht, der antwortete mit »ihr«. Hoher Status wurde metaphorisch mit Vielzahl verbunden. Über die soziale Macht hinaus signalisierte der Plural, dass das Individuum als Teil eines Ganzen angesprochen wurde, und damit Distanz. Zum Plural gesellte sich noch die Bedeutung signalisierende Großschreibung: »Ihr«.

Nachdem die Anrede »Ihr« im Verlauf des 17. Jahrhunderts von Bauern und Handwerkern untereinander übernommen wurde, gingen die höheren Stände zur Abgrenzung dazu von der zweiten zur dritten grammatikalischen Person über, das groß geschriebene »Sie« mit Verb im Plural war da. Zur weiteren Sicherung der Distanz ließen sich Adlige nicht mit ihrem Namen, also direkt, adressieren, sondern mit ihnen zugeschriebenen idealtypischen Eigenschaften: »Erlaucht«, »Hoheit«, »Euer Gnaden«. Die Kombination von dritter Person und Plural als besonderes Merkmal von Distanz und Distinktion zeigt sich heute noch in altertümlichen Wendungen mit dem Dienstleistungsplural: »Haben der Herr schon gewählt?«

Der gute Ton am Telefon

»Einen wunderschönen guten Tag, Sie sind verbunden mit der ABC GmbH & Co KG in D'dorf Abteilung Kundendienst. Sie sprechen mit Amelie Neudorf-Althaus am Apparat Angelika Meier-Schulze. Womit kann ich Ihnen behilflich sein?«

Wer einen Anruf mit diesen Worten entgegennimmt, macht auf den ersten Blick alles richtig: Er gibt dem Anrufer durch präzise Informationen die Sicherheit, an die richtige Stelle gelangt zu sein. Er gibt ihm durch den freundlichen Gruß den Eindruck, willkommen zu sein. Er lädt ihn in adressatengerechter Sie-Sprache ein, sein Anliegen vorzutragen. Und doch mögen die meisten Anrufer diese Formulierung nicht: Sie ist ihnen zu lang. Sie klingt standardisiert. Sie wirkt aufdringlich. Eine klassische Lösung, die gut gemeint ist, doch nicht gut ist.

Wie Sie sich melden

Die ideale Meldeformel gibt es nicht. Eine gute Formulierung ist die auditive Visitenkarte eines Unternehmens, sie enthält:

- die Identifikation von Unternehmen und handelnden Personen in der logischen Abfolge vom Allgemeinen zum Besonderen: Firma, Abteilung, Person. Die Ausnahme: Wird ein Anrufer von der Zentrale oder einer Kollegin an Sie weitervermittelt, lassen Sie den Firmennamen weg.

- den Vornamen und den Nachnamen der sprechenden Person. Das beugt Verwechslungen vor und erhöht die Verständlichkeit des Nachnamens. Vorsicht bei Vertretungen: Mehrere Eigennamen hintereinander überhäufen den Anrufer mit Informationen, die er nicht sortieren kann.
- den Tagesgruß. Ob Sie ihn konsequent gemäß der Logik »von generell zu spefizisch« an den Anfang stellen oder, weil es Ihnen natürlicher über die Lippen kommt, an das Ende, ist Ihnen überlassen.
- Mini-Pausen. Sie trennen die inhaltlichen Bestandteile eleganter als sprachliche Verknüpfungen wie »mein Name ist«, »Sie sprechen mit«.

Halten Sie sich mit übertreibenden Adjektiven – »wunderschön« – und ungebetenen Hilfsangeboten – »Was kann ich für Sie tun?« – zurück. Sie bringen den Anrufer in einen Zwiespalt: Er will sich zuerst einmal identifizieren, da sollten Sie nicht verlangen, dass er Ihnen eine Frage beantwortet!

Bei Freiberuflern und in Privathaushalten fällt die Firmenbezeichnung weg. Hier ist es üblich, den Vornamen, den Nachnamen und den Tagesgruß zu nennen. »Frau« und »Herr« sind Anrede-Wörter und damit für die Selbstvorstellung ungeeignet.

Extra-Tipp

Wenn Sie Ihre Privatsphäre mit einer Geheimnummer schützen müssen, ist die reduzierte Meldeformel »Bitte« oder »Hallo« gerechtfertigt. Sie wird in Deutschland nie als einladend empfunden – im Gegensatz zu anderen Ländern. Italiener melden sich privat mit »Pronto«, Franzosen mit »Allô«, Briten mit der eigenen Telefonnummer. Der Grundgedanke: Der Anrufer hat die Initiative ergriffen, also muss er sich als Erster identifizieren.

Wenn Sie anrufen

Als Anrufer haben Sie die Wahl: Entweder Sie beantworten zuerst einmal den Tagesgruß und nennen dann Ihren Namen. Oder Sie identifizieren sich und grüßen dann. Müssen Sie mehrere ähnliche Anrufe tätigen, arbeiten Sie sie nacheinander ab. Die positive Routine beschleunigt die Sache. Identifizieren Sie sich und Ihr Anliegen klar und vollständig. Fragen Sie in einem Privathaushalt nicht, ob Sie stören. Formulieren Sie positiv: »Haben Sie Zeit für mich?« Wenn Sie die nötige Gesprächsdauer einschätzen können, nennen Sie den Zeitbedarf. Halten Sie sich daran.

Regeln sollen nicht einschränken, sondern Handlungsspielräume definieren. Legen Sie firmenintern einen für alle Mitarbeiter verbindlichen Standard fest und variieren Sie ihn innerhalb eines Tages. So umgehen Sie das Risiko, dass die Begrüßung heruntergeleiert wird. Anrufer schätzen es, wenn sie sich persönlich begrüßt fühlen.

Gut zuhören und präzise formulieren: 10 Gebote

- Lassen Sie nach der Begrüßung den Anrufer sein Anliegen vortragen. Erst dann sind Sie an der Reihe.
- Konzentrieren Sie sich vollständig auf das Telefonat: kein Kaugummi, kein Schluck Kaffee, kein Weitertippen am Computer, kein Sortieren von Papier.
- Strukturieren Sie Ihre Argumente durch Aufzählungen und Ankündigungen.
- Bilden Sie kurze Sätze: Nur zirka zehn Wörter am Stück sind leicht verständlich.
- Wählen Sie konkrete Wörter. Vermeiden Sie substantivierte Verben und Adjektive, Sie erkennen sie an den Endungen »-ung«, »-heit«, »-keit«.
- Machen Sie Pausen. Am Ende eines Satzes steht ein Punkt. Auch ein Komma darf sich hören lassen.
- Modulieren Sie Ihre Tonlage, das hält das Gegenüber bei seiner Aufmerksamkeit.

- Sauberes Artikulieren erhöht das Verständnis. Öffnen Sie den Mund, trainieren Sie Ihre Sprechmuskulatur, lächeln Sie.
- Bildsprache erhöht die Merkfähigkeit. Eine positive Aussicht motiviert zum Hinhören.
- Zahlen und Nummern als Ziffern wiederholen, fremde Namen buchstabieren/lassen ist professionell: »Wie war noch Ihr Name« ist es nicht.

Vermitteln

Wie oft haben Sie schon »Freude schöner Götterfunken« gehört? Wahrscheinlich unfreiwillig häufig vom Band und Sie haben sich darüber geärgert, dass man Sie in der Leitung geradezu verhungern ließ. Unüberlegte Spontanbemerkungen wirken wie Killerphrasen:

- »Moment.«
- »Da müssen Sie aber Geduld haben.«
- »Da sind Sie bei mir an der falschen Adresse.«
- »Ich kann Ihnen nichts versprechen.«
- »Herrn Prof. Bedeutsam kann ich jetzt nicht stören.«
- »Das kann ich Ihnen nun wirklich nicht sagen.«
- »Kann ich Ihnen nicht gleich die Durchwahl geben?«

Richtig geht es so:

- Sie teilen dem Anrufer Ihre Absicht und den Namen der Person mit, an die Sie vermitteln: »Ich verbinde Sie mit Herrn Meier.«
- Sie teilen dem Anrufer den Grund mit: »Er erwartet schon Ihren Anruf.« »Er hat Ihre Unterlagen zur Hand.« »Er macht die Urlaubsvertretung für ...«
- Sie tun Ihr Bestes: »Ich verbinde Sie sofort weiter, bitte haben Sie einen Augenblick Geduld.«

Ist der gesuchte Herr Meier nicht aufzufinden, sprechen Sie den Anrufer mit seinem Namen an und informieren ihn über den Stand Ihrer Ermittlungen: »Frau Müller? Herr Meier ist nicht an seinem Platz.« Keine versteckte Anschuldigung (»mal wieder nicht«). Keine Details (»hat sich den Fuß verknackst und ist beim Arzt«). Keine Rechtfertigung (»ich habe nun wirklich alles versucht, aber ich weiß auch nicht«). Was Frau Müller interessiert, ist ausschließlich: Wann wird sie Herrn Meier sprechen können? Deshalb überlassen Sie nach Ihrem Zwischenbescheid Frau Müller die Entscheidung: Will sie warten? Dann suchen Sie weiter: »Ich bitte um Ihr Verständnis.« Hat sie dazu keine Zeit oder Lust? Bieten Sie ihr den Rückruf der zuständigen Person oder ihrer Vertretung an: »Wann kann Herr Meier Sie heute noch unter welcher Nummer erreichen?«

Wenn Sie einen Rückruf anbieten – anstatt ihn zu erbitten – wirken Sie höflich und behalten das Heft in der Hand. Immer nachhaken: Wann? Wo? Wie? Wozu?

Extra-Tipp

Die Aufforderung »Versuchen Sie es später noch einmal« kann nur von einem Bittsteller klaglos akzeptiert werden. Wollen Sie ihn würdevoll vertrösten, behandeln Sie ihn entweder wie einen Kunden oder teilen ihm lieber klipp und klar mit: »Derzeit kein Interesse.«

Der letzte Eindruck bleibt ... nicht nur im Ohr

Ob das Gespräch mehr oder weniger freundlich verlaufen ist, ob Sie der Wunsch-Adressat des Anrufers waren oder nicht – bringen Sie das Telefonat zu einem positiven Abschluss: »Ende nichts, alles nichts«, sagte Max Horkheimer. Nur Amateure legen mit einem lockeren »Na dann tschüs« den Hörer auf. Profis schließen das Telefonat so:

- Sie wiederholen die Kernaussagen: »Sie wünschen Haarschnitt und Tönung und sind knapp in der Zeit.«
- Sie fassen Absprachen zusammen: »Sie kommen am Montag 13. Juni um 14 Uhr zu Nadine.«

- Sie runden auf persönliche Weise ab: »Dann danke ich Ihnen für Ihren Anruf, Frau Baumann, und freue mich auf Montag.« Einfach »Einen schönen Tag noch« zu wünschen ist ein bisschen wenig im Kundenkontakt.

Als Anbieter oder Rangniederer warten Sie, bis der Gesprächspartner aufgelegt hat, dann legen Sie den Hörer auf die Gabel.

Notizen

Von der ersten Sekunde des Anrufs an schreiben Sie mit:

- den Namen des Anrufers und sein Anliegen
- gegebenenfalls seine Telefonnummer
- die von Ihnen gemachten Zusagen

Ein abteilungsinterner Formularblock ist ideal. Im Anschluss an das Gespräch prüfen Sie: Sind die Angaben vollständig? Sind sie später für Sie selbst oder für die Kollegen leserlich? Dann können Sie sie umgehend abheften oder an die zuständige Stelle weiterleiten.

Der Anrufbeantworter und seine Botschaft

»Hier Anschluss 1234567, bitte hinterlassen Sie Ihre Nachricht nach dem Piepton.« So klingt glücklicherweise keine Ansage mehr. Viele wissen aus eigener Erfahrung, dass unpersönliche Botschaften nicht zum Besprechen des Bandes einladen. Die Ergebnisse aktueller Umfragen weisen den Weg zu zeitgemäßen Texten.

1. »Leider kann ich Ihren Anruf nicht persönlich entgegennehmen« ist gut, »Gern würde ich Ihren Anruf selbst entgegennehmen« ist besser.
2. »Bitte hinterlassen Sie Ihr Anliegen ...«, macht nicht nur Deutschlehrern Bauchweh. »Sagen Sie mir schon jetzt, was ich für Sie tun kann« ist eine konkrete Aufforderung. Sie erhöht die Wahrscheinlichkeit, dass Sie beim Abhören genau erfahren, was der Anrufer möchte.

3. »Wir machen Pause zwischen 12 und 14 und Feierabend um 18 Uhr« – das ist für den notwendigerweise überraschten Anrufer schwer zu memorieren. »Unsere Arbeitszeiten sind von 9 bis 12 Uhr und von 14 bis 18 Uhr« – positiv vorgetragen bleiben die Zeiten im Ohr.
4. »Sie sprechen mit dem elektronischen Sklaven von Lars Hampel.« Das findet außer Lars kaum jemand witzig. Bleiben Sie sachlich. Und sprechen Sie korrekt: »Mit« dem Anrufbeantworter hat bekanntlich noch niemand gesprochen.

Vergessen Sie die Zauberwörter nicht, zu deren Verwendung Sie schon Ihre Großmutter ermahnte: »Guten Tag« gehört an den Anfang. Und wenigstens ein »Danke« an den Schluss.

Extra-Tipp
Für die Botschaft, die Sie hinterlassen, gelten die gleichen Kriterien: kurz, sachlich, informativ und freundlich Namen, Anliegen und Nummer nennen – so erfolgt der Rückruf bestimmt.

Sehr handlich: das Handy

Handy-Telefonierer sind für viele ein Ärgernis. Doch wer sein mobiles Telefon für sein Business braucht, weiß damit umzugehen und achtet darauf, dass andere nicht zu unfreiwilligen Mithörern degradiert werden.

- Er respektiert Sicherheitsprinzipien: Kein Telefonieren im Flugzeug oder im Umfeld elektronischer Anlagen.
- Er respektiert die Tabuzonen: In der Kirche, in Konzert und Theater, im Krankenhaus, bei einer Beisetzungsfeier oder in der Meditationsrunde bleibt das Handy aus.
- Genauso respektiert er die Konzentration anderer, sei sie auf ihn oder ein Thema gerichtet: in einem Vortrag, beim Meeting, beim Kundengespräch, beim Rendezvous.

- Er telefoniert nicht in Räumen, in denen andere sich zurückziehen und/oder einem Genuss frönen wollen: Restaurants, Zugabteile mit »Psst«-Zeichen, Ruhezonen in Flughafen-Lounges.
- Er lässt sich in öffentlichen Räumen wie einem Zugabteil oder am Gate des Flughafens vom Vibrationsalarm über eingehende Anrufe informieren, führt seine Gespräche aber nicht dort. Ebenso dezent lässt er sich im Zug von seinem Handy aus seinem Schlummer wecken.
- Er bedenkt, dass Gesprächspartner an seinem Verhalten seine Prioritätensetzung ablesen. Physisch Anwesende sollten Vorrang vor Telefonpartnern haben.
- Wo er auch ist: Der rücksichtsvolle Telefonierer fasst sich kurz und spricht leise, ein Headset hilft da sehr.

Natürlich gibt es Ausnahmen, zum Beispiel wenn eine Information, die den Verlauf einer Sitzung beeinflussen kann, erwartet wird. Und es gibt Notwendigkeiten, zum Beispiel wenn sein Besitzer einen Termin nicht pünktlich wahrnehmen kann. »Stehe im Stau auf der A 5, komme zirka zwanzig Minuten später« – das ist das Minimum an Höflichkeit, das den Wartenden gegenüber zu erbringen ist. Müssen Sie einen Gast im Restaurant oder an der Bar warten lassen, rufen Sie außer ihm noch das Restaurant an und bestellen ihm einen Drink.

Extra-Tipp

Ein Statussymbol ist ein Handy längst nicht mehr. Wer einen hohen Status hat, muss nicht ständig erreichbar sein. Er bestimmt selbst, wann er mit wem spricht, und tut dies unter Ausschluss der Öffentlichkeit. Wer sein Handy zückt, wird von der Umwelt bewertet. So gilt die Art des Ruftons genauso als Visitenkarte wie der Zeitwert des Geräts.

2 Geschäftskleidung – schön und gut

»Der Mafioso kommt im Nadelstreifen.« »Punks sind gefährlich.« »Aufreizende Kleidung soll mangelnde Kompetenz kaschieren.« Klischees sind ärgerlich – und bitter nötig. Helfen sie uns doch, die täglich auf uns einstürmende Datenflut wenigstens annähernd zu bewältigen: Sie machen den Kopf frei für das Wesentliche. So wird, das haben natürlich wieder Psychologen herausgefunden, das Erscheinungsbild einer Person »übersehen«, wenn es den Erwartungen entspricht. Abweichungen von der Norm hingegen werden bemerkt und gespeichert. In Kleidungsfragen haben Sie demnach die Wahl: Wollen Sie Ihre Person zur Schau stellen? Dann kleiden Sie sich entgegen den Erwartungen an Ihre Berufsgruppe und Ihre Rolle! Wollen Sie, dass Ihren Aussagen ungeteilte Aufmerksamkeit gewidmet wird? Entsprechen Sie den Rollenerwartungen!

Der Elitenforscher Michael Hartmann hat herausgefunden, dass die Wirtschaftselite in Deutschland am liebsten Neuzugänge rekrutiert, die ihr selbst in Verhalten und Dress-Code ähnlich sind. Kleidung erleichtert die Einordnung – die Guten ins Töpfchen, die Schlechten ins Kröpfchen, siehe oben – und damit die Verständigung: Wer über den gleichen (Dress) Code kommuniziert, weckt Sympathie, wer den Erwartungen entspricht, weckt Vertrauen. Die klassische Uniform von Geschäftsmann und -frau steht, über alle Zweifel erhaben, für Professionalität und Seriosität. Und das obwohl sich längst herumgesprochen hat, dass zwar die Kreditfähigkeit mit der Qualität der Kleidung steigt, die Kreditwürdigkeit aber noch lange nicht.

Uniform hin, Uniform her – die Nuancen, dienen der Unterscheidung auf den zweiten Blick. Die gekonnte Kombination unterschiedlicher Farben, Stoffe und Muster, der bewusste Stilbruch in einem Detail, der Verzicht auf ostentativ zur Schau getragene Label – derlei zeigt dem geschulten Blick: Hier hat jemand nicht im Halbschlaf in den Schrank gegriffen, sondern sehenden Auges seine Kleidung kompetent zusammengestellt.

Geschäftskleidung für Männer

Einer Umfrage zufolge bemängelt jede fünfte Frau, dass ihr Lebenspartner nicht immer gepflegt aussieht. Als Defizite werden unmodische Kleidung und ein langweiliger Haarschnitt zitiert. Was da erst die Geschäftspartner und Kunden denken, die wohl mit noch nüchternerem Blick ihr Gegenüber taxieren? Dieser Guide durch die Welt der Kleidung ist für Männer gedacht, die auf allen Wegen eine gute Figur machen wollen – über die Kommentare ihrer Partnerinnen hinaus.

Der Anzug

Die einheitliche Kombination von Jackett, Hose und eventuell Weste gilt erst seit den 30er Jahren des 20. Jahrhunderts als elegant, davor wurde gemischt – wie das heute noch bei Cut und Stresemann der Fall ist.

Hanseaten sind im blauen Blazer mit grauer Flanellhose bestens angezogen. Der »kleine Bieranzug« – uni Hose, gemustertes Jackett – ist im Berufsalltag etwas für Azubis, Freiberufler und Mutige.

Woran erkenne ich einen hochwertigen Anzug?

Hochwertige Konfektion erkennen Sie nicht unbedingt auf den ersten Blick. Sie können sie jedoch fühlen und mit Fachpersonal besprechen. Ihre Aufmerksamkeit sollten Sie auf diese Punkte konzentrieren:

1. Das Tuch ist wichtig: »In winter warm, in summer cool, there is no substitute for wool«, sagen die Briten. »Super 100« bedeutet: Aus einem Kilo Wolle wird ein 100 Kilometer langer Faden gespult. Kein Wunder, dass bei Super 220 der Anzug leicht wie Kaschmir ist. Für den Sommer gibt es auch Mischgewebe aus Wolle/Baumwolle.
2. Die Einlage ist das A und O, sie macht die Brustpartie hart oder weich. Bei einem guten Anzug ist sie aus Stoff und nicht aus Pappe und an den Stoff genäht und nicht geklebt. Nur so schmiegt sich das Jackett an den Körper an. »Ein schlechter Anzug«, sagt ein Herrenausstatter, »bleibt eine Rüstung.«
3. Das Revers steht sanft gerollt vom Körper ab, die »handmade« Naht entlang dem Saum ist kein eindeutiger Beweis für Maßanfertigung mehr. Wichtig: Der Kragen soll mit der Hand an den Rumpf genäht ein.
4. Die Ärmel sind von Hand eingenäht.
5. Die Knöpfe sind aus Horn oder Perlmutt, natürlich von Hand angenäht, das Knopfloch von Hand gestickt. Sind die ersten beiden Knopflöcher am Ärmel durchgestochen, ist das ein gutes Zeichen. Lassen Sie aber nicht zum Beweis einen Knopf offen!
6. Reine Seide knittert stark, gerade beim Futter, Kunstseide tut's auch. Das Futter dient der Lüftung und sollte locker an den Unterstoff angenäht sein.

Extra-Tipp

Zu Begrüßung und Verabschiedung und bei formellen Anlässen: Solange Sie stehen, schließen Sie Ihr Jackett. Ob Sie dann wie die Italiener auch den oberen Knopf schließen oder ihn wie die Briten offen lassen, ist nur für den Sitz des Jacketts von Bedeutung. Den unteren Jackettknopf schließen Sie nicht.

Welcher Anzug passt?

Ein schmaler Herr trägt logischerweise einen schmalen Anzug mit geringem Schulterpolster und schmalem Revers zu einer schmal geschnittenen Hose. Auch bei einem athletischen Körper sollte auf Schulterpolsterung verzichtet werden. Und ein korpulenter Herr kommt hoffentlich ohnehin nicht auf die Idee, dadurch seinen Umfang visuell zu erweitern. Darüber hinaus braucht das Jackett Spiel am Rücken, die Hose Spiel um die Oberschenkel herum. Ohne fachkundige Beratung mit kritischem Blick haben Mode-Einsteiger schlechte Karten.

Alles nach Maß

Vielleicht haben Sie Ihre Marke gefunden, die Ihnen grundsätzlich bei allen Modellen in Schnitt, Stoff und Preis zusagt. Dann bleiben Sie ihr treu, besser wird es nicht! Denn es ist eher selten, dass ein Konfektionsanzug auf Anhieb passt. Hier muss ein Hohlkreuz kaschiert werden, dort müssen ungleiche Schultern ausgeglichen werden, und an anderen Körpern stellt sich der Brustumfang im Verhältnis zur Beinlänge als Problem heraus. Bei einem Anzug vom Schneider rechnen Sie ungefähr den doppelten Preis eines Qualitätsanzugs von der Stange aus entsprechendem Stoff. Das ist Maßanfertigung in der Regel wert.

Maßkonfektion ist nur zirka 50 Prozent teurer als gute Ware von der Stange. Hier wird entweder ein Standardschnitt in der Manufaktur so weit verändert, bis er Ihren Maßen entspricht. Oder aber Sie werden einmal vermessen, nach dem entsprechenden Schnittmuster werden dann beliebig viele Stücke industriell gefertigt. In der Suchmaschine das Suchwort »Maßkonfektion« eingeben – und schon finden Sie Ausstatter in Ihrer Region, die Ihnen diesen Service bieten.

Ein 3-D-Body-Scanner ist ein Gerät, das Ihre Anzugmaße in Sekundenschnelle ermittelt, manchmal wird sicherheitshalber per Hand nachgemessen. Solange sich Ihre Proportionen nicht verändern, können weitere Maßanzüge per Telefon geordert werden, Sie brauchen dann nur im Stammgeschäft die Stoffe auszusuchen. Im Internet erfahren Sie beispielsweise bei www.windsor.de, wann das Gerät des Unternehmens auf seiner Scanning-Tournee in welcher Stadt ist.

Hätten Sie's gewusst?

- Hemdsärmel schauen einen Zentimeter unter dem Jackettärmel hervor, der wiederum am Puls endet.
- Eine Bügelfalte streckt das Bein optisch, ein Aufschlag kürzt es.
- Hoch auf der Hüfte sitzende, nah am Bein geschnittene Hosen verlängern das Bein.
- Die Hose soll vorn auf dem Schuh mit einem – einzigen – kleinen Knick aufstehen. Bei idealer Passform fällt sie dann so, dass Hosen ohne Aufschlag auf dem Absatz enden (das ist die elegantere Version), Hosen mit Aufschlag etwas darüber.
- US-Amerikaner tragen für deutsche Verhältnisse stets zu kurze Hosen. Haben Sie die Wahl zwischen leicht zu kurz und leicht zu lang, entscheiden Sie wie die Amerikaner, das sieht immer noch vorteilhafter aus als die Ziehharmonika auf dem Schuh.
- Hosenträger halten die Hose besser in Schach als ein Gürtel und werden im angelsächsischen Raum favorisiert. Dann aber bitte keine Hosen mit Gürtelschlaufen kaufen!
- Taschen ausmisten! Geldbörsen, Schlüssel, Taschentücher und Handy ruinieren nicht nur optisch jeden Anzug.

Extra-Tipp

Für die Reise empfiehlt sich ein Kleidersack: Raus aus dem Schrank und hinein damit. Nicht zu dicht bestücken. Kofferpacken erfordert mehr Geschick: Wenden Sie ein Jackett auf links. Eine Schulter in die andere stecken, das Stück der Länge nach falten. Dann in der Taille zusammenlegen. Die Schultern mit Unterwäsche ausstopfen.

Ein gutes Hemd

Hemdenkauf ist, so sagen die Statistiker, zu 83 Prozent Muttis Sache. Weil Mutti weiß, dass es im harten Leben um Kopf und Kragen gehen kann? Wohl eher, weil Mutter weiß, was Hemden brauchen:

- 12 Stiche auf einen Zentimeter Naht bedeuten Qualität, weniger als sieben sollten es nicht sein.
- Taillierte Hemden spannen schnell.
- Wenn sich Vorder- und Rückenteil im Schritt zusammenfassen lassen, ist die Länge richtig.
- Zur Verstärkung ist im Winkel zwischen Front und Rückenteil ein dreieckiges Stück Stoff eingesetzt.
- Kurzärmlige Hemden haben im Geschäftsleben nichts verloren.
- Farbige Hemden mit weißem Kragen haben derzeit keine Lobby.
- Ein Hemd braucht keine Taschen.
- Die Knöpfe sind aus Perlmutt.
- Der Übergang zwischen Ärmel und Manschette ist mehrfach gefältelt; der kleine Knopf oberhalb der Manschette lässt den Ärmel schön fallen.
- Für den guten Sitz braucht der Kragen Kragenstäbchen – aus Fischbein, Messing oder Sterlingsilber. Nicht aus Plastik.
- Ein geklebter Kragen wirkt billig.
- Das Unterhemd soll, auch wenn Sie das Jackett ablegen, unsichtbar bleiben. Darum: kein Viertelarm, kein Feinripp.

Welcher Kragen wann für wen?

Der Klassiker unter den Hemdenkragen ist der »cutaway collar« mit seinen weggeschnittenen Kragenspitzen, in Deutschland ist er als Kentkragen oder Haifischkragen bekannt. Er lässt dem Krawattenknoten viel Platz. Etwas weniger auffällig: der »turndown collar«, ein breiter Umlegekragen mit mehr oder weniger langen Kragenenden. Ein kritischer Blick in den Spiegel hilft bei der Wahl: Kurzer Hals? Strecken Sie ihn mit einem schmalen

Kragen! Mit einem breiten Kragen kürzen Sie optisch einen (zu) langen Hals.

Nun ziehen Sie Ihr Jackett an: Die Kragenschenkel sollten unter dem Revers verschwinden.

Ein Button-down-Kragen (an der Brustseite angeknöpft) gilt für den Abend und auch zum eleganten Einreiher als zu sportiv. Auch der Pin-Kragen (der mit der Nadel) und der Tab-Kragen (der mit dem Steg, in den USA sehr beliebt) werden unter formalem Aspekt als ungenügend betrachtet.

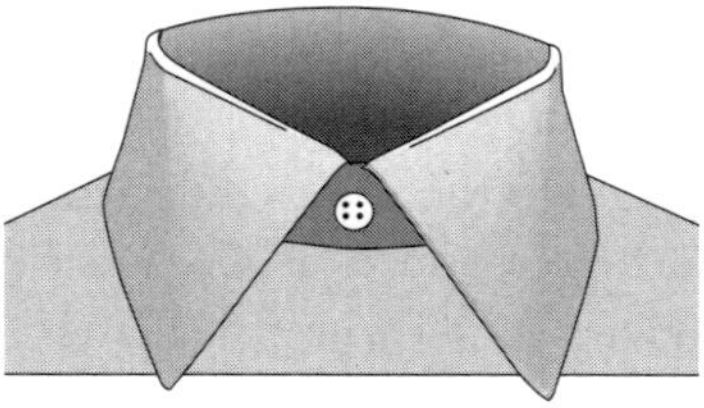

Kentkragen

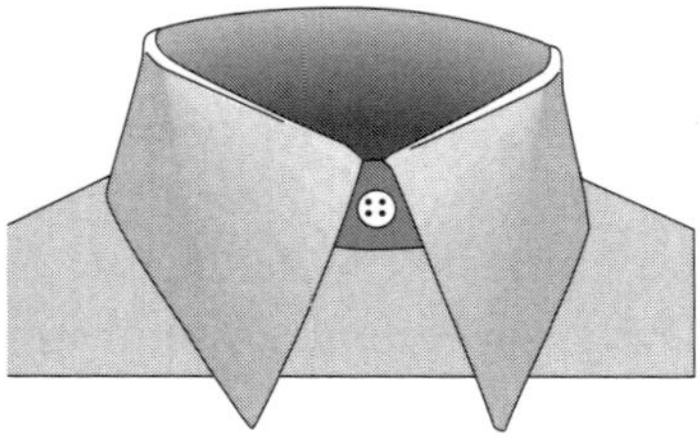

Turndown Collar

Extra-Tipp

Für Selbst-Bügler:

- Hemden nur in feuchtem Zustand bügeln, sonst ist die Mühe umsonst.
- Die beste Reihenfolge: Schulter, Manschetten von innen, Ärmel – ein Ärmelbrett verhindert Bügelfalten! – Rücken, Kragen, Brustseite.
- Hängend aufbewahren, genügend Platz im Schrank vorsehen.
- Mindestens täglich wechseln. Niemals ein getragenes Hemd aufbügeln.

Die richtige Krawatte

Mann trägt wieder Krawatte, wie Mann wieder gute Anzüge trägt. Eine gute Krawatte ist aus drei diagonal gegen die Webrichtung geschnittenen Stücken zusammengesetzt. »Handfinished« oder »handmade« bedeutet, dass zumindest die Naht, die die Krawatte längsseitig zusammenhält, von Hand genäht wurde. Zum eleganten Anzug wählen Sie niemals Strick und Wolle – Sie ziehen ja auch keinen Pullunder darunter an –, Seide ist das Material der Wahl. Ob Sie die große französische Marke mit den kleinen Tierchen wählen oder das klassische Paisley mögen, ob gerade Uni Mode ist oder Sie gestreift daherkommen wollen – die Krawatte muss zum Anlass, zu Ihrer Rolle und zu Ihrer Persönlichkeit passen. Die Stücke aus Schwiegermutters Seidenmalerei-Werkstatt und die mit den süßen Mickymäusen tragen Sie zur nächsten Weiberfastnacht – zum letzten Mal.

Der elegante Herr trägt ein zur Krawatte passendes Einstecktuch. Diese Bedingung ist erfüllt, wenn es in Farbe *oder* Design darauf abgestimmt ist – niemals in Farbe *und* Design. Hier beweisen Sie, dass Sie stilsicher kombinieren können. Sicherheitshalber nehmen Sie ein weißes Taschentuch. Lose in der Brusttasche drapieren!

Eine beispielsweise mit einer Perle versehene Krawattennadel ist exklusiven Anlässen vorbehalten. Ebenso dient die Krawattenklammer dem Schmuck des Herrn und nicht der Fixierung der Krawatte zum Schutz vor Essensresten. Daher wird sie im oberen Drittel der Krawatte angebracht, so dass sie bei geschlossenem Jackett sichtbar bleibt. Elegante Herren haben auf ihren Einsatz schon immer verzichtet.

Extra-Tipp

Nicht mit Streifen nach Großbritannien reisen! Es sei denn, Sie könnten garantieren, dass Sie weder mit der Farbwahl noch mit der Streifenform und -breite unbeabsichtigt in dem Gehege eines Clubs, einer Schule oder eines Regiments wildern.

Vom Four-in-Hand und anderen Knoten

Ob die Herren die Halsbinde römischen Legionären zu verdanken haben oder den Soldaten des ersten chinesischen Kaisers, ob der erste Langbinder im Dreißigjährigen Krieg bei »kroatischen« Söldnern gesehen wurde oder 200 Jahre zuvor – Sie haben im Geschäftsleben oft keine Wahl: Ohne Schlips geht nichts. Repräsentanten der freien Berufe werden von vielen Autoverkäufern, Bankern, Versicherungsvertretern mit Neid beäugt: Wann endlich fällt die Krawattenmanie der Tragbarkeit zum Opfer? Andere jedoch schätzen es, dass die Krawatte dem Auftritt Eleganz verleiht, dem Anzug Farbe, dem Hemd Halt und dem Träger eine eigene Note – und sei es die von auffälliger Unauffälligkeit.

Den Binder gibt es heute in zwei Variationen: der Krawatte und der Schleife. Gegen die Schleife ist, wenn die Firmenphilosophie Ihres Unternehmens sie zulässt, im Berufsalltag nichts zu sagen. Es sei denn:

- Sie wären nicht imstande, sie von Hand zu binden.
- Sie hätten ein rundliches Kinn, das durch den Querbalken darunter noch intensiviert würde.
- Die besondere Aufmerksamkeit anderer Menschen sei Ihnen eher unangenehm.

Ein unschlagbarer Vorteil gegenüber dem Langbinder ist augenfällig: Sie können im Restaurant seelenruhig Rucola-Salat oder Spaghetti Bolognese bestellen. Denn Sie brauchen nach dem Kleckern nur das Hemd zu wechseln.

Kenner können Krawatten auf dutzende verschiedene Weisen binden und variieren nach Geschmack. Die längliche Knotenform des Four-in-Hand – das ist der Knoten, den Sie binden, wenn Sie nur eine Knotenform kennen – hat Vorteile:

- Er sieht bei dicken und dünnen Krawatten gut aus.
- Er passt in alle Hemdkragenformen.
- Er streckt das Gesicht.
- Er wirkt durch eine Asymmetrie interessant.

Der Windsorknoten – mehr breit als hoch – ist Herren mit länglichem Gesicht vorbehalten und zeugt – zumal doppelt gebunden – von großer Fingerfertigkeit. Die übrigen 83 Methoden, eine Krawatte zu binden, sind etwas für Liebhaber.

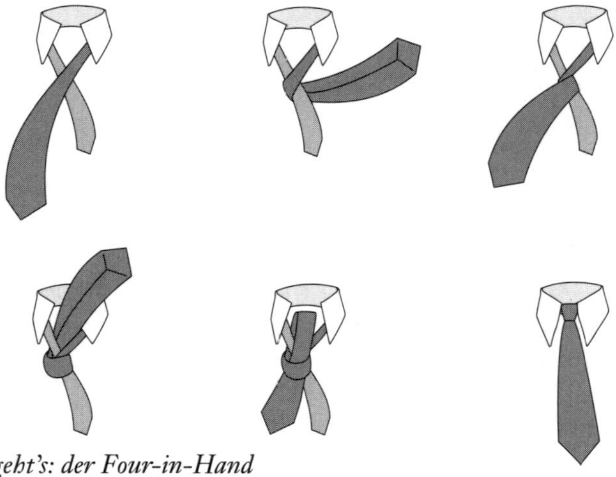

So geht's: der Four-in-Hand

So geht's: der Windsorknoten

Korrekt gebunden, endet die Krawatte auf der Gürtelschnalle. Wenn sie bis zur Mitte der Schnalle reicht, ist das nicht weiter schlimm. Unpassend: das hintere dünne Ende der Krawatte im Hemd zu verstauen. Es wird durch die Schlaufe am breiten Ende gezogen. Schaut es dann unter der Krawatte hervor – eine andere Knotenform üben!

Die Krawatte gelockert, den obersten Hemdknopf geöffnet, darunter ein angegrautes T-Shirt, aus dem ein Büschel Brusthaar und ein paar Glieder des Goldkettchens herauslugen – so werden in Filmen halbseidene Unsympathen ausstaffiert. Jedes einzelne Element für sich ist genauso inakzeptabel: Wenn Sie Krawatte tragen, ziehen Sie den Knoten zu. Wenn Sie Hemden mit einer Kragenweite wählen, die Ihnen Platz zum Atmen lässt, ist das selbst am Schreibtisch keine Zumutung.

Extra-Tipp

Die Halsrunde weiten, die Schlaufe über den Kopf ziehen, das passive (dünne) Ende aus dem Knoten ziehen – sich einer Krawatte so zu entledigen, ist sicherlich bequem. Der Langlebigkeit des Binders dient das nicht. Den Knoten vor Ort am Kragen zu öffnen wäre richtig, weil schonender. Zur Aufbewahrung die Krawatte rollen und locker in ein Schubfach legen.

Strumpf oder Socke

Es ist ganz einfach: Ein Strumpf, der den Schuhen im Farbton ähnelt, passt immer – wenn die Schuhe zur Kleidung passen. Gehen Sie auf Nummer sicher, kaufen Sie ausschließlich einfarbige Strümpfe. Strümpfe reduzieren das Risiko, dass beim Überschlagen der Beine der Blick auf Ihre behaarten Waden fällt (meist tun es – neuwertige – lange Socken auch). Einfarbige Strümpfe sind leicht zu kombinieren. Kaufen Sie von der gleichen Sorte mehrere Paare, damit Sie es beim Sortieren einfacher haben.

Mutige Männer in Berufen, die Modisches möglich machen, berücksichtigen bei der Wahl der Socken/Strümpfe sogar die Farben von Hemd und Krawatte. Vernachlässigt wird hingegen häufig der Blick auf das Material. Wolle, Baumwolle, Seide – Luft muss sein, das geht gut; Nylon, Perlon, Elastan – so etwas ignorieren Sie am besten. Und bitte stimmen Sie die Feinheitsstufe von Wollsocken auf die Eleganz von Hose und Schuh ab.

Übrigens: Unverwüstliche Socken, wie der deutsche Mann sie zu lieben scheint, gibt es nicht. Fadenscheinige Exemplare verwenden Sie zum Polieren Ihrer Schuhe. Ständigen Nachschub garantiert ein Socken-Abo, mehr auf www.mysoxx.com.

Der Herrenschuh: mehr oder weniger formell

Wählen Sie Ihre Schuhe nach formalen Kriterien? Dann haben Sie es leicht. Zum förmlichen dunklen Anzug tragen Sie ohne Frage sicherheitshalber einen schwarzen Oxford. Das ist ein schwarzer Schnürschuh aus Glattleder ohne jegliche Verzierung auf der Zehenkappe. Der Brogue dagegen ist mit seiner durch gestanzte Zierlöcher strukturierten Oberfläche für das konservative Business noch passend, für Empfänge, Hochzeiten, Begräbnisse nicht. Bei beiden Arten sind die Seiten des Oberleders unter den vorderen Teil des Schuhs genäht und schließen sich über einer angenähten Zunge. Die »geschlossene Schnürung« gilt als die eleganteste Art von Fußbekleidung.

Als etwas weniger formell wird die »offene Schnürung« empfunden: Da sind die Seitenteile auf das Vorderteil genäht. Auf Englisch ist so ein »Blucher« nach Generalfeldmarschall Blücher benannt, dessen Soldaten offen geschnürte Stiefel getragen haben sollen und von den Briten – als Mitstreiter gegen Napoleon – gern gesehen waren. In Deutschland heißt dieser Schuh auch »Derby«.

Mit einem schwarzen glattledernen Schnürschuh und Ledersohle sind Sie von den USA bis zu den Philippinen korrekt angezogen, in Deutschland allemal. Die Italiener mögen dieses Einerlei nicht. Sie haben Recht: Ein feiner Schuh in Bordeaux passt hervorragend zu einem grauen Flanellanzug, zu einem schmal geschnittenen marineblauen Sommeranzug kann ein brauner Schuh ein schmucker Begleiter sein. Möchten oder müssen Sie jedoch auf Nummer sicher gehen, vermeiden Sie die Assoziation zu den italienischen Kollegen und bleiben beim klassischen Schwarz. Stiefeletten zum Anzug sind nirgendwo akzeptabel, auch nicht in Schwarz.

Alternativen

Wollen Sie der Ästhetik die Priorität geben, ist mehr gefragt als Ihr Wissen um die Vorliebe der Italiener für braune Schuhe. Loafers zum Beispiel werden in den USA und Südeuropa sogar zum dunklen Anzug getragen, in Deutschland wäre das riskant. Zu einer Kombination werden sie als passend empfunden.

Der Monkstrap – der Schuh mit der Schnalle – ist ebenfalls riskant, weil er die meisten Hosenbeine zur Ziehharmonika mutieren lässt – nicht unbedingt von Vorteil. Richtig gut sieht er bei einem sehr schmal geschnittenen Hosenbein aus, das rechtzeitig vor der Schnalle endet. Formalästhetisch wird er zwischen Schnürschuh und Loafer eingestuft. Mönche werden das schmucke Stück unter der Kutte nicht getragen haben.

Bei einem Raulederschuh ist Fingerspitzengefühl gefragt, Oberflächenstruktur und Farbe sind exakt auf die Hose abzustimmen. Ob als Schnürschuh oder als Loafer – er harmoniert eher mit einem groben Stoff als der feinen Textur eines Nadelstreifenanzugs. Auch weil es die meisten nur in Braun gibt, ist er in den USA und Großbritannien auf die Freizeit beschränkt.

Extra-Tipp

Man(n) geht nicht ohne Hut – diese Zeiten sind passé. Wenn Sie sich als rühmliche Ausnahme zeigen wollen, bitte Sorgfalt walten lassen: Zum Dufflecoat passen Kappe und Kapuze, zum eleganten Mantel Homburg oder Borsalino.

Accessoires und Schmuck für den Herrn

Womit schmückt sich der Herr außer mit der passenden Krawatte? Die Liste ist recht kurz.

- Nur wenn Sie Hosen mit Tunnelbund tragen – was Sie tun, wenn Sie Hosenträger-Freak sind –, können Sie auf einen Gürtel verzichten. Der muss nicht nur in der Farbe auf die Schuhe abgestimmt sein, sondern auch im Material.
- Eine Armbanduhr aus Edelmetall, schlicht gehalten, ist immer richtig. Bei der Uhr ist es wie beim Auto: Sie ist gleichzeitig Gebrauchsgegenstand und Statussymbol. Keine Spielereien mit Plastik, keine Taucheruhr zum Banktermin!
- Auch der Ehering kommt schlicht gestaltet am edelsten daher.
- Manschettenknöpfe werden nicht als Schmuck angesehen, sondern bei Doppelmanschetten als Notwendigkeit. Sie sind in Farbe, Form und Metall auf Ring und Uhr abzustimmen, die Gürtelschnalle im Idealfall ebenso.
- Wappen- und Siegelringe haben einen aristokratischen Touch, aber nur wenn sie echte Familiensiegel und -wappen abbilden. Träger von Fantasiemotiven werden im schlimmsten Fall vom echten Adel als Parvenus geächtet. Diese Ringe werden am Ring- oder kleinen Finger der trauringfreien Hand getragen.
- Eine Halskette bleibt unsichtbar, Piercing und Tattoo sowieso.

Geschäftskleidung für Frauen

Das Kostüm ist seit jeher das klassische Kleidungsstück für Frauen in Führungspositionen und mit Repräsentationspflichten. Es gibt aber Frauen, die es als einengend und als Anachronismus empfinden. Schade, denn historisch gesehen ist das Kostüm ein echter Fortschritt in der Damenmode.

Es ist den – nach den Verlusten an Männern im Ersten Weltkrieg – alleinstehenden Frauen zu verdanken, sie drängten auf den Arbeitsmarkt und brauchten jobtaubliche Kleidung. Vorbilder an nützlicher und tragbarer Damenmode gab es nicht, also griffen sie auf die Kleidung zurück, die Männer als praktisch empfanden. Die Anleihen sind offensichtlich: Was »ihm« der Anzug, ist »ihr« das Kostüm, was »ihm« das Hemd, ist »ihr« die Bluse, was »ihm« die Krawatte, ist »ihr« das Tuch oder die Kette. Seine Beine und Füße sind bedeckt, ihre auch. Ohnehin entsprach es dem Zeitgeist der Golden Twenties, selbstbewusst und unabhängig daherzukommen. Da kam der – der männlichen Uniform entlehnte – »clean chic«, wie wir heute sagen würden, gerade recht. So hat sich schnell das Bild von der Working Woman in den Köpfen festgesetzt: klassisch, klar und dabei weiblich.

Das Business-Outfit hat der Trägerin zu Diensten zu sein und nicht umgekehrt. Ein zeitlos klassischer Stil, hochwertige Materialien und makellose Schnitte machen vielfältige Kombinationen möglich und unabhängig von schnelllebigen Trends. Die Qualitätsmerkmale bei der Herrengarderobe gelten logischerweise auch hier. Zum Grundstock zählen:

- Kostüme in den neutralen Business-Farben Grau und Blau
- ein Jackenkleid, wenn es nicht zu streng geschnitten ist
- der eine oder andere Hosenanzug
- eine weiße und eine hellblaue Bluse aus Baumwolle
- Blusen in den Farben, die Ihnen stehen
- eine Auswahl an eleganten Shirts ganz ohne oder mit dezentem Muster
- für sehr kalte Tage ein edler Feinstrick-Pullover

Je nach Branche sind Abweichungen vom klassischen Business-Outfit erlaubt und sogar gern gesehen. Sie werden ja nicht gerade im signalroten Designerkleid zur betriebsbedingten Kündigung eines Mitarbeiters schreiten. Da würde sich dann doch eher eine Rock-/Hose-Blazer-Kombination in einfühlsamem Beige anbieten. Pink hat die Konnotation »süß«, Vorsicht also; im Chanel-Kostüm hingegen kommt sogar Rosa elegant.

Generell gilt das Bauhaus-Prinzip gerade für die Geschäftskleidung von Frauen: Weniger ist mehr. Ein dezentes Make-up, einzelne Schmuckstücke, Verzicht auf die Körpersilhouette betonende enge Hosen, Röcke und Strickteile, die Schultern stets bedeckt – so traut man Ihnen in einem seriösen Gewerbe Professionalität zu. Als Designerin werden Sie Accessoires und Farben geradezu minimalistisch einsetzen. Die erfolgreiche Modemacherin Gabriele Strehle sagt sinngemäß: Eine Person ist stilvoll gekleidet, wenn man sich nach einer Begegnung mit ihr an den Menschen erinnert und nicht an seine Kleidung. Geizen Sie also mit Reizen, geben Sie Ihrem Gegenüber die Chance, Ihnen ins Gesicht zu sehen!

Rock und Hose

Das Knie umspielend oder bis zur Wadenmitte? Wie lang darf der Rock denn sein? Der Gesamtanblick entscheidet! Darüber hinaus ist die Rocklänge weniger eine Alters- als eine ästhetische Frage. Ihre Freundin sagt Ihnen, bis wohin Ihre Beine auch von hinten sehenswert sind. Setzen Sie sich vor einen Spiegel und beurteilen Sie, wie weit der Blick des Gegenübers gehen soll. Micro-Minis sind auf jeden Fall daneben, in Kombination mit High Heels geradezu rufschädigend. Bei dünnen Beinen ist die beste Rocklänge die Wadenmitte, nur hier kommen dicke helle Strümpfe gut.

Der Hosenanzug stammt aus dem Bereich des Sports. Zum Fahrradfahren und Reiten waren Hosen einfach sicherer als die historischen langen und weiten Röcke. Darüber hinaus waren sie für Frauen tabu, Übergriffe wurden bis ins 19. Jahrhundert gesetzlich geahndet. Hosen waren Männersache! Die Zwanzigerjahre sahen auch dieses ganz anders, Marlene Dietrich lässt grüßen. Während des Zweiten Weltkriegs waren Beinkleider weiterhin en vogue, zuerst im Kriegsalltag, später bei den Trümmerfrauen. So gesehen waren die Fünfzigerjahre ein emanzipatorischer Rückschritt: Frauen in Hosen waren im Berufsalltag undenkbar. Erst seit den Siebzigern des 20. Jahrhunderts ist der Hosenanzug für Mitarbeiterinnen in den meisten Branchen akzeptiert, in sehr konservativen wie manchen Grandhotels sind sie noch verboten.

Extra-Tipp
Ein eleganter schmaler Schuh und ein weiches Tuch lassen auch den strengsten Hosenanzug feminin wirken. Laufen Sie nicht wie ein »besserer Mann« herum.

Die Bluse
Blusen waren bis in die Zwanzigerjahre hinein mit Rüschen, Falten und weiten Ärmeln versehen, die typische Business-Bluse von heute ist unmittelbar dem Herrenhemd nachempfunden. Sie hat einen spitzen Kragen, Manschetten und ist im Idealfall wie ein Herrenhemd gearbeitet. Seidenblusen sind elegant und feminin, verbringen aber mehr Zeit in der Reinigung als zu Hause. Niemals aus Sparsamkeit zwei Tage tragen!

Shirts und Strick werden in manchen Branchen als zu sportlich empfunden, doch das Reglement lockert sich zusehends – zumal sie ja im Verein mit Seidenschal und Goldschmuck an Eleganz durchaus mithalten können. Ob Sie die Kragenspitzen über dem Revers drapieren oder darunter verschwinden lassen, entscheiden die Form Ihres Gesichts, die des Kragens – und Ihr Wohlbefinden.

Bei einem umfangreichen Busen sollten Sie auf Ärmel, die in der Höhe der Brustspitze enden, verzichten. Tragen Sie lieber lang gezogene Revers.

Schuhe, Strümpfe, Taschen
In Großbritannien und den USA ist im Geschäftsleben ist ein nacktes und dazu noch unrasiertes Frauenbein ein absolutes »no no«, in Deutschland auch. Zur Professionalität gehört eben ein Styling bis in die Fußspitzen. Rock, Strumpf, Schuh

Ton in Ton – das streckt das Bein. Daher ist der Pumps der Schuh der Wahl, er streckt das Bein, gibt dem Fuß Halt und lenkt – wenn er schlicht und geschlossen ist – den Blick auf keinen Fall weg von dem, wohin er gehen soll: dem Gesicht.

Gehen Sie auf Nummer sicher, kaufen Sie sich Schuhe, die zu den Basistönen der Geschäftsgarderobe passen, also in Schwarz und Blau. Ein farbiger Schlenker hier und da lockert das Bild auf, bringt Spannung in das Outfit und ist in nicht völlig konservativen Branchen erlaubt. Wenn es klassisch zugeht, ist Ihr Schuh schnörkellos und vorn und hinten geschlossen.

Auf jeden Fall soll der Schuh in Farbe, Material und Grad der Eleganz dem Outfit entsprechen, wie auch Gürtel und Handtasche.

Beim Aktenkoffer ist das nicht notwendig, es ist völlig ausreichend, wenn er hochwertig und tadellos gepflegt ist und proportional mit Ihrer Körpergröße harmoniert.

Je edler die Aktentasche, der Präsentationskoffer, die Handtasche, desto eher dürfen sie kleine Macken des Gebrauchs aufweisen, das wirkt geradezu nobel antik. Für Schuhe gilt das nicht. Und bedenken Sie, dass Geschäftspartner – manchmal unfreiwillig – einen Blick in Ihre Utensilien werfen. Ordnung und Übersicht wirken professionell.

Schmuck

In ständischen Gesellschaften waren edle Materialien wie Gold und Edelsteine der Oberschicht vorbehalten; derartige Einschränkungen gelten heute bekanntlich nicht mehr. Daher gibt es auch keinen Grund mehr, das Kombinieren von Gold und Silber zu verbieten. Was wiederum nicht der Beliebigkeit Tür und Tor öffnet. Beziehen Sie einzelne Stücke auf das Ganze und Details aufeinander: Indianer-Armband und Perlenkette am gleichen Tag – das harmoniert definitiv nicht.

Mehr als drei Ringe, auf beide Hände verteilt, sollten es nicht sein. Lieber zwei schmale Ringe voreinander stecken als an zwei benachbarten Fingern tragen!

Hätten Sie's gewusst?

- Ein langes, schmales Gesicht wird von einem runden Ausschnitt oder Rollkragen ideal ergänzt; V-Ausschnitt, länglicher Blusenkragen und lang gezogene Ketten mit Anhänger strecken das rundliche Gesicht.
- Mit Tüchern, Ohrringen, Gürteln können Sie von – etwaigen! – Problemzonen ablenken.
- Stattliche Frauen teilen durch Accessoires und großzügige Muster ihre Körpergröße auf, kleinere gewinnen durch einfarbige Kombinationen an Größe.
- Vollschlanke Personen nutzen gerade Schnitte, Farben, ein gekonntes Make-up und einen flotten Haarschnitt.

Proportionen

»Statt zum Schönheitschirurgen zum Schneider!« titelte kürzlich ein Mode-Blatt. Arbeiten Sie mit Ihrem Körper statt gegen ihn, zum Beispiel so: Sie stellen sich barfuß und in Unterwäsche vor einen Spiegel, Sie betrachten sich – ausnahmsweise nicht kritisch, sondern sachlich und bitten eine gute Freundin, auf dem Spiegel – mit Tesafilm oder Lippenstift – die Eckdaten zu markieren. Als Referenzgröße für Ihr Messergebnis gelten Proportionen, die ein Durchschnittsbetrachter als harmonisch empfindet. Bei einem ausgewogenen Körper befindet sich

- der Ellbogen in der Mitte des Arms und bei herabhängenden Armen auf der Höhe der Taille;
- die Taille gleich weit von Achselhöhe und Schritt entfernt;
- der Schritt in gleicher Entfernung zwischen Kopf und Füßen;
- das Knie in der Beinmitte.

Legen Sie nun gemeinsam mit Ihrer Freundin das Maßband an. Ganz objektiv betrachten Sie dann das Ergebnis unter dem Aspekt, dass Sie an Ihren Proportionen selbst mit dem Schönheitschirurgen nichts ändern können. Sie erkennen, warum Ihnen manche Kleidungsstücke zum Vorteil gereichen und andere nicht: Die falschen unterstreichen ungünstige Stellen.

Ganz objektiv diagnostizieren Sie vielleicht: kurze Taille, lange Beine. Oder: kurze Beine, langer Rumpf. Dann brauchen Sie nur noch ein wenig Hintergrundwissen aus der Schneiderwerkstatt, um künftig die für Ihren Körperbau ideale Kleidung zu wählen.

Was Schneiderinnen wissen

Kleine Frauen wirken am besten mit ...

- schmalen, nicht zu langen Röcken und kurzen Jacken
- schmalen Hosen ohne Umschlag
- zierlichen Accessoires

Stattliche Frauen ...

- vermeiden eng anliegende Blusen und Shirts
- tragen Jacken mit Schulterpolstern, aber ohne Brusttaschen
- wählen eng geschnittene Röcke

Frauen mit kurzer Taille ...

- lassen Oberteile locker über die Taille fallen
- tragen Röcke in V-Form
- betonen ihre Beine durch eng geschnittene Hosen und lange Oberteile

Frauen mit langer Taille ...

- lenken mit kurzen Jacken die Aufmerksamkeit auf den Rumpf
- tragen zu Jacken in Siebenachtellänge einen kurzen Rock, der Blick auf das Bein frei gibt
- nutzen breite Gürtel Ton in Ton mit Rock oder Hose oder aber in zur Kleidung kontrastierenden Farben

Frauen mit Hohlkreuz sind vorteilhaft gekleidet mit ...

- kurzen, schmalen Röcken oder Hosen mit Top oder Body
- Westen
- Kostümen, die die Taille betonen

Kleine Farbenlehre

Warum ist die Hoffnung grün, die Liebe rot, die Treue blau? Weil Farben Assoziationen auslösen – und das aus verschiedenen Gründen. Dabei ist die Wirkung von Farben aus verschiedenen Quellen gespeist: die psychologische aus persönlichen Erfahrungen, die symbolische aus Überlieferungen, die kulturelle aus nationalen Zuschreibungen.

Farben und ihre Wirkungen auf andere

Eine amerikanische Fluggesellschaft verordnete ihren Stewardessen ein rosa Outfit und fand sich daraufhin schnell im Sinkflug wieder: Passagiere wollen »sichere« Farben sehen, Pink gehört nicht dazu. Nachdem die Uniformen gewechselt waren, stieg die Airline wieder in der Gunst der Fluggäste.

Offensichtlich stellt sich Lieschen Müller – und nicht nur sie! – eine seriöse Person in einem dunklen Anzug beziehungsweise Kostüm vor, nicht im grasgrün karierten Jackett mit feuerroter Hose. Kalte Farben wie Blau und Grau wirken distanzierter als warme wie Braun und Orange – die Sprache verrät die Wirkung. Kontraste wirken stärker als Farbverläufe Ton und Ton.

Schon ist das Banker-Outfit da: blauer Anzug, weißes Hemd, dezente Krawatte. Genauso wie der schwarze Talar des Richters. Oder der weiße Kittel der Frau Doktor.

Nun sind die Berufe – und damit die Erwartungen an deren Repräsentanten – unterschiedlich und ganz langsam ändern sich die Sehgewohnheiten. Unverändert bleibt jedoch die Tatsache, dass Farben ihr eigenes Leben haben – was Sie wiederum im Sinne Ihrer Absicht nutzen können: Mit Grau, Blau und Anthrazit sind Sie immer auf der sicheren Seite, wenn Sie Kompetenz und Seriosität ausstrahlen wollen. Mit Beige und Braun fördern Sie eine weiche Landung. Mit Signalfarben wie Rot und Grün ist Ihnen die ganze Aufmerksamkeit sicher. Sie machen es einfach, wie Sie wollen!

Die Wirkung von Farben auf den Träger

Farben wirken nicht nur auf andere, sondern auf die Trägerin, den Träger selbst. Es gibt so etwas wie ein Farb-Biofeedback: Wer hat nicht schon erlebt, dass fröhliche Farben die Stimmung eher heben als ein tristes Mausgrau. Mehr als das: Die Farben, mit denen Sie Ihr Gesicht und sein Umfeld schmücken, haben einen Effekt auf Ihr Aussehen. Entsprechend der Pigmentierung Ihrer Haut, Ihrer Augen- und Ihrer derzeitigen Haarfarbe werden Sie – für den Anfang grob gerastert – einer der vier Jahreszeiten zugerechnet. Wenn Ihnen Farben gut zu Gesicht stehen, die wir in der Natur bei Frühjahrsblumen erleben, werden Sie Frühlings-Typ genannt. Stehen Ihnen eher die erdigen Töne des Herbstlaubs, sind sie Herbst-Typ, und so weiter.

Mischtypen gibt es natürlich auch, so stereotyp wie in den Anfängen der Farb- und Stilberatung läuft die Diagnose heute nicht mehr ab. Das macht sie nicht unkomplizierter. Eine weitere Klippe, die es zu umschiffen gilt: Wenn Sie beispielsweise durch Ihren Beruf auf kalte, »mächtige« Farben verwiesen sind, Ihre Haut aber eher mit sanften, warmen Tönen harmoniert, ist Kombinationsgeschick nötig.

Wie erkenne ich meinen Typ?

Eine individuelle Stilberatung dauert einen halben Tag und ist eine gute Investition in Ihre künftige Ausstrahlung. Dieser kleine Wegweiser ist für alle gedacht, die sich – noch – keine Beratung leisten wollen und Farben dennoch geschickt wählen möchten.

Stellen Sie sich ohne Schmuck und Brille – Damen bitte ungeschminkt – bei Tageslicht vor einen Spiegel. Halten Sie im Wechsel Goldfolie und Silberfolie so unter Ihr Kinn, dass Ihre Kleidung völlig bedeckt ist. Gold oder Silber – bei welchem Reflex wirken Sie gesünder, bei welchem kränker? Wann kommen Hautunreinheiten, kleine Unebenheiten, Tränensäcke und so weiter mehr zum Vorschein?

Kommen Ihre Gesichtszüge mit der Goldfolie besser zur Geltung? Dann sind Sie im Alltag mit Goldschmuck gut bedient. Ist Silber besser für Sie? Dann wählen Sie in Gesichtsnähe und auch bei eine Brille eher Silber/Weißgold/Platin. Nun halten Sie Stoffe in verschiedenen Farben in Gesichtshöhe und vergleichen deren Wirkung auf Ihre Züge. Natürlich sehen Sie immer mit mehreren Farben hinreißend aus. Und doch können Sie sich wahrscheinlich nach ein wenig Hin und Her die Frage beantworten: Welche Schattierung einer bestimmten Farbe rückt Sie in das beste Licht?

Wenn Ihnen solche Farben gut stehen	***ist Ihr Typ***
zart und hell	Frühling oder Sommer
klar und leuchtend	Frühling oder Winter
warm und golden	Frühling oder Herbst
kräftig und satt	Herbst oder Winter

Zur genaueren Erkundung gleichen Sie mit Gold- und Silberfolie und weiteren Farben aus den jeweiligen Farbpaletten ab. Ein Kaufhaus mit großer Auswahl ist ein guter Ort für diesen Test. Im Idealfall einen Spiegel am Fenster nutzen.

Extra-Tipp

Sind Sie, sehr geehrter Leser, ein Mann? Würden Sie am liebsten Ihrer Partnerin die Wahl Ihrer Kleidung überlassen? Sind Sie momentan aber auf sich gestellt? Bitten Sie eine Nachbarin/gute Freundin/Kollegin, Sie beim ersten Sehtest zu unterstützen. Sie brauchen nur ihre Argumentationsweise zu verfolgen; beim nächsten Mal sehen Sie dann schon selbst.

Farbgebung und Business-Outfit

Niemals Blau und Grün kombinieren, niemals Blau und Schwarz, niemals Pastelltöne mit Grundfarben – diese Ratschläge sind vielen noch im Ohr. Zum einen haben sich die Sehgewohnheiten in den letzten Jahren rasant verändert. Zum andern nehmen die Farbnuancen unter den Überbegriffen »rot – gelb – blau – grün« mit jeder neuen Modesaison zu. Daher ist es schwer, Patentrezepte zu geben.

Wichtig ist bei der Wahl und Kombination von Farben, jeweils den Ton zu treffen, der dem Träger schmeichelt und den Betrachter überzeugt.

Als Frühlings-Typ ...
wählen Sie für Kostüm, Anzug und Jackett Braun und Grau mit einem warmem Unterton; es gibt sogar warme Blautöne. Blusen und Hemden passen dazu in Creme, Beige, Eierschale, Champagner, Hellblau sowie in kräftigen Tönen wie Sonnengelb und leuchtendes Rot. Tragen Sie keine schneeweißen Hemden und Blusen, die machen Sie bleich.

Für den Sommer-Typ ...
sind als Basisfarben ideal: Grau und Anthrazit, Marine- und Graublau. Die Blusen und Hemden darunter sind gut in den Pastelltönen Hellblau, Hellrosa, gebrochenem Weiß, zartem Zitronengelb. Kräftige Farben würden Sie erschlagen.

Dem Herbst-Typ ...
stehen Erdfarben wie warmes Braun, Grau und Grün. Die Blusen und Hemden dazu sollten wie beim Frühjahrstyp Creme, Beige, Eierschale, Champagner sein; kräftige Erdtöne kommen hinzu: Olivgrün, Rostrot, Maisgelb.

Der Winter-Typ ...
hat es im Geschäftsleben am leichtesten: Schwarz, Grau, Marineblau – das alles steht ihm, weiße Hemden und Blusen ebenfalls. Kräftige, kalte Farben bei Tüchern, Krawatten, Blusen ergänzen das Bild: Königs- und Eisblau, kalt leuchtendes Rot, Pink, kaltes Türkis.

Extra-Tipp

Helle Farben werden bei befragten Personen mit »leicht, hoch, oben« assoziiert, dunkle Töne mit »tief, unten, schwer«. Auf diesem Wissen über das inhärente Gewicht von Farben gründet sich der Rat von Rhetoriktrainern, zu Präsentationen keine hellen Röcke und Hosen zu dunklen Sakkos zu tragen: Für das Publikums stünde die vortragende Person »auf dem Kopf«.

Mehr als Farbtupfer: perfekte Nägel

In Beratung, Präsentation, Verkauf spielen ständig Ihre Hände eine Rolle, denken Sie darum – mindestens einmal pro Woche – an Ihre Maniküre. Das Minimalprogramm:

- die Nagelhaut mit einem Rosenholzstäbchen zurückschieben
- die Nägel oval oder rund schneiden
- von außen nach innen glatt feilen – mit einer Sandblattfeile
- eincremen

Ob Sie sich als Frau zum Naturlook entscheiden, ob Sie zur »French manicure« die weißen Nagelspitzen mit Nagelweißstift untermalen und die Nägel farblos lackieren oder ob Sie mit mehreren Lackschichten Farbe bekennen – Ihre Hand muss zu Ihrer Rolle und zu Ihrer Persönlichkeit passen.

Nägelkauen, sagen die Psychologen, sei bei erfolgreichen Menschen mit hohem Leistungsanspruch auffällig häufig, Männer kauten seltener als Frauen, dafür aber schonungsloser. Nägelkauer haben kein gutes Image. Dem einen wird die vergebliche Suche nach emotionalem Schutz oder eine unterdrückte Aggression unterstellt, dem anderen Willensschwäche, Kontrollverlust oder das Unvermögen, Probleme, die »auf den Nägeln brennen«, zu lösen. Vielleicht stimmt die eine oder andere Vermutung. Auf jeden Fall ist da mit Kosmetik wenig geholfen. Eher schon mit einem Entspannungskurs in der Volkshochschule.

Übrigens: Ob Dame oder Herr – eine Handcreme pflegt, schützt vor Umwelteinflüssen und hält Ihre Hände geschmeidig – was Ihr Gegenüber auch beim Händedruck zu schätzen weiß.

Die Ausstrahlung

Der jeweilige Anlass und Ihre Rolle bestimmen Ihr Outfit. Experten helfen Ihnen, die Stärken Ihres Aussehens durch die geschickte Wahl von Farben und Proportionen zu unterstreichen. Vergessen Sie dabei Ihren persönlichen Stil nicht! Die Stilberatung unterscheidet sechs Persönlichkeitsgruppen und gibt entsprechende Empfehlungen für die »zweite Haut«:

Klassisch: Korrekte, zeitlose Stücke, schlichte Schnitte, unifarbene Kleidung – das korrespondiert hier.

Sportlich: Praktisch orientierte, stattliche Frauen und Männer – eher Leichtathleten als Kunstturner – brauchen großzügige Schnitte in dynamischen Tönen.

Natürlich: Unkomplizierte Personen, die viel Bewegungsfreiheit brauchen, fühlen sich in weichen Stoffen und weichen Schnitten wohl.

Romantisch: Wer Locken liebt und weiche Körperformen hat, muss sich nicht in klassische gerade Schnitte zwängen. Sie/Er kann eine – nicht zu verspielte – die Figur betonende Kleidung tragen.

Zart: Frauen und Männer, die zart wirken, betonen die Taille, verzichten auf große Kragen, tragen weiche Stoffe und sehr kleine Muster oder Uni-Farben.

Dramatisch: Avantgardistische Modelle mit ausgefallenen Schnitten passen hier, im Business ist der dramatische Auftritt jedoch zu reduzieren.

Muster

Eine Farbe kommt selten allein, oft ist sie mit anderen Farben zu einem Muster verarbeitet: zu Blümchen, zu Karos, zu Streifen und Blättern – der Fantasie von Modeschöpfern scheint keine Grenze gesetzt. Beim Vergleich zum Beispiel von TV-

Moderatoren sehen Sie aber schnell: Je seriöser die beabsichtigte Wirkung, desto verhaltener der Umgang mit Mustern. »Weniger ist mehr« – zwei Muster müssen reichen: Zum Nadelstreifen-Kostüm eine unifarbene Bluse und ein gepunktetes Tuch – das mag gehen. Ein breit gestreiftes Hemd mit einer groß karierten Krawatte zu kombinieren ist schon riskant, doch: modemutige Männer mischen munter. Ruhiger wirkt es für das Auge des Betrachters, wenn die Muster sich nicht berühren, also gestreifter Anzug, gestreifte Krawatte, aber nicht: gestreifter Anzug, gestreiftes Hemd.

Anstatt sich von der Mode Musterkombinationen diktieren zu lassen, beachten Sie besser die Harmonie von Mustern zu den Proportionen Ihres Körpers. Der Maßstab macht's:

- Ist Ihre Gesamtwirkung zierlich, greifen Sie zu Jacketts mit zierlichen Mustern wie feinen Blumen und Hahnentritt über einfarbigen Oberteilen. Das zieht den Blick auf Ihr Gesicht.
- Ein grober Knochenbau bei großer Statur bietet Raum für einen großen Maßstab: Große Personen wirken mit kleinen Mustern noch größer, für sie sind auffallende große Flächen geradezu ideal.
- Bei normalem Knochenbau bedenken Sie: Längsstreifen strecken, Karos machen vierschrötig: Wer über eine kurze Taille verfügt, verzichtet auf Glencheck, Tartan & Co. Bei langen Beinen keine gestreiften Hosen.

Das richtige Outfit für ein Fest

»Sportlich-elegant«, »sommerlich-festlich«, »nach Belieben« – solche Kleidervermerke bei Einladungen sind nicht gerade aussagekräftig. Da hilft nur: die Gastgeber telefonisch um Präzision bitten.

Als angenehm wird empfunden, wenn Gastgeber die offiziellen Angaben zum Dress-Code verwenden. Damen sind dort in der Regel nicht erwähnt. Wird ihnen unterstellt, dass sie sich ohnehin immer richtig kleiden? Wahrscheinlich nicht. Wahrscheinlich wird eher vorausgesetzt, dass Frauen die männlichen Dress-Codes für sich lesen können.

Black and White: Kleidervermerke und ihre Bedeutung

Schwarz und weiß – nur diese Nicht-Farben haben bei Herren in bester Gesellschaft ihren Platz. Mit einer bunten Fliege zum Smoking laufen Sie Gefahr, sich zum Gespött zu machen.

»Willkommen in der Kreissparklasse«, so betitelte die FAZ eine Reportage über einen Presseball im Schwäbischen; der Autor überzog die Gesellschaftskleidung der anwesenden Herren mit Sarkasmus. Häme ist vielleicht nicht fein, doch können Sie es sich leisten, dass man hinter vorgehaltener Hand über Sie lästert? Sicherlich nicht.

Dunkler Anzug

Diese Angabe ist eindeutig: keine Kombination, keine hellen Anzüge, keine grellen Krawatten; schwarze glattlederne Schürschuhe mit Ledersohle, weißes oder hellblaues Hemd ohne Muster; kein Button-down-Kragen, kein Tab-Kragen. Es ist jedoch nicht an einen schwarzen Anzug gedacht, Schwarz ist traditionell besonderen – akademischen und traurigen – Feierlichkeiten und der großen Gesellschaft (siehe Smoking und Frack) vorbehalten.

Der Smoking

Der heute gebräuchlichste Abendanzug ist der Smoking, er wird auf der Einladung als »cravate noire«, »black tie« oder »Gesellschaftsanzug« geführt. In Frankreich läuft er unter »tenue de soirée«, in den USA und anderen Ländern heißt er »Tuxedo«, nach dem Golfclub, in dem er, so will es die Legende, zum ersten Mal öffentlich getragen wurde. Andere Legenden schreiben ihn dem Duke of Windsor zu, doch da dem eleganten Herzog auch der Windsorknoten angehängt wird, den er nie trug, mögen Zweifel erlaubt sein.

Das »Smoking Jackett« wurde im Raucherzimmer des Clubs getragen, nur seinen Schalkragen hat es mit dem »Dinner Jackett« gemeinsam. Dies wiederum ist der englische Ausdruck für den Smoking, während das, was wir auf Deutsch »Dinner Jackett« nennen – also die weiße Smoking-Jacke – auf der Insel »White Dinner Jackett« heißt. Ein wahrlich internationales Stück!

Welchen Namen das Stück auch trägt, der Umgang damit ist eindeutig geregelt. Notwendige Accessoires sind:

- eine schwarze Schleife, von Hand gebunden
- eine schwarze Weste oder der seidene Kummerbund (Hindi »Kamarband«), den die britischen Kolonialherren der Schärpe indischer Würdenträger nachempfanden
- ein Smokinghemd mit Umlegekragen, Doppelmanschetten, Manschettenknöpfen aus Edelmetall, gestärkter Brust und verdeckter Knopfleiste
- Seiden- oder sehr feine Wollstrümpfe
- Lackschuhe oder Oxfords

Ein Leinentaschentuch als Stecktuch ist möglich. Als Fauxpas gelten neben farbigen Schleifen: Gürtel, Anzughemd, Hemd mit Stehkragen, grobe Socken und Schuhe. Der weiße Seidenrolli war Markenzeichen von Bernstein und Karajan.

Der Smoking ist für Abendveranstaltungen in geschlossenen Räumen gedacht, das weiße Dinner Jackett ist bei der edlen Gartenparty und auf dem Kreuzfahrtschiff korrekt.

Extra Tipp

Als Gesellschaftsanzug hat der Smoking am Tag keinen Platz. Die Bitte an die Gäste, bei einer Trauung Smoking zu tragen, setzt sie in eine Zwickmühle: Ob sie der Einladung entsprechen oder sich an die Regel halten – falsch angezogen sind sie auf jeden Fall. Den meisten Gästen wird aber der Wunsch des Gastgebers Befehl sein. Korrekt wäre hier übrigens der Cut.

Der Frack

Der Frack, der »Große Gesellschaftsanzug«, heißt »white tie«/»cravate blanche«, weil er von einer weißen Schleife begleitet ist. Er ist immer ein Einreiher, hat niemals Knöpfe und wird von einer weißen Weste aus Baumwollpikee mit schmalem Schalkragen eskortiert. Das Frackhemd hat einen Klappenkragen und eine gefältelte Brust. Der meistgetragene Schuh ist auch hier der Oxford, wobei Traditionalisten auf Lackpumps mit Seidenschleife bestehen (zu Frack und Smoking). Der weiße Seidenschal und der schwarze Zylinder werden zum Frack nur zum Mantel getragen, die weißen Handschuhe sind ohnehin selten geworden.

Werden Sie nur in Ausnahmefällen zu Veranstaltungen in Abendkleidung gebeten, lohnt es sich, sich den Anzug jeweils im Kostümverleih auszuleihen. Damit Sie nicht von Jahr zu Jahr den Eindruck haben, das gute Stück sei im Schrank schon wieder geschrumpft.

Abendgarderobe für die Dame

Kostüme gelten als Business-Kleidung, Damen tragen in guter Abendgesellschaft ein Kleid, notfalls einen – eleganten – Abendanzug. Zum Gesellschaftstanz aber bitte keine Hosen.

Das große Abendkleid

Gemäß dem Hofzeremoniell putzen sich Damen ganz groß heraus, wenn die Herren im Frack erscheinen: zum »Großen Gesellschaftsanzug« die große Abendrobe bitte. Farbe, Stoff und Schnitt sind frei, Hauptsache dem Anlass gemäß. Vorgeschrieben sind langer Rock, Dekolletee und ein Utensil, um beim Diner die Schultern zu bedecken. Das Essen soll im Zentrum des Interesses stehen, nicht Ihr Dekolletee.

Ein großes Fest kennt keine Zeit: Lassen Sie zum Abendkleid Ihre Armbanduhr zu Hause. Mit Schmuck können Sie umso großzügiger verfahren. Je nach Umfeld ist schillernder Modeschmuck verpönt oder der letzte Hit. Als Understatement wird gewertet, wenn Sie Ringe und Armreifen unter dem Abendhandschuh tragen. Meist werden sie darüber gestülpt. Denn sogar zum Händeschütteln und zum Essen bleibt das elegante Stück an der Hand. Es gibt Exemplare, bei denen Sie zum Gala-Diner die Handpartie abstreifen können.

Cocktailkleid und Kleines Schwarzes

Da der Frack nur noch selten zum Tragen kommt, ist es Damen gestattet, das lange Abendkleid auch anzulegen, wenn der Herr »nur« im Smoking daherkommt.

Wobei zu solchen Anlässen gern ein typisches Produkt der Fünfzigerjahre getragen wird, das Cocktailkleid. Es ist knielang, ganz oder in Teilen aus Samt, Brokat oder Seide, hat immer ein Dekolletee und wird züchtig von einem Jäckchen ergänzt. Christian Dior drückte damit aus, was Europa dachte: Es geht aufwärts, wir gönnen uns wieder was.

Ebenfalls ein Klassiker, doch mit anderer Botschaft: das Kleine Schwarze. Es ist – wie das feminine Tweedkostüm und der Modeschmuck – der Pariser Couturière Coco Chanel zu verdanken, die in den Zwanzigerjahren Schluss machte mit modischen Notwendigkeiten, die Frauen in ihrer Bewegungsfreiheit einschränkten.

Das erste knielange Kleid für festliche Gelegenheiten steht mit seinem Verzicht auf Buntheit und jegliche Schnörkel auf der ganzen Welt für Eleganz schlechthin und konzentriert den Blick des Betrachters auf den Schmuck und, so wollte es »Mademoiselle«, das Gesicht. Ob die jeweilige Mode die Taille betont oder den Ausschnitt, ob sie den Saum hebt oder senkt, üppige Ärmel diktiert oder schmale – im Kleinen Schwarzen sind Damen neben Smoking und dunklem Anzug immer perfekt angezogen.

Ins entsprechende Handtäschchen – je später der Abend, desto kleiner die Tasche – passt wenig mehr als Hausschlüssel, Notfallschminkutensilien, Kleingeld und Handy.

Extra-Tipp

Für Personen, die für Organisation und Durchführung verantwortlich zeichnen, gilt ein Kleidervermerk nicht. Sie tragen Business-Outfit. Fehlt der Kleidervermerk, werden auch die Gäste im Business-Outfit erwartet.

»casual«

Streng genommen bedeutet »casual wear« gepflegte Freizeitkleidung, im Unterschied zu Sport- und Arbeitskleidung. Damit sind die Jeans als alte Goldgräberhose und das T-Shirt aus dem Fitness-Center ausgegrenzt. Genauso sehen es Ihre Gastgeber mit großer Wahrscheinlichkeit, wenn sie den Dress-Code »casual« oder »smart casual« vorgeben.

Wohl alle Geschäftsleute haben einen Blazer im Schrank. Er ist der ideale Begleiter für die Freizeit und lässt sich mit Hemd, Krawatte und grauer Wollhose respektive Bluse, Seidenschal und Rock sogar schnell zum legeren Business-Outfit aufrüsten. Dies umso mehr, wenn Sie sich für einen blauen zweireihigen Marine-Blazer mit Messingknöpfen entscheiden. Selbst mit Jeans, T-Shirts und Loafers würden Sie im Grenzfall noch als »angezogen« gelten. Sie müssen das aber ja nicht unbedingt austesten.

Darüber hinaus sind warme Farben und weiche Stoffe angesagt – eben alles, was im konservativen Business-Outfit verpönt ist. Die wohlige Tweedjacke, die Cordhose, der Faltenrock, die Slippers (sogar ohne Strümpfe), die braunen Raulederschuhe, sie alle finden hier ihren Platz. Schwarze Schuhe und Krawatte sind verpönt, ein Kragen soll aber sein: Button-down-Hemd und -Bluse sind o.k., Poloshirts ebenfalls. Italiener schlingen einen Pullover um die Schultern. »Lässig, aber keinesfalls nachlässig« ist die Devise. Hier Stil zu bewahren kann schwerer sein, als sich in die Business-Uniform zu werfen. Doch der Versuch lohnt immer.

3 Auf jeden Fall korrekt

»Die Hackordnung gehört der Vergangenheit an.« »Auf Hierarchie kommt es doch in einer demokratischen Gesellschaft nicht an.« »Auf diese Anrede hat keiner einen rechtlichen Anspruch.«

So mancher Zeitgenosse hält nichts von protokollarischen Unterscheidungen und Feinheiten. Er bemerkt dabei nicht, dass er selbst in seinem Alltag sehr wohl Prioritäten setzt und verschiedenen Personen in unterschiedlichen, zuweilen genau abgestuften Dosierungen Respekt erweist.

Eine verbindliche Gesetzesgrundlage gibt es innerhalb Deutschlands weder für Anreden noch für die Nennung von Ehrengästen noch für die Zuteilung von Sitzplätzen. Das Gesetz der Höflichkeit jedoch gebietet, den Grundsatz »Ehre, wem Ehre gebührt« zu befolgen. Schließlich hat eine kleine innere Verneigung noch kein Rückgrat verbogen.

Zwischen Gleichheitsgrundsatz und Rangordnung: das Protokoll

Es gibt in Deutschland keine festgelegte staatliche Rangfolge. Immer befinden sich Personen, die für die protokollarisch angemessene Nennung und/oder Platzierung von Besuchern verantwortlich sind, im Spannungsfeld zwischen dem republikanischen Gleichheitsgrundsatz und der Notwendigkeit der Hierarchisierung.

Das Bundesministerium des Innern praktiziert eine Rangfolge, die von der Rangordnung der Institutionen ausgeht:

1. der Bundespräsident
2. der Bundestag
3. die Bundesregierung
4. der Bundesrat
5. das Bundesverfassungsgericht
6. die Chefs diplomatischer Missionen
7. die höchsten Repräsentanten der Religionsgemeinschaften
8. die Repräsentanten der im Bundestag vertretenen Parteien und Fraktionen
9. die Repräsentanten der Landtage und Bürgerschaften
10. die Landesregierungen
11. die Chefs oberster Bundesbehörden und Leiter anderer Einrichtungen des Bundes im Rang von Staatssekretären
12. die Präsidenten der Wirtschaftsverbände, des Deutschen Gewerkschaftsbundes und vergleichbarer nationaler Berufsverbände
13. die Präsidenten der obersten Bundesgerichte
14. die Repräsentanten der kommunalen Spitzenverbände

Jedoch weisen die Protokollchefs der politischen Institutionen darauf hin, dass die institutionellen Rangordnungen keine rechtlich relevante Bedeutung haben, sondern nur als Orientierungshilfe für Veranstalter dienen. Sind ausländische Gäste anwesend, wird gemäß einer Top-70-Liste verfahren, deren erste zehn Stellen so besetzt sind:

1. der Bundespräsident
2. die Souveränen/Staatsoberhäupter anderer Staaten
3. die Regierungschefs anderer Staaten

4./5. der Bundeskanzler/der Präsident des Deutschen Bundestags (bei gemeinsamen Auftritten überlässt der Bundeskanzler dem Bundestagspräsidenten den Vortritt)

6. der Präsident des Bundesrats
7. der Präsident des Bundesverfassungsgerichts

8./9. der Doyen des Diplomatischen Corps und die ausländischen Botschafter
10. Stellvertretende Regierungschefs anderer Staaten

Ordnungskriterien für eine interne Sortierung

Ist die Position eines Gastes auf einer Top-Liste erwähnt, rangiert er vor allen anderen Gästen.

Findet sich keiner der Gäste auf dieser Liste, ist ihre innere Struktur eine gute Hilfe.

- Repräsentant Nummer 1 vor Nummer 2: zuerst der Präsident einer Vereinigung, dann ihr Vizepräsident
- nationale vor regionaler Bedeutung, die wiederum vor der lokalen: zuerst die Ministerpräsidentin, dann der Landrat, dann der Oberbürgermeister
- der aktuelle vor dem ehemaligen Amtsinhaber: der derzeitige Landrat vor dem früheren Landrat
- Politik vor Wirtschaft: der Fraktionsvorsitzende im Landtag vor dem Verbandspräsidenten
- Kirche vor Politik: der Bischof wird vor dem Gemeinderatspräsidenten erwähnt; innerhalb der Konfessionen greift die zahlenmäßige Bedeutung vor Ort
- gewählte vor ernannten Personen, Ehrenamt vor fest besoldeten Personen: Bürgermeister vor Stadtdirektor, Verbandspräsident vor Dezernatsleiter
- Dienstalter – bei gleichem Rang – vor Lebensalter: der Mitarbeiter mit der längsten Verweildauer vor dem, der weniger lang im Unternehmen tätig ist
- Wissen vor Geld: Vertreter der Presse vor Unternehmern
- Ehepartner teilen den Rang. Einen Vorrang der Frau vor dem Mann gibt es im Protokoll nicht.

Ein Beispiel

Bei Firmenjubiläen, Kundenveranstaltungen oder gesellschaftlichen Anlässen beschränken Sie die explizite namentliche Begrüßung von Ehrengäste auf fünf Positionen. Fühlen Sie sich verpflichtet, mehr zu erwähnen, bilden Sie Gruppen wie zum Beispiel »die Vertreterinnen und Vertreter der Parteien«.

Gesetzt den Fall, Sie sollten bei einer Kundenveranstaltung als Ehrengäste begrüßen:

- die Referentin, eine anerkannte Hochschulprofessorin
- den von allen geachteten Oberbürgermeister
- den sehr beliebten Präsidenten der Industrie- und Handelskammer
- den langjährigen, nun aber – leider! – pensionierten Vorstandsvorsitzenden Ihres Hauses
- die Chefredakteurin des überregionalen Radiosenders

Dann geben Sie den auf der Top-Liste aufgeführten Personen Vorrang vor den anderen, lassen Geschlecht und Alter hinter Mandat und Amt zurücktreten und nennen:

1. den Oberbürgermeister
2. den Präsidenten der Industrie- und Handelskammer
3. die Referentin
4. die Chefredakteurin
5. den pensionierten Vorstandsvorsitzenden

Von dem einen oder anderen Naserümpfen sind Sie dennoch nicht gefeit, zum Beispiel weil der Vorstandsvorsitzende nicht nur aufgrund seines Alters hoch geachtet ist, aber die Chefredakteurin jung und kaum bekannt. Als Auswege bieten sich an:

- Sie nennen namentlich nur den Oberbürgermeister und schließen die übrigen geladenen Gäste in einen generellen Gruß ein.
- Sie weben um jeden Gast einen ganzen Satz. Die inhaltliche Würdigung lässt eine vermeintlich falsche Platzierung leichter verschmerzen.
- Sie nennen zuerst einmal die Honoratioren en bloc: – Oberbürgermeister, Präsident, Chefredakteurin, VV – und nehmen das Publikum dazu: »Sehr geehrte Damen und Herren«. Danach leiten Sie zu der Referentin über: »Verehrte Frau

Professor Zett, Sie sehen an Prominenz und Zahl der Gäste, welche Bedeutung wir Ihnen und Ihrem Thema beimessen.«
- Sie machen es umgekehrt, stellen die Referentin an den Anfang und leiten dann zu den Ehrengästen über: »Mit uns freuen sich auf Sie ...«

Extra-Tipp
Die soziale Anerkennung einer Person vor Ort bei einem jeweiligen Anlass sollte Ihre Entscheidung mehr beeinflussen als das institutionelle Protokoll. Fragen Sie im Kollegenkreis nach.

Ehrengäste in einer Reihe platzieren
Es liegt auf der Hand, dass Sie wichtige Gäste einer Veranstaltung nicht mit einer lockeren Geste in den Saal schicken und mit der Bemerkung »Es ist noch viel frei« allein lassen. Und doch gilt auch bei der Platzierung das Prinzip »Weniger ist mehr«.

Im Normalfall reicht es aus, wenn Sie die Gästen der ersten Reihe namentlich platzieren und dahinter für weitere bedeutende Besucher Blöcke reservieren: Sie stecken würdigend den Rahmen, lassen aber bei der Wahl des einzelnen Platzes aber freie Hand.

Bei Reihenbestuhlung gelten, wie an anderen Orten auch, folgende Grundsätze:
1. »Links schützt rechts«
2. »Nah ist besser als fern«

So können sich zum Beispiel bei einem Vortrag für die Sitzverteilung in der ersten Reihe mehrere Konstellationen ergeben. Beispiele finden Sie auf den folgenden Seiten. Die Ziffern geben jeweils die Wichtigkeit an, die Sie den jeweiligen Gästen beimessen (müssen); 1. Gast = wichtigster Gast/Ehrengast usw.

Ohne Partner/innen

Rednerpult

weitere	4. Gast	2. Gast	Gastgeber	1. Gast	3. Gast	weitere

Gäste mit Partner/innen

Rednerpult

weitere	Partner/in zu 2. Gast	2. Gast	Gastgeber	1. Gast	Partner/in zu 1. Gast	weitere

Gastgeberpaar und Ehrengastpaar

Rednerpult

4. Gast	3. Gast	Partnerin 1. Gast	Gastgeber	1. Gast männlich	Frau des Gastgebers	2. Gast

Reihen mit Mittelgang ohne Gastgeberin; Gastgeber zentral

Rednerpult

MITTEL-GANG	4. Gast	2. Gast	Gastgeber	1. Gast	Partner/in zu 1. Gast	3. Gast

Reihen mit Mittelgang ohne Gastgeberin; Gastgeber am Rand

Rednerpult

MITTEL-GANG	Gastgeber	1. Gast	Partnerin zu 1. Gast	2. Gast	3. Gast	4. Gast

Reihen mit Mittelgang, Gastgeberpaar und Ehrengastpaar

Rednerpult

Partnerin zu 2. Gast	2. Gast	Gastgeberin	MITTEL-GANG	Gastgeber	1. Gast	Partnerin zu 1. Gast

Platzieren bei Tisch siehe Kapitel 6, Seite 181f.

Besonderheiten

Mitarbeiter des Veranstalters sitzen logischerweise an den Seitenplätzen, manche ganz vorn, um Notfälle auf der Bühne zu lösen, andere ganz hinten, um den Saal im Blick zu haben, wieder andere an der Tür, um verspäteten Gästen störungsfrei Einlass zu gewähren.

Als Gast akzeptieren Sie ohne Murren den Ihnen zugewiesenen Platz. Wenn Sie sich zum Erreichen eines freien Platzes durch eine Reihe schlängeln müssen, ersparen Sie den bereits Anwesenden den Anblick Ihres verlängerten Rückens. Immer mit dem Gesicht zu den Gästen gehen. Das gilt auch für Ihren Konzert-, Theater- oder Kinobesuch. Das gilt nicht in der Kirche. Dort gibt es eine höhere Instanz als die Besucher und Sie gehen durch eine Reihe mit dem Gesicht zum Altar.

Anschriften und Anreden

»Vergessen Sie nicht, dass für jeden Menschen das wichtigste Wort sein Name ist.« Ob Dale Carnegie Recht hat? Machen Sie sich keine Sorgen, ob Sie einer Person bei der Nennung ihres Namens genügend Wertschätzung entgegengebracht haben! Lernen Sie die wichtigsten Anredeformen wie seinerzeit Vokabeln im Fremdsprachenunterricht. So sind Sie über jeden Zweifel erhaben.

Der Adel

Was unterscheidet den Baron vom Herzog? Und was die Freiin von der Freifrau? Leider gibt es hierfür kein Lehrbuch. Das entsprechende Wissen wurde innerhalb des Adels mündlich überliefert, wobei für die Differenzierung die Unterschiede des Reichtums, der Herkunft, der Adelsqualität – Feudaladel versus monarchischer Dienstadel – von Bedeutung waren. Eine besondere Rolle spielte darüber hinaus die Ahnenkette, die Gliederung nach dem Alter des Adels:

- Der Titel ***Kaiser*** galt als Zeichen höchster politischer Würde. Er war von dem Personennamen des Römers Julius Caesar abgeleitet und wurde daher immer mit einer Weltmacht assoziiert. Nur der Spross eines Fürstenhauses konnte ihn erringen.
- An zweiter Stelle der Rangfolge stand in der Fürstengruppe der ***König*** als Oberhaupt eines Stammes – in Deutschland zum Beispiel Bayern, Preußen, Sachsen. In Deutschland gab es einen »Deutschen Kaiser« und Könige bis zum Ende des Ersten Weltkriegs 1918.
- Die dritte Position in der Rangliste der Fürsten nahm/nimmt der ***Herzog*** ein, er war vom Mittelalter an als Mittler zwischen königlicher Gewalt und den Grafen eingesetzt und hatte das Recht zu adeln. Auch die deutschen Herzog- und Großherzogtümer bestanden bis 1918.

- Schließlich gehört zur Gesamtgruppe der Fürsten noch der »einfache« ***Fürst.*** Man unterscheidet geistliche Fürsten – wie Erzbischöfe und Bischöfe – und weltliche Fürsten, zu denen auch die Mark- und Pfalzgrafen zählten. Seit 1918 regiert in Deutschland kein Fürstenhaus mehr, aber viele existieren noch.
- Ein ***Graf*** war ursprünglich den Fürsten gleichgestellt, wurde ihnen aber später untergeordnet. Er wurde von einem König oder Fürsten als Beamter ernannt und erhielt für seine Dienste Ländereien oder Vorrechte. Später war die Verleihung des Titels nicht mehr an ein Amt gebunden. Die Ehefrau des Grafen ist die Gräfin, die unverheiratete Tochter die Comtesse.
- Der letzte titulierte Adlige ist der ***Freiherr***, ein »freier Mann« im Gegensatz zum abhängigen Bauern. Seine Frau: die Freifrau, die Tochter: die Freiin. Im Baltischen, in Österreich, Bayern und im katholischen Westfalen wurden/wird ein Freiherr ***Baron*** genannt, seine Frau die Baronin, seine Tochter die Baronesse.
- Auf einer Stufe zwischen titulierten und untitulierten Geschlechtern stehen die ***Ritter*** und die ***Edlen***.
- Die größte Gruppe stellen die Adligen, die keinen Titel besitzen: die ***Untitulierten***. Diese Familien führen als Zeichen ihres Adels nur »von«, »von und zu«, »zu«, seltener »am« oder »vom«. Die Zusätze entstanden oft durch die mittelalterlichen Herkunftsbezeichnungen und wurden vom 14. Jahrhundert bis 1918 durch ein Diplom verliehen.

Das Wörtchen »von« vor einem Namen ist jedoch kein eindeutiger Hinweis auf ein Geschlecht adliger Herkunft. Bei vielen Familien stammt es von den Herkunftsbezeichnungen ab, ohne je ein Adelszeichen geworden zu sein. Eine vollständige Übersicht mit der Unterscheidung in adlige und nichtadlige Familien existiert bis heute nicht, doch Listen sind in Arbeit.

Extra-Tipp
Nach der Stadt seiner Herausgabe wurde der Adelskalender »Gothaisches Genealogisches Handbuch« kurz »Gotha« genannt – das Wort fand zum Beispiel im Französischen Eingang als Synonym für Honoratioren schlechthin, »VIPs« könnte man sagen. Heute helfen die Website www.adelsdatenbank.de oder das Adelslexikon des Genealogischen Handbuchs des Adels (GHdA). Es wird vom Deutschen Adelsrechtsausschuss herausgegeben und enthält alle Adelsfamilien in Deutschland, die noch nach 1800 blühten. Ständige Forschung betreibt u.a. die Stiftung Deutsches Adelsarchiv, Schwanallee 21 in 35037 Marburg.

Adel verpflichtet
Der Ehrenkodex des gesamten Adels verlangt eine Vorbildfunktion für alle Mitmenschen*:

- die Erhaltung eines bestimmten Lebensstils
- die Sorge um das Wohlergehen anderer, insbesondere Schwächerer
- eine Berufswahl mit Blick auf den Nutzen für das Gemeinwohl
- die Wahrung der Höflichkeit und Anwendung höflicher Umgangsformen
- die Verwurzelung in der örtlichen Gemeinde
- Verbundenheit mit Grund und Boden
- Heimatsinn und Nationalstolz
- Umweltschutz und Bewahrung der natürlichen Ressourcen

Der Kodex ist noch gültig, seit der Weimarer Verfassung vom 11. August 1919 und nach dem heutigen Bundesrecht gelten Adelsbezeichnungen aber nur noch als Namensbestandteil.

* Zitiert nach Institut Deutsche Adelsforschung, www.edelleute.de

Nach diesen Bestimmungen sind die Anreden wie »Königliche Hoheit«, »Durchlaucht« und so weiter hinfällig. Das gilt auch für die den Namen vorangestellten Abkürzungen wie »S.K.H« oder »I.K.H.« für »Seine/Ihre Königlichen Hoheit«.

Dennoch sind im gesellschaftlichen Umgang die vor 1919 gültigen Anreden gebräuchlich, sie sind von dem jeweiligen Titel und den ihm gemäßen adelsrechtlichen Privilegien abgeleitet.

Eine Pauschalangabe zur Anrede ist jedoch beim hohen Adel kaum zu treffen; häufig variieren Anredeformen nicht nur von Familie zu Familie, sondern gelegentlich auch unter den einzelnen Familienmitgliedern. So kann die korrekte Anrede für den Chef eines Fürstenhauses »Durchlaucht« sein, die nachgeborenen Geschwister aber werden mit »Erlaucht« angesprochen.

Extra-Tipp

Nutzen Sie bei der Begegnung mit dem Spross eines Adelshauses die Angaben in diesem Buch als Grundlage für die Frage: »Wie führen Sie Ihren Namen? Ist es korrekt, wenn ich Sie mit … anspreche?« Mit dieser Vorgabe zeigen Sie,

- dass Sie sich die Mühe gemacht haben, sich zu informieren,
- dass Sie wissen, dass es mehr zu wissen gibt, als Sie mit den Ihnen zur Verfügung stehenden Mitteln recherchieren konnten.

Die Adelsanreden im Überblick

Die gebräuchlichsten Formen der Anrede und Anschrift finden Sie hier:

Bezeichnung	Anschrift Adressfeld	Anrede schriftlich »Sehr geehrte/r ...«	Anrede mündlich »Guten Tag ...«
Fürstin	Frau (Dr.) Irma Fürstin von Elz	(Dr.) Fürstin von Elz	(Dr.) Fürstin Elz
Graf	Graf (Dr.) Otto zu Dreisam oder: Herr (Dr.) Otto Graf zu Dreisam	(Dr.) Graf zu* Dreisam	(Dr.) Graf Dreisam
Freifrau/ ledig Freiin	Freifrau (Dr.) Anne von der Glotter oder: Frau (Dr.) Anne Freifrau von der Glotter	Frau (Dr.) von der Glotter	Frau (Dr.) von der Glotter
Baronin/ ledig Baronesse	Baronin (Dr.) Hanna von Oos oder: Frau (Dr.) Hanna Baronin von** Oos	(Dr.) Baronin Oos	(Dr.) Baronin Oos
Ritter	Herr (Dr.) Anton Ritter von Kinzig	Herr (Dr.) von Kinzig	Herr (Dr.) von Kinzig
Edle	Frau (Dr.) Helga Edle von Murg	Frau (Dr.) von Murg	Frau (Dr.) von Murg

* Präposition kann wegfallen.
** »von« wird auch hier oft weggelassen.

Faustregel: Wird ein Adelstitel verwendet (»Graf«, »Baronin«), fallen sowohl die – bürgerliche – Anrede »Herr/Frau« als auch die Präpositionen wie beispielsweise »von« in der Anrede weg.

Keine Angst vor Hohen Tieren

Dr. med. Lothar Lang wird mit »Herr Dr. Lang« angesprochen: Dass akademische Grade von »Doktor« an anredefähig sind, wissen die meisten Leser mit Sicherheit – halten Sie sich immer daran? Es wäre höflich! Die Ausnahme: Sind Sie in der gleichen Fachrichtung promoviert wie Herr Dr. Lang, dürfen Sie kollegial den Doktorgrad fallen lassen.

Wahrscheinlich ebenfalls bekannt ist Ihnen, dass bei Akademikern das Prinzip »Oben sticht unten« gilt: Professor Dr. phil. Dr. med. Klaus Kurz darf von Ihnen die Anrede »Herr Professor Kurz« erwarten.

Doch wie verhalten Sie sich gegenüber der Dekanin der Fakultät, an der Ihre Freundin studiert? Werden Amtsbezeichnungen in der Anschrift vor oder hinter den Namen gestellt? Wie sind ehemalige Mandatsträger anzusprechen? Auch wer sich bei der Anrede von Akademikern, Politikern sattelfest fühlt, stellt sich hier und da eine Frage im Detail. Die folgenden Übersichten über die häufigsten und geläufigsten Bezeichnungen und solche, die eine Ableitung leicht machen, sollen Orientierung geben.

Um dem Gleichheitsgrundsatz der Geschlechter eine kleine Reverenz zu erweisen, werden weibliche und männliche Formen abgewechselt. Die Namen sind der Konkretheit wegen gewählt, jede Ähnlichkeit mit einer realen Person wäre zufällig und unbeabsichtigt.

Bundespolitik

Bezeichnung	Anschrift Adressfeld	Anrede schriftlich »Sehr geehrte/r …«	Anrede mündlich »Guten Tag …«
Bundespräsident	Herr Bundespräsident (Dr.) Karl Birne	Herr Bundespräsident	Herr Bundespräsident
Präsidentin des Deutschen Bundestags	Präsidentin des Deutschen Bundestags Frau (Dr.) Antje Pflaume	Frau Bundestags-präsidentin	Frau Bundestags-präsidentin/ Frau Präsidentin
Bundeskanzler	Herr Bundeskanzler (Dr.) Gerd Orange	Herr Bundeskanzler	Herr Bundeskanzler
Fraktions-vorsitzender	Vorsitzender der Fraktion der ABC-Partei im Deutschen Bundestag Herr (Dr.) Hans Apfel	Herr Vorsitzender/ Abgeordneter/ Herr (Dr.) Apfel	Herr Vorsitzender/ Abgeordneter/ Herr (Dr.) Apfel
Mitglied des Deutschen Bundestags	Mitglied des Deutschen Bundestags Frau (Dr.) Clara Kirsche	Frau Abgeordnete/ Frau (Dr.) Kirsche	Frau Abgeordnete/ Frau (Dr.) Kirsche
Bundesministerin	Bundesministerin für Umwelt und Verkehr Frau (Dr.) Katja Mirabell	Frau Bundesministerin	Frau Ministerin
Parlamentarischer Staatssekretär	Parlamentarischer Staatssekretär bei … Herr (Dr.) Hans Kiwi	Herr Parlamentarischer Staatssekretär	Herr Staatssekretär

Wenn die Person ihr Mandat/Amt nicht mehr innehat, aber noch im öffentlichen Leben steht, entspricht die Anrede der aktuellen Rolle. Steht sie nicht mehr im öffentlichen Leben, folgt – nur im Adressfeld – auf den Namen der Mandatstitel mit dem Zusatz a.D.: »Frau Dr. Katja Mirabell Bundesministerin a.D.«.

Landespolitik

Bezeichnung	Anschrift Adressfeld	Anrede schriftlich »Sehr geehrte/r ...«	Anrede mündlich »Guten Tag ...«
Minister-präsidentin des Landes Nordrhein-Westfalen	Ministerpräsidentin des Landes Nordrhein-Westfalen Frau (Dr.) Tina Groß	Frau Ministerpräsidentin	Frau Ministerpräsidentin
Landesminister	Minister für Umwelt des Landes Nordrhein-Westfalen Herr (Dr.) Timo Klein	Herr Minister	Herr Minister
Landtags-präsidentin	Präsidentin der Hamburgischen Bürgerschaft Frau (Dr.) Silke Schön	Frau Präsidentin/ Frau Landtags-präsidentin (bei Landtag)	Frau Präsidentin
Landrat	Landrat des Landkreises Musterland Herr (Dr.) Immo Hoch	Herr Landrat	Herr Landrat
(Ober-) Bürgermeisterin	(Ober-) Bürgermeisterin von Musterstadt Frau (Dr.) Imme Tief	Frau (Ober-) Bürgermeisterin	Frau (Ober-) Bürgermeisterin

Die konservative Anschrift lässt zwar inzwischen die Präpositon »An« aus der alten Konstruktion »An Herrn ...« weg, übernimmt aber noch den Akkusativ. Daher besteht sie auf den Formulierungen »Präsidenten«, »Vorsitzenden«, »Herrn« ... Die Autorin hat sich in der Übersicht für die neue Form der Anschrift entschieden.

Diplomatie

Bezeichnung	Anschrift Adressfeld	Anrede schriftlich »Sehr geehrte/r ...«	Anrede mündlich »Guten Tag ...«
Botschafterin	I.E.* der Botschafterin von Musterland Frau (Dr.) Anne Alt	Exzellenz/ Frau Botschafterin	Exzellenz/ Frau Botschafterin
Geschäftsträger	Geschäftsträger von Musterland Herr (Dr.) Uwe Alt	Herr Geschäftsträger	Herr Geschäftsträger
Gesandtin	Gesandtin der Botschaft von Musterland Frau (Dr.) Hanna Hold	Frau Gesandtin	Frau Gesandtin
Konsul	Konsul von Musterland Herr (Dr.) Ulf Anders	Herr Konsul	Herr Konsul
Honorarkonsulin	Honorarkonsulin von Musterland Frau (Dr.) Isa Gleich	Frau (Dr.) Gleich	Frau (Dr.) Gleich

* I.E. – Ihre Exzellenz. S.E. – Seine Exzellenz; hier »Ihrer Exzellenz«, in der konservativen Schreibweise »Seiner Exzellenz«

Grade und Titel sind an die Person gebunden und gehen – außer bei Adelstiteln – nicht auf die Ehepartner über. Die große Ausnahme ist die Frau des Botschafters: Sie wird korrekt mit der Entsprechung zum Titel ihres Mannes angesprochen: »Frau Botschafterin«.

Hochschule und Wirtschaft

Bezeichnung	Anschrift Adressfeld	Anrede schriftlich »Sehr geehrte/r ...«	Anrede mündlich »Guten Tag ...«
Präsident einer Universität/ Hochschule	Präsident der ABC-Universität Herr Professor Dr. Georg Stadt	Herr Präsident/ Herr Professor Stadt	Herr Präsident/ Herr Professor Stadt
Rektorin	Rektorin der ABC-Universität Frau Professorin Dr. Ute Land	Frau Rektorin/ Frau Professorin Land; bei besonderen Anlässen: Magnifizenz	Frau Rektorin/ Frau Professorin Land; bei besonderen Anlässen: Magnifizenz
Dekan	Dekan der ABC-Fakultät der CDE-Universität Herr Professor Dr. Karsten Fluss	Herr Professor Fluss; bei besonderen Anlässen: Spektabilität	Herr Professor Fluss; bei besonderen Anlässen: Spektabilität
Aufsichtsrats-vorsitzende	Frau (Dr.) Janina Tier Vorsitzende des Aufsichtrats der Muster GmbH	Frau (Dr.) Tier	Frau (Dr.) Tier
Verbands-präsident	Präsident des FGH-Verbands Herr (Dr.) Beruf	Herr (Dr.) Beruf	Herr (Dr.) Beruf

Ihre habilitierten Lehrkräfte an Universität und Hochschule sprechen Sie so lange mit »Frau Professorin/Herr Professor« (ohne Name) an, bis diese Ihnen eine Alternative zur korrekten Anrede anbieten.

Kirchliche Würdenträger

Bezeichnung	Anschrift Adressfeld	Anrede schriftlich »Sehr geehrte/r …«	Anrede mündlich »Guten Tag …«
Katholische Kirche			
Papst	Seine Heiligkeit Papst Karl	Eure Heiligkeit/ Heiliger Vater	Eure Heiligkeit/ Heiliger Vater
Kardinal	Seine Eminenz Herr Georg Kardinal Fromm Bischof von Musterstadt (keine akademischen Grade!)	Eminenz/ Herr Kardinal (keine akademischen Grade!)	Eminenz/ Herr Kardinal (keine akademischen Grade!)
Bischof	Seine Exzellenz Herr (Dr.) Lukas Gläubig	Exzellenz/ Herr Bischof	Exzellenz/ Herr Bischof
Generalvikar	Herr Generalvikar (Dr.) Tobias Heilig	Herr Generalvikar	Herr Generalvikar
Pfarrer	Herr Pfarrer (Dr.) Markus Gut	Herr Pfarrer/ Herr (Dr.) Gut	Herr Pfarrer/ Herr (Dr.) Gut
Evangelische Kirche			
Vorsitzende des Rates der Evangelischen Kirche in Deutschland	Vorsitzende des Rates der Evangelischen Kirche in Deutschland Frau Landesbischöfin (Dr.) Eva Abel	Frau Landesbischöfin	Frau Landesbischöfin
Präses* der Synode der Evangelischen Kirche in Deutschland	Präses der Synode der Evangelischen Kirche in Deutschland Herr (Dr.) Gregor Kain	Herr Präses	Herr Präses

* die weibliche Form lautet grammatikalisch inkorrekt, aber protokollarisch richtig »Frau Präses«

Bezeichnung	Anschrift Adressfeld	Anrede schriftlich »Sehr geehrte/r …«	Anrede mündlich »Guten Tag …«
Kirchen- präsidentin	Kirchenpräsidentin der Evangelischen Kirche der Pfalz Frau (Dr.) Hanne Hiob	Frau Kirchen- präsidentin	Frau Kirchen- präsidentin
(Landes-) Bischof	(Landes-)Bischof der Evangelischen Landeskirche in Baden Herr (Dr.) Horst David	Herr (Landes-)Bischof	Herr (Landes-)Bischof
Pröpstin	Frau Pröpstin (Dr.) Leonie Goliath	Frau Pröpstin/ Frau (Dr.) Goliath	Frau Pröpstin/ Frau (Dr.) Goliath
Pfarrer	Herr Pfarrer (Dr.) Christian Daniel	Herr Pfarrer/ Herr (Dr.) Daniel	Herr Pfarrer/ Herr (Dr.) Daniel
Pastorin	Frau Pastorin (Dr.) Christine Matthäus	Frau Pastorin / Frau (Dr.) Matthäus	Frau Pastorin / Frau (Dr.) Matthäus
Jüdische Religionsgemeinschaft			
Rabbiner	Herr Rabbiner (Dr.) Levi Strauss	Herr Rabbiner	Herr Rabbiner
Vorsitzender des Direktoriums des Zentralrates derJuden in Deutschland	Vorsitzender des Direktoriums des Zentralrates derJuden in Deutschland Herr (Dr.) Benjamin Levi	Herr Vorsitzender/ Herr (Dr.) Levi	Herr (Dr.) Levi

Die Anreden »Eminenz«, »Exzellenz« und »Hochwürden« fallen in der Regel dem Gebot der Bescheidenheit zum Opfer. Die konservative Anschrift behält den Dativ (»wem?«) bei, z. B. »Seiner Heiligkeit …« und »Seiner Exellenz Herrn …«.

Die Vertreter des Rechts

Bezeichnung	Anschrift Adressfeld	Anrede schriftlich »Sehr geehrte/r ...«	Anrede mündlich »Guten Tag ...«
Präsident des Bundesverfassungsgerichts	Präsident des Bundesverfassungsgerichts Herr (Dr.) Volker Klug	Herr Präsident	Herr Präsident
Bundesverfassungsrichterin	Bundesverfassungsrichterin Frau (Dr.) Judith Schlau	Frau Bundesverfassungsrichterin	Frau Bundesverfassungsrichterin
Direktor des Amtsgerichts	Direktor des Amtsgerichts Musterstadt Herr (Dr.) Otto Clever	Herr Direktor/ Herr (Dr.) Clever	Herr Direktor/ Herr (Dr.) Clever
Richterin	Richterin am Arbeitsgericht Musterstadt Frau (Dr.) Hilde Gerecht	Frau Richterin/ Frau (Dr.) Gerecht	Frau Richterin/ Frau (Dr.) Gerecht
Staatsanwalt	Staatsanwalt Herr (Dr.) Thomas Streng	Herr Staatsanwalt/ Herr (Dr.) Streng	Herr Staatsanwalt/ Herr (Dr.) Streng
Rechtsanwältin	Rechtsanwältin Frau (Dr.) Doris Weich	Frau (Dr.) Weich	Frau (Dr.) Weich

»Rechtsanwältin« ist eine Berufsbezeichnung und deshalb in Deutschland – anders als zum Beispiel in Österreich – nicht für die Anrede geeignet. Bei Gerichtsverhandlungen jedoch hat wie bei Richter und Staatsanwalt die Rolle Vorrang, da sagen Sie »Frau Rechtsanwältin/Frau Verteidigerin« (siehe Korrespondenzlehre, Kapitel 4).

4 Kleine Korrespondenzlehre

Was Menschen schwarz auf weiß besitzen, können sie getrost nach ihrem Gutdünken behandeln: es mit Interesse lesen, es abheften oder, ob gelesen oder ungelesen, in den Papierkorb werfen. Papier kann sich nicht wehren, Briefeschreiber aber haben das Schicksal ihrer Werke zu einem großen Teil selbst in der Hand. Sorgen Sie dafür, dass Ihrem Schriftstück die Ehre widerfährt, die ihm seines Inhalts wegen gebührt; geben Sie ihm eine ansprechende Form.

Im Wesentlichen handelt es sich bei den Anregungen zur zeitgemäßen Korrespondenz um die Umsetzung des aus den USA stammenden KISS-Prinzips. Davon hat so mancher schon gehört. Darum erläutert der eine, es bedeute »Keep it simple and short, mach's einfach und kurz«. Andere übersetzen: »Keep it simple and stupid, mach's einfach und dumm«, ein Seitenhieb auf »oberflächliche« Amerikaner. Beide Interpretationen sind falsch, das Original fordert schlicht: »Keep it simple, stupid, mach's nicht so kompliziert, du Fachidiot.« Was gar nicht dumm ist, da Expertenwissen sich häufig in einem für Nicht-Eingeweihte undurchsichtigen Stil niederschlägt.

Die äußere Form

Im Umgang mit Firmen und Ämtern erhöht der richtige Schreibstil die Wahrscheinlichkeit, ein Anliegen durchzusetzen. Darüber hinaus wird die adressatenorientierte und dabei indviduelle

Note immer mehr zum Unterscheidungsmerkmal zwischen Briefeschreibern, selbst in der persönlichen Korrespondenz.

Bei Menschen, die sich täglich durch Tonnen von Papier arbeiten, entscheidet der erste Eindruck darüber, ob ein Brief gelesen wird. Ob diese Entscheidung durch den Adressaten oder seine Sekretärin fällt, ist nicht unerheblich: Assistentinnen sind meist in Korrespondenzlehre bewandert und unterscheiden noch schneller als ihre Vorgesetzten, ob da ein geschulter Schreiber am Werk war oder nicht. Ins Töpfchen oder ins Kröpfchen? Stimmen Sie jeden Leser positiv auf Ihr Anliegen ein!

Briefumschlag und Papier

Wie Ihre Visitenkarte sollten Umschlag und Papier zum Corporate Design Ihres Unternehmens beziehungsweise Ihrer Tätigkeit passen. Die Ära des »clean chic« ist nicht zu Ende, gute Papierqualität, schlichtes Design sind in allen Branchen von Vorteil. Sind Sie nicht Grafik-Designer, widerstehen Sie der Versuchung, Logo und Layout selbst zu entwerfen. Wollen Sie nicht in eine professionelle Beratung investieren, bitten Sie einen befreundeten Experten um Unterstützung oder bleiben Sie bei

- einem klar oder gebrochen weißen Briefumschlag;
- passendem weißem Papier, nobel mit Struktur und Wasserzeichen;
- einem schnörkellosen Briefkopf.

Denken Sie sparsam, wollen aber auf eine Geschäftsausstattung nicht verzichten? Lassen Sie sich eine Visitenkarte und einen Geschäftsbogen (als erste Seite) gestalten, wählen Sie als zweite Seite einen weißen Bogen. Den können Sie privat oder für geschäftliche Briefe mit persönlichem Inhalt – wie Kondolenzpost – verwenden. Der Fensterbriefumschlag hilft Zeit zu sparen; nehmen Sie für die persönliche Post die fensterlose Hülle in der gleichen Qualität. Umschläge mit handschriftlicher Adresse werden eher geöffnet als solche mit Druck. Adressenaufkleber lassen auf Massensendungen schließen.

Extra-Tipp

Umschläge mit Sonderbriefmarken werden vom Empfänger pfleglicher behandelt als solche, die durch Frankiermaschinen gelaufen sind. Bitte prüfen: Passt das Motiv der Briefmarke zum Inhalt Ihres Briefs?

Einen Briefbogen leserfreundlich gestalten

»DIN 5008« ist für die geschulte Sekretärin ein Zauberwort, das ihr die Arbeit erleichtert. Machen Sie sich einige der Gestaltungsvorgaben zunutze. Wie leicht können Sie sich in Ihrem PC ein korrektes Formular für den Corpus des Briefs erstellen:

Datum
leer
leer
Bezugzeichenzeile
leer
leer
Anrede
leer
Text
leer
Grußformel
leer
Unternehmen
leer
Unterschrift per Hand
leer
Name
leer
Anlage
evtl. Inhalt der Anlage

9. November 2004

Seminarangebot

Guten Tag Frau Aroldsen,

über Ihren Anruf habe ich mich sehr gefreut. Besten Dank dafür.

Wie versprochen finden Sie hier meinen ersten Vorschlag zur Schulung Ihrer Führungskräfte in der *Kunst, Briefe ansprechend zu gestalten.* Sie sehen, mehrere Varianten sind möglich.

Nun bin ich auf Ihre Reaktion gespannt. Haben Sie Fragen? Stellen Sie sie mir; ich beantworte sie Ihnen gern, wann und wie es für Sie günstig ist.

Anfang kommender Woche rufe ich Sie an, um das weitere Vorgehen zu klären. Ich wünsche Ihnen ein schönes Wochenende. Herzliche Grüße nach Düsseldorf

ABC Training und Beratung

Unterschrift per Hand

Lisa Beroldsen

Anlage
Trainingskonzeption

Über DIN hinaus erleichtern Sie Ihren Empfängern das Lesen Ihrer Post durch:

- Sinnabschnitte von maximal neun Zeilen
- schmale, übersichtliche Zeilen
- eine große Punktzahl (bei Arial zum Beispiel mindestens 11 Punkt)
- zur Hervorhebung gerade **fette** statt *kursiver* Schrift
- kurze Sätze statt Einschübe mit Klammern ( ) oder Gedankenstrichen – … –
- korrekte Wortwahl statt fantasievoller Ausdrücke in »Anführungszeichen«
- Abwechslung von Groß- und Kleinbuchstaben statt Wörtern in VERSAL

Die richtige Form für eindeutige Informationen

Übereinkünfte erleichtern das Miteinander; und weil die Welt sich ändert, sind auch die Konventionen im Wandel begriffen, bis in die Einzelheiten der Informationsangaben hinein.

Die Adresse

Legen Sie das DIN 5008-Typometer an Ihren DIN-A4-Briefbogen an, beginnt die Anschrift sechs Zentimeter unter dem oberen Blattrand. Beim Fensterbriefumschlag und formatierten Geschäftsbriefbögen sind neun Zeilen für das Adressfeld vorgesehen. Die Anschrift von Einzelpersonen umfasst:

- Anrede
- Titel und Grade – Vorname – Name
- gegebenenfalls Firma
- gegebenenfalls Abteilung
- Postfach beziehungsweise Straße und Hausnummer
- Postleitzahl – Ort

Des Weiteren gilt:

- Dass ein Unternehmen eine »Firma« ist, wird vorausgesetzt, das Wort entfällt.

- Die früher heiligen Kühe »z. Hd.« und »c/o« sind geschlachtet. Erst die Person, dann das Unternehmen – das wird heute als freundlich empfunden. Eine Garantie, dass nur der ausgewiesene Adressat den Umschlag öffnet, ist das nicht mehr. Wollen Sie fremde Augen ausschließen, setzen Sie »PERSÖNLICH« vor die Anschrift.
- Buchstaben als Zusätze zu Hausnummern werden groß oder klein geschrieben.
- Das Länderkennzeichen vor der ausländischen Postleitzahl entfällt.
- Das Land steht weiterhin in der letzten Zeile, in Großbuchstaben wie die Stadt.

Extra-Tipp

Eine gute Nachricht, für alle, die bei der Anschrift in Platznot geraten: Die bisher obligatorische Leerzeile vor der Ortsangabe ist nicht mehr zwingend. Eine weitere gute Nachricht für Verfasser von Mailings: Die Anschrift »Herrn« gilt als veraltet. Sie hat ihren Ursprung in der Zeit, in der die Briefe mit »An Herrn XZ« adressiert wurden, und ist ein alter Zopf. DIN-5008 hat ihn abgeschnitten. Schreiben Sie einfach »Herr« im Nominativ.

Die Anschrift von Paaren

Manche Ämter verweilen noch bei den alten »Eheleuten«, es ist zu wünschen, dass sich modern aufgestellte Assistentinnen auch hier peu à peu durchsetzen können. Eine Anschrift an ein Paar in Zeiten der Gleichberechtigung kann lauten:

- Herr und Frau Karsten und Lea Ceroldsen
- Herr Karsten und Frau Lea Ceroldsen
- Herr Karsten Ceroldsen – Frau Lea Ceroldsen
- Frau und Herr – Lea und Karsten Ceroldsen
- Frau Lea und – Herr Karsten Ceroldsen
- Frau Lea Ceroldsen – Herr Karsten Ceroldsen

Entsprechend sind weder unterschiedliche Namen noch verschiedene Titel und Grade noch Geschlechtsgleichheit ein Problem:

- Frau Prof. Dr. med. Kim Deroldsen – Herr Lutz Deroldsen
- Herr Direktor Otto Geroldsen – Frau Helene Geroldsen-Stuck
- Frau Dr. med. Hanne Karoldsen – Frau Dr. jur. Imme Peroldsen

(Für weitere Details siehe Mitglieder des Adels und Würdenträger, Kapitel 3)

Ob Herr, ob Dame – bedenken Sie wie bei der Begrüßung von Angesicht zu Angesicht die Ihnen am nächsten stehende Person zuerst.

Der Informationsblock

In der privaten Korrespondenz ist er undenkbar; wenn es darum geht, Sachverhalte justiziabel zu machen, ist er hingegen ein großer Vorteil: der genaue Bezug zu Menschen und Sachen in einer gesonderten Zeile. Standard ist heute die Reihenfolge:

- Ihr Zeichen – Ihre Nachricht vom ... – Unser Zeichen – Unsere Nachricht vom …
- Leerzeile
- Name – Telefon – Fax – E-Mail
- Leerzeile
- Datum

Bei Kalenderdaten haben Sie im Informationsblock wie im Text einige Freiheiten:

- alphanumerische Schreibweise: 27. Januar 2005
- rein numerische Schreibweise mit Mittelstrich in der Reihenfolge Jahr – Monat – Tag: 2005-01-27
- wenn keine Missverständnisse auftreten können, auch in alter Form: 27.01.05

Extra-Tipp

Telefon- und Faxnummern werden nicht mehr in Zweier-, sondern in Sinngruppen unterteilt, Vorwahlnummern werden nicht mehr in Klammern gesetzt. So ist es korrekt: 09876 543-0.

Finger weg von Abkürzungen!

»Keep it simple« – das heißt nun einmal nicht »keep it short«, mach's ohne Rücksicht auf Verluste. Daher sind Abkürzungen in homöopathischen Dosen einzusetzen. Allzu leicht

- verstümmeln sie das Schriftbild;
- lassen sie auf Eile schließen;
- öffnen sie Raum für Missverständnisse.

Zu den allgemein verständlichen und gültigen Abkürzungen zählen

- i. A. – im Auftrag
- z. B. – zum Beispiel
- bzw.– beziehungsweise
- usw. – und so weiter
- Währungsbezeichnungen; sie werden landesüblich abgekürzt und können vor oder hinter dem Betrag stehen; die dazu gehörigen Geldbeträge werden sicherheitshalber in Dreierschritten mit Punkt gegliedert: 123.456.789,98 EUR.

»i. V.« heißt nur bei Behörden »in Vertretung«, ansonsten »in Vollmacht«. Vorsicht! »mfG« ist zwar eindeutig und dennoch ein Unding. Ihr Empfänger müsste das Kürzel mit »kZfS« übersetzen: »keine Zeit für Sie«.

Lassen Sie lieber Ihren PC über die Autokorrektur-Funktion einen Textbaustein einfügen.

Extra-Tipp

Kürzt eine Formel zwei Wörter ab, werden die Buchstaben mit Leerzeichen geschrieben, also »z. B.« und nicht »z.B.«. »PS« – das Postskriptum nach der Unterschrift – hingegen kommt weder mit Punkten noch mit Leerzeichen, also wie die abgekürzte Pferdestärke, daher.

Einstieg und Schluss

Beobachten Sie einmal mehrere Personen, die einen Brief zum ersten Mal vor Augen haben. Mit großer Wahrscheinlichkeit bewegen alle ihre Augen auf der Suche nach Antworten auf ihre wesentlichen Fragen in der gleichen Abfolge:

- links oben – die Anschrift: Ist das für mich?
- darüber – der Absender: Wer schreibt mir da?
- unten – die PS-Zeile: Ist da etwas Besonderes für mich?
- Mitte oben – Bezugzeile und Anrede: Ist das was für mich?
- Textkörper – Was ist das genau?

Geben Sie klare Antworten auf diese Fragen, werben Sie mit einem guten Anfang für sich und Ihr Anliegen.

Die ersten Zeilen

Dass das Kürzel »Betr.« zu Beginn der Zeile der Vergangenheit angehört, wussten Sie wahrscheinlich schon. Der E-Mail-Verkehr geht da mit gutem Beispiel voran. Im Brief haben Sie die Wahl:

1. Sie geben sich informativ und verweisen auf Ihre Sache: »Ihr Anruf vom ...«
2. Sie schaffen Aufmerksamkeit durch ein Zitat: »Wenn du es eilig hast, gehe langsam.« Dass Sie sich im Text darauf beziehen, sollte selbstverständlich sein.

3. Sie sprechen den Adressaten direkt persönlich und gar nicht förmlich an: »Hätten Sie das gedacht?«
4. Sie appellieren direkt: »Das müssen Sie lesen!«

Extra-Tipp

Gehören Sie einer kreativen Berufsgruppe an und/oder schätzen Sie Ihren Leser so ein, dass ihm innovative Lösungen gefallen, können Sie Betreffzeile und Anrede mischen:
»Diese gute Nachricht haben Sie,
Leerzeile
liebe Frau Peroldsen,
Leerzeile
sicherlich nicht so schnell erwartet«.

Anreden – Sie haben die Wahl

»Sehr geehrte Frau Quroldsen« – das ist in konservativen Kontexten immer noch die Anrede der Wahl.
Alternativen sind

- »Verehrte Frau Quroldsen« – von einem konservativen Herrn an eine Dame oder von einer jüngeren Frau an eine wesentlich ältere Dame gerichtet
- »Liebe Frau Quroldsen« – wenn es auch im Business formlos zugehen darf
- »Liebe Frau Quroldsen, sehr geehrter Herr Dr. Quroldsen» – wenn Sie an zwei Personen schreiben, denen Sie unterschiedlich eng verbunden sind
- »Guten Tag Frau Quroldsen« – wenn Sie sich konsequent an die Anregung halten, Sie mögen bitte so schreiben, wie Sie sprechen
- »Hallo Frau Quroldsen« – wenn Sie diese Anregung als lockere Variante wählen
- »Guten Tag, sehr geehrte Frau Quroldsen« – wenn Sie auf Nummer sicher gehen wollen

»Sehr geehrte Damen und Herren« ist nur für den äußersten Notfall gedacht. Besser: Sie erkundigen sich nach dem für Sie zuständigen Adressaten. Allein der entsprechende Anruf kann zum Türöffner werden.

Der erste Satz

Halten Sie jetzt die Aufmerksamkeit durch einen persönlichen Einstieg, wie Sie das im Gespräch nach der Begrüßung tun.

- Die sollte nicht sein: »Ihre Lieferung vom ... habe ich dankend erhalten.« Das ist langweilig, weil stereotyp.
- Das sollte auch nicht sein: »Mein Vorgesetzter beauftragt mich, Ihnen mitzuteilen, dass ...« Das ist unpersönlich: Vorgesetzter und Schreiber halten sich bedeckt, da braucht sich auch der Leser nicht einbezogen fühlen.
- Und auch das hier nicht: »Zuerst einmal will ich Ihnen einen schönen Morgen wünschen.« 1. ist das, was Sie wollen, sekundär, solange Sie es nicht tun. Und 2. können Sie nicht wissen, zu welcher Tageszeit der Empfänger seinen Brief öffnet.

»Sprechen Sie nicht zu dem Kunden über Ihr Produkt. Sprechen Sie mit dem Kunden über ihn.« Diese alte Verkäuferweisheit hilft Ihnen beim Schreiben, Sie brauchen nur gemäß der S I E – Formel zu denken.

- S: Versetzen Sie sich in die Situation des Empfängers. Tageszeit und Umstände der Lektüre können Sie nicht kennen. Sie können ihm aber die Rolle zuschreiben, die zu Ihrem Inhalt passt: Gast, Mandant, potenzieller Kunde, verärgerter Geschäftspartner ... Sprechen Sie das an: »Sie warten nun schon seit zwei Wochen auf meine Auskunft. Ich gebe sie Ihnen erst heute, weil ...«
- I: Welche seiner Interessen können Sie bedienen, damit der Adressat gern weiterliest? Machen Sie ihn neugierig: »Über unser Projekt in Dresden haben wir ausgiebig gesprochen; wussten Sie auch schon, dass ...«

- E: Auf welche Eigenschaften des Lesers sollten Sie Rücksicht nehmen, auf welche können Sie anspielen? Unter Anwälten, Ärzten, Ingenieuren und so weiter dient ein berufsspezifisches Fachvokabular der Sache und dem Status der Betreffenden. Laien fühlen sich durch Fachwörter und Latinismen abgestoßen. Der Experte wirkt bei ihnen dadurch nicht klüger, sondern albern. Sie wissen ja: »Keep it simple, stupid!« Umgekehrt sollten Sie Ihre Leserschaft nicht unterschätzen: Da mag der eine oder andere fitter in Fremdwörtern und in Orthographie sein als Sie. Wenn Sie sich ziemlich sicher sind: Ein Blick in den Duden macht Sie ganz sicher!

Verwenden Sie die Wörter »Sie« und »ich« im Verhältnis von 5 zu 1. Diesen Rat umzusetzen wird Ihnen wahrscheinlich nur selten gelingen. Versuchen Sie es trotzdem.

Der letzte Eindruck

Wenn Sie die S I E-Formel konsequent auf Ihren Text anwenden, liest Ihr Adressat ihn bis zum Ende. Machen Sie jetzt seine gute Wirkung nicht mit phrasenhaften Schlusssätzen und stereotypen Abschlussformeln zunichte. Zu den misslungenen, weil nicht konkreten und zu wenig verbindlichen Varianten zählen diese:

- In der Hoffnung, Ihnen hiermit gedient zu haben …
- Für heute verbleiben wir mit …
- Ihrer baldigen Antwort entgegensehend verbleiben wir …
- Wann dürfen wir mit einer Antwort von Ihnen rechnen?
- Ihrem geschätzten Auftrag entgegensehend …
- Wir sind mit freundlichen Grüßen Ihre …

Gelungene Briefschlüsse sind persönlich, konsequent, konkret:

- Ich freue mich, Sie am ... in ... kennen zu lernen …
- Rufen Sie uns an, wenn Sie Fragen haben. Sie erreichen uns montags bis freitags von 9 bis 17 Uhr unter der Telefonnummer ...

- Haben sie noch Fragen? Rufen Sie uns an. Ihre Kundenberaterin, Frau …, hilft Ihnen gern.
- Wie gefallen Ihnen unsere Vorschläge? Ich rufe Sie am Montag im Lauf des Vormittags an, um Ihre Meinung zu erfahren.
- Viel Spaß beim Durchblättern …
- Herzliche Grüße nach Frankfurt …
- Viele Grüße in die Marketing-Abteilung …
- Mit den besten Wünschen für ein schönes Wochenende …

Extra-Tipp
Sie können auch Grüße »aus Freiburg« senden; die Angabe des Zielorts »nach Wuppertal« wirkt jedoch adressatenorientierter.

Was zeichnet einen guten Schreiber aus?

Von den Besten lernen kann nicht schaden und ist ökonomischer, als das Rad jeden Tag neu erfinden zu wollen. Lesen Sie künftig eingehende Briefe auch unter der Fragestellung: Lese ich das – über den Inhalt hinaus – gern? Wenn ja: Was trägt der Verfasser dazu bei? Wenn nein: Was versäumt er zu tun? Ein guter Schreiber, das finden Sie bald heraus, hat
- Lust am Schreiben, ohne sich zu verzetteln;
- Lust am Wort, ohne dessen Inhalt zu vernachlässigen;
- Lust an Ästhetik, ohne selbstverliebt zu sein;
- Lust zu überzeugen, ohne zu überreden.

Das bessere Wort

Sie fangen an, Ihren Schreibstil zu verbessern? Dann wollen Sie vielleicht nicht gleich die Anregung eines Rhetorikers umsetzen: »Behandle jeden Empfänger einer Botschaft wie ein siebenjähriges Kind, aber lass es ihn nicht merken.« Doch Sie können sich künftig mehr neben dem Was Ihrer Inhalte um das Wie ihrer Vermittlung kümmern. Zum Beispiel können Sie anderer Leute Briefe formkritisch lesen.

»Im Voraus für Ihre freundliche Unterstützung dankend verbleibe ich mit dem Ausdruck der vorzüglichsten Hochachtung ...«

Bei der Lektüre dieses Briefschlusses sind Sie am Ende. Haben Sie doch mit Sicherheit im Lauf des Texts schon so manche andere antiquierte Formulierung über sich ergehen lassen müssen. »Schreib, wie du sprichst« – diese Grundregel für einen leserfreundlichen Briefstil scheint dem Verfasser unbekannt. Dabei ist sie leicht umzusetzen:

- Weg mit den Schachtelsätzen! Machen Sie aus Partizipien ganze Sätze: »Ich danke Ihnen schon jetzt ...«
- Weg mit falschen Steigerungen und Wolkenwörtern: »Ich grüße Sie herzlich« ist genug.
- Weg mit Nominalschlangen wie der »Verordnung zur Eindämmung der Nichtbeachtung von Anordnungen«. Verwenden Sie Verben. Hüten Sie sich vor allen substantivierten Verben und Adjektiven, sie enttarnen Sie an den Endungen »-ung«, »-heit«, »-keit«. Statt »Das löste große Heiterkeit im Saal aus« schreiben Sie unprätentiös und klar: »Die Zuhörer lachten so laut, dass ...«
- Weg mit Passiv-Konstruktionen, die rationalisieren die handelnden Personen weg. Nennen Sie Ross und Reiter.
- Weg mit Wischiwaschi-Angaben. Schreiben Sie, was Sie wann wo haben wollen, statt sich hinter einem »baldmöglichst« oder »in Bälde« zu verstecken. Im Atlas finden Sie »Bälde« nicht.
- Weg mit Bürokratenwörtern! In welchem Park hat wer die Unterlage entsorgt, die »In der Anlage« in Aussicht gestellt wird? Weg mit »beigefügt«, »untenstehend«, »aufgrund der Tatsache, dass«, »unsererseits«, »bezugnehmend auf«. Gehen Sie auf die konkrete Situation ein, die Sie zum Schreiben motiviert. Sie stellen bald fest: Ihre Briefe werden kürzer.

Ist Ihr Brief fertig, versetzen Sie sich in die Rolle Ihres Adressaten, lesen Sie ihn mit seinen Augen. Erhalten Sie/erhält er die Antworten auf die wesentlichen Fragen »Wer, was, wie, wann, wo, wozu, warum?« Prima. Ist das nicht eindeutig der Fall? Bitte nachbessern.

Zeit ist Geld: Briefe gliedern und kürzen

Erinnern Sie sich an Ihren Deutschunterricht und speziell die Unterrichtseinheiten zum Thema Gliederung? Sie haben sie vielleicht nicht gemocht, die Erinnerung an die Inhalte hilft Ihnen jedoch heute sehr. Wenn Sie Ihre Gedanken ordnen wollen/sollen, bestimmt Ihr Ziel den Weg:

- Wollen Sie etwas erzählen? Bewegen Sie sich auf dem Zeitstrahl und entwickeln Sie Ihre Geschichte chronologisch beziehungsweise rückwärts.
- Wollen Sie Ihre Leser pädagogisch überzeugen? Gehen Sie induktiv vor: vom Detail zum Allgemeinen, von der Tatsache zur Aufforderung, vom Beispiel zur Regel.
- Wollen Sie provozieren? Wählen Sie das deduktive Vorgehen: Teilen Sie zuerst Ihre Meinung mit, unterfüttern Sie sie dann mit Belegen. Formulieren Sie zuerst eine klare Aufforderung, erhärten Sie sie dann durch Gründe.
- Wollen Sie Für und Wider abwägen? Da bietet sich der dialektische Dreischritt an: Erst die These, dann die Antithese, schließlich die Synthese.

»Der Autor hatte keine Zeit, sich kurz zu fassen.« Wollen Sie sich diesen Vorwurf ersparen, spielen Sie Lektor – Sie duplizieren einen Brief, sichern das Original und schließen es.

- Sie löschen in der Kopie alles, was dem Zweck nicht eindeutig dient: »Muss das sein?«
- Sie fassen Aspekte zusammen, die im Detail nicht zielführend sind: »Wozu muss das sein?«
- Sie strukturieren gegebenenfalls um: »Wo muss das der Logik gemäß stehen?«

- Sie vergleichen Original und Kopie: Ist die neue Version ärmer? Werfen Sie sie weg. Wahrscheinlicher ist, dass Sie wenigstens Teile daraus übernehmen.

Machen Sie diese Übung am Computer, streichen Sie nicht in der Papierversion herum, der Verzicht auf lieb gewonnene Textstellen wäre sonst möglicherweise zu schmerzhaft.

Geschlechtsneutral formulieren

»Die Mitarbeitenden, die Pensionierten und die GeschäftspartnerInnen sind anschließend von dem/r Chef/in zu einem Umtrunk eingeladen.« Wie schwer es ist, Emanzipation zu leben, zeigt sich auch in der Sprache; in ihrem Bemühen um gleichberechtigte Verwendung der weiblichen und männlichen Wortformen treibt sie zuweilen groteske Blüten – siehe Einladung oben. Warum nicht das Sprachproblem elegant lösen?

- Sie können der Genauigkeit halber doppeln: »jede und jeder«, »die Chefin und der Chef«, die »Wählerinnen und Wähler«. Sie können die Doppelungen kürzen: »Wechselwählerinnen und -wähler«.
- Sie können, wenn Sie es kürzer mögen, Sammelbegriffe verwenden: »das Gegenüber« statt »die Gesprächspartnerin oder der Gesprächspartner«, »das Publikum« statt die »Zuschauerinnen und Zuschauer«.
- Sie können mit dem Binnen-I Ihren Briefen einen Hauch von Emanzipationsbewegung geben, wenn der feministische Touch Ihrem Anliegen entspricht: »SchulleiterInnen«.
- Sie sollten im Eifer der Differenzierung nicht übertreiben. So schießen »weibliche Chefinnen« über das Ziel hinaus; es sei denn, es ging Ihnen darum, den Gegensatz zu männlichen Chefinnen zu unterstreichen.
- Sie können das eine tun, ohne das andere zu lassen und mit Schrägstrich schreiben, was einem Schreiben eine gewisse grafische Kühle beimischt. Und bitte nur bei korrektem Wortlaut verwenden: »die Freund/innen« ist falsch, weil die

männliche Form im Plural »Freunde« wäre, nicht »Freund«; »die Teilnehmer/innen« jedoch ist richtig.

- Sie können bei Beispielen zwischen männlichen und weiblichen Akteuren abwechseln. Ihre Leserschaft wird Ihrer Rollenzuschreibung Bedeutung beimessen; das ist Ihre Chance, Rollenklischees mit Humor zu durchbrechen: »Wenn die Vorstandsvorsitzende den Assistenten um die Akten bittet ...« Oder: »Wenn der Hausherr das Essen bringt, sollte die Gastgeberin bereits den Wein eingeschenkt haben ...«
- Sie können die Substantive durch Relativsätze und Partizipialkonstruktionen ergänzen und somit verlängern: »Alle, die in Berlin leben«. Doch Hand aufs Herz: Wäre uns Kennedys »Ich bin ein Berliner« noch im Ohr, wenn er »Ich bin eine in Berlin lebende Person« ausgerufen hätte?

Extra-Tipp

»Den Stil verändern heißt die Gedanken verändern«, sagt Friedrich Nietzsche. Machen Sie den Test. Sie-Sprache, aktive Sätze, Verben statt Substantive, geschlechtsneutrale Wendungen – was auch immer Ihnen auf Anhieb einleuchtet: Nehmen Sie sich jeweils eine Woche lang konsequent eine Anregung zu Herzen; prüfen Sie jeden Ihrer Briefe vor dem Unterschreiben, ob Sie sie umgesetzt haben; weihen Sie gegebenenfalls Ihre Sekretärin ein. Die Wahrscheinlichkeit ist sehr hoch, dass Sie schon bald automatisch in diesen Stil verfallen und sogar eine Veränderung Ihres Sprechstils hören. Wer gefeilter schreibt, denkt genauer. Wer genauer denkt, spricht präziser.

Handschriftlich

Bei Schreiben mit geschäftlichem und offiziellem Charakter ist die Maschinenschrift Standard; ein Beherrschen der Kommunikationstechnik suggeriert immer einen Grad an Professionalität. Von Hand geschriebene Mitteilungen wiederum haben den Charme des individuellen Ausdrucks, der Emotionalität. Damit können Sie Ihrer Geschäftspost eine persönliche Note verleihen:

- Sie schreiben den Textkörper mit der Maschine und Anrede und Signatur inklusive »Ihr/e« von Hand.
- Sie fügen von Hand einen Gruß an.
- Sie legen einem förmlichen Brief eine von Hand verfasste Karte bei.

Wenn Sie eine gleichermaßen ansehnliche wie leserliche Handschrift haben, machen Sie sich die Mühe, alle Gruß- und Wunschkarten von Hand zu schreiben.

Elektronische Alternativen zum Brief

Je kürzer die Übermittlungszeit und je geringer der Gestaltungsspielraum, desto eher ist ein Medium für die Übermittlung kurzer und dringender Nachrichten geeignet.

Faxe

Telefaxe, noch vor fünf Jahren ein Nonplusultra der Datenübermittlung, gelten heute als Mittelding, das sowohl die schnelle Informationsübermittlung als auch einen persönlicheren gestalterischen Touch erlaubt. Einen Standard einzuhalten erhöht die Akzeptanz beim Leser.

- Senden Sie Faxe in Privathaushalte nicht zu Schlafenszeiten von Erwachsenen und Kindern, es sei denn, Sie wüssten, dass der Faxton keinesfalls den Schlaf stören kann.
- Gestalten Sie Ihre Faxe leserlich: 12 Punkte fett sind gut. Handschriftliches, mit Feinstift verfasst, kommt möglicherweise nicht beim Leser an.
- Lassen Sie sich nicht dazu hinreißen, auf erhaltenen Faxen herumzuschreiben und diese zurück oder weiter zu schicken. Ein kurzer Kommentar wie »O.K.« oder eine Antwort auf eine Frage sind durchaus akzeptabel. Das Fehlen eines Grußes ist es nicht.

- Von Spaßvögeln vorgefertigte Fax-Formulare mit Überschriften wie »Fix ein Fax« »Hallo, hier bin ich« und Cartoons findet meist nur der Absender lustig.
- Glückwünsche per Fax hinterlassen leicht den Eindruck, Sie hätten vergessen, rechtzeitig eine Karte loszuschicken. Sie sind also nur in sehr vertrauten Beziehungen möglich.

E-Mail

Schnell und unkompliziert, werden E-Mails häufig mit einem hohen Grad an (Nach-)Lässigkeit verfasst. Die Kleinschreibung gehört zu den Spielregeln der Netikette, hat sich aber in Deutschland nicht durchgesetzt. Darüber hinaus wird, laut einer EMNID-Umfrage, auch von dieser praktischsten aller Transfers von Botschaften von Büro zu Büro ein gewisser Standard erwartet:

- Als größter Störfaktor gilt, wenn der Betreff nicht eindeutig ist, also die Frage: lesen oder löschen? nicht umgehend beantwortet werden kann.
- Eine fehlende Anrede stört kaum, am wenigsten Männer unter 30. Ein fehlender Gruß hingegen wird vor allem von Menschen über 30 moniert.
- Auf eine korrekte Rechtschreibung legen Frauen sowie Menschen mit höherem Bildungsabschluss am meisten Wert.
- Am wenigsten fühlen sich die jüngeren Männer durch Tippfehler irritiert. Vielleicht sehen sie sich ja schon auf einem Chefsessel sitzen. Denn, das weiß die Statistik ebenfalls: Chefs machen in E-Mails die meisten Fehler.

Daraus leiten sich in Kombination mit der Korrespondenzlehre für den E-Mail-Verkehr einige Empfehlungen ab:

1. Formulieren Sie gerade in großer Eile eindeutig. Das fängt bei der Betreffzeile an. Je klarer das Ziel Ihrer E-Mail, desto weniger läuft sie Gefahr, ungelesen gelöscht zu werden. Vorsicht mit Abkürzungen, von denen Sie nicht hundertprozentig sicher sein können, dass Ihr Adressat sie versteht.

2. Lassen Sie ein Mindestmaß an Höflichkeit walten. Nur wenn Ihr mündlicher Kontakt informell ist, beschränken Sie Ein- und Ausstieg auf ein sprödes »Hallo« und einen einsamen »Gruß«.
3. Lassen Sie Ihre Kontaktpersonen nicht warten. Im E-Mail-Verkehr ist an eine zügigere Bearbeitung der Korrespondenz gedacht als per Briefpost. Bei längerer Abwesenheit setzen Sie die automatische Antwortfunktion ein. Es kostet Sie nichts, wenn Sie auch diese mit Gruß und Dank versehen.
4. Fassen Sie sich kurz. Gliedern Sie in Abschnitte. Nutzen Sie bei längeren Nachrichten die Möglichkeit, ein ansprechend aufgemachtes Attachment anzuhängen. Verzichten Sie auf Hervorhebung durch Versalschrift. GROSSBUCHSTABEN bedeuten: Das Wort wird geschrien!
5. Differenzieren Sie: Unterscheiden Sie bei Massen-Mails zwischen Du- und Sie-Anrede. Notfalls zwei Texte erstellen. Auch Emoticons findet nicht jedermann angemessen. Bei lockeren Kontakten sind Smileys wie
   :-) Gefallen
   ;-) Augenzwinkern
   :-)) Fröhlichkeit
   :-(Missstimmung
   :) Kurzform
   angebracht, bei förmlicher Geschäftspost verzichten Sie darauf. Leiten Sie nur Adressen und Texte weiter, wenn Sie mit dem Einverständnis des Absenders rechnen können.

SMS

Die Technik macht es möglich: Es geht immer noch schneller und immer noch kürzer und Zeit ist schließlich Geld. Dennoch ist bei Short Messages Vorsicht angebracht. Gute Gründe, im Geschäftsleben ein SMS zu verschicken, sind

- eine kurze Antwort, zum Beispiel zur Terminbestätigung
- ein schneller Gruß aus dem Zug
- eine vom Adressaten kurzfristig erbetene Auskunft

- eine spontane Information, mit der Sie telefonisch nicht stören wollen
- ein Adressat, der selbst gern und viel per SMS kommuniziert

SMS sind nicht anzuraten, um
- eine Verspätung zu einem Geschäftstermin anzukündigen;
- einen Glückwunsch zu übermitteln;
- unangenehme Nachrichten zu überbringen.

Länge und Gestaltungsspektrum lassen für Gefühlsäußerungen – auch für Bedauern – zu wenig Raum. Da müssen Sie bitte zum Telefon greifen! Für eine Danksagung kann es einen guten Grund geben, zum Beispiel wenn Sie eingeladen wurden und der Gastgeber danach auf eine längere Geschäftsreise ging: Ihn freut der spontane informelle Dank wahrscheinlich mehr als eine Karte, die er nach zehn Tagen in den Händen hält.

Extra-Tipp
Wenn Sie Short Messages aus öffentlichen Räumen versenden – bitte stellen Sie vorher das Tastengeräusch ab.

Besondere Anlässe

Bei besonderen Anlässen sind Menschen besonders sensibel, daher bedarf ein besonderer Anlass einer besonderen Aufmerksamkeit, auch in der Korrespondenz. Sind bei Mahnungen und Reklamationen rechtliche Aspekte zu berücksichtigen und Textbausteine von Vorteil, ist bei persönlichen Wünschen dringend davon abzuraten. Wie oft werden scheinbar kreative Formulierungen wieder und wieder recycelt, wie oft werden Sprachbilder vermeintlich geistreich miteinander verknüpft. Finger weg! Schreiben Sie so, wie Sie mit dem Diplomanden, dem Jubilar, dem Pensionär, dem Hinterbliebenen sprechen würden. Nur so wird Ihr Wunsch als stimmig akzeptiert.

Gratulieren

Eine mündliche Gratulation, sei es mit Händedruck oder am Telefon, kann ein Schriftstück nicht ersetzen. Erweisen Sie dem Adressaten die Ehre einer bleibenden Erinnerung.

Eine hübsche Glückwunschkarte enthebt Sie nicht der Pflicht, sich Gedanken über den Text zu machen. Nur so wird sie zum Geschenk. Eine knappe Formulierung hingegen kann so wirken, als wollten Sie sich einer ungeliebten Pflicht entledigen – ein Eindruck, der der Geschäfts- wie der privaten Beziehung abträglich ist.

Persönliche Wünsche auf Geschäftspapier wirken neben hochwertigen neutralen, von Hand beschriebenen Bögen lieblos. Die Ausnahme: Ihr Unternehmen investiert in eine hochwertige Karte mit dem Logo der Firma für alle glücklichen Umstände. Die besten Ihrer Geschäftskontakte werden Sie selbst dann mit persönlicher Post beglücken.

Einen Geschäftsbrief unterzeichnet die hierarchisch höher stehende Person links, der zweite Unterzeichner rechts davon. Bei Wünschen haben Sie die Wahl:

- Die näher stehende Person schreibt den Text und unterschreibt links, rechts schließt sich die zweite Person an.
- Oder die näher stehende Person unterschreibt für beide, nennt sich selbst zuletzt, Bescheidenheit ziert sehr.
- Oder die näher stehende Person schreibt in der Ich-Form, fügt einen Gruß der anderen Person an und unterschreibt allein. Diese Variante erleichtert wahrscheinlich die Formulierung des Hauptteils.

Ob auf einer Karte oder in einem Brief – die Minimalversion Ihrer Gratulation enthält Anrede, Hauptteil, Abschluss. Sie können diese Elemente wie bei einem Brief mischen und ergänzen, zum Beispiel so:

- Datum
- Zitat
- Anrede
- Anlass
- Erinnerungen, Gemeinsamkeiten
- gegebenenfalls Rückblick auf historische Zusammenhänge
- Ausdruck der Freude
- gegebenenfalls Dank
- Wünsche für die Zukunft
- Kommentar zur Wahl des Geschenks
- Unterschrift

Je lebhafter Sie sich in die Lage des Adressaten versetzen, desto konkreter, ehrlicher, persönlicher schreiben Sie, desto größer ist die Freude bei der Lektüre. Sie dürfen ruhig einzelne Sätze mit »Ich« beginnen. Sie dürfen aber eine Gratulation nicht zur Selbstdarstellung missbrauchen. Halten Sie Ihre witzigen und poetischen Anwandlungen im Zaum.

Extra-Tipp
Schicken und schenken Sie Blumen, fügen Sie eine neutrale Karte bei. Warum sollte Ihr leuchtender Sonnenblumenstrauß von einem Rosenbouquet in Karton Konkurrenz bekommen?

Kondolieren
»Das Leben geht weiter« – dies ist wohl der Satz, den Trauernde am häufigsten lesen oder hören müssen. Das Schlimme an diesem Satz ist: a) Er ist sachlich korrekt. b) Das Leben geht ab jetzt anders weiter. Beides ist für die Hinterbliebenen mit Angst besetzt. Verzichten Sie auf so ungeschickte Beweise Ihrer Hilflosigkeit.

Eine Karte mit dem Aufdruck »Aufrichtige Anteilnahme« und einer knappen Unterschrift im Innenteil wirkt auf Hinterbliebene wie Hohn. Sich in deren Lage zu versetzen ist für Menschen, die noch keine Erfahrungen mit dem Tod nahe stehender Personen gemacht haben, schwer. Was brauchen Hinterbliebene von Menschen, die nicht zum engsten Kreis zählen? Ein Zeichen, dass Sie an sie denken, dass Sie Empathie aufbringen, dass Sie ihnen die Hand reichen, ohne ihnen zu nahe zu treten.

Notwendige Bestandteile eines Kondolenzschreibens sind:

- Anrede
- der Ausdruck der Betroffenheit
- ein Wunsch für Kraft und Hoffnung
- Unterschrift

Hinzu können kommen:

- ein Zitat, das der Lebensphilosophie der Hinterbliebenen entspricht – Vorsicht mit christlichen Motiven
- die Angabe, wann und wie Sie von dem Tod erfahren haben – so können Sie begründen, wenn Sie lange Zeit nach dem Todesfall schreiben
- Erinnerungen an und Erlebnisse mit dem Verstorbenen – weil er auch in Ihnen lebendig bleibt
- Ausdruck der Wertschätzung für den Verstorbenen – zum Beispiel weil Sie von ihm viel gelernt haben
- ein Angebot zu persönlicher Hilfe

Im schlimmsten Fall ist Ihnen der Tod eines Kunden oder Geschäftspartners gleichgültig. Dann greifen Sie auf die oben genannte Minimalfassung zurück. Im zweitschlimmsten Fall sind Sie so betroffen, dass Ihnen die Worte fehlen. Dann schreiben Sie das. Wer Leid erfährt, hat feine Antennen für Zwischentöne; eine ehrliche Aussage ist Ihrem Zweck, Anteilnahme zu äußern, dienlicher als eine inhaltsleere Floskel.

Schreiben Sie konkret und persönlich, von Hand, nicht auf Geschäftspapier und schon gar nicht auf Papier mit schwarzem Rand. Das ist den Hinterbliebenen vorbehalten. Greifen Sie in Ermangelung einer passenden Karte zu einem weißen Blatt.

5 Smalltalk – die große Kunst der kleinen Unterhaltung

»Nun, wie war die Anreise?« – »Recht problematisch, denn ...« – »Na prima, dann nehmen Sie mal gleich Platz.« Dass diese Eröffnungssequenz kein Smalltalk ist, liegt auf der Hand, untypisch ist sie leider nicht. Mal wird ein Gespräch mit stereotypen Fragen eingeleitet und auf die Antworten nicht gewartet, mal werden Redner unterbrochen, Inhalte ignoriert. Und dann heißt es noch: »Smalltalk habe ich doch gemacht!«

Dabei ist offensichtlich: Wer die Interessen eines Menschen übergeht – Abraham Maslow würde sagen, wer ihn bei der Befriedigung seiner Bedürfnisse behindert –, kann Menschen nicht für sich einnehmen. Wer eine gute Atmosphäre schaffen will, macht einen guten Smalltalk.

Was ist Smalltalk? Definition und Ziel

Smalltalk hatte in Deutschland lange Zeit keinen guten Ruf. Er war verschrien als eitles und seichtes Geplänkel, inhaltsfrei jenseits der Schmerzgrenze, unter der Würde einer Person, die etwas auf sich hielt.

Wer eine gediegene Selbstdarstellung als überflüssige Eitelkeit oder würdelos abwertet, verkennt jedoch die Gesetze unserer Gesellschaft. Das Image eines Unternehmens und seiner Repräsentanten wird dadurch geprägt, wie diese sich in der Öffentlichkeit präsentieren.

Dieses Wissen hat sich allmählich durchgesetzt. Immer mehr Menschen beobachten in fremden Kulturkreisen, dass ohne ein Gefühl für die zwischenmenschliche Ebene der Beteiligten kein Geschäft möglich ist. Sie erkennen, dass sich durch Smalltalk die Stimmung löst, dass beim Smalltalk Humor möglich, dass Sozialkompetenz gefragt ist, dass Smalltalk ernsten Themen auf leichte Weise die Schwere nehmen kann.

Smalltalk ist ein

- lockerer,
- zwangloser,
- im Idealfall unterhaltsamer Austausch
- über für die Beteiligten interessante Themen.

Seine Zielsetzung ist unterschiedlich und von der Situation abhängig.

Smalltalk kann

- eine angenehme Atmosphäre schaffen;
- helfen, andere kennen zu lernen (»abzutasten«);
- der Darstellung der eigenen sozialen Kompetenz dienen;
- Zeit auf angenehme Weise überbrücken;
- den Horizont erweitern;
- eine geschäftliche Besprechung vorbereiten;
- der (verdeckten) Informationsaufnahme dienen;
- eine Begegnung elegant beenden.

Gründe genug, ihn zu beherrschen! Manche Menschen sehen das zwar so, bemerken aber ein gewisses Unwohlsein. Sie würden gern Smalltalk pflegen, tun sich aber mit der leichten Art der Unterhaltung schwer: Sie wissen nicht recht, wie beginnen, sind so stark sachorientiert, dass ihnen jenseits ihres Fachs die Themen ausgehen, haben zu wenig Übung, um sich dabei sicher zu fühlen.

So kompliziert ist das alles aber nun wieder nicht, im Gegenteil: Nur wenn Sie den Smalltalk leicht nehmen, kann er leicht wirken.

Extra-Tipp

Trainieren Sie Ihre Smalltalk-Kompetenz in Situationen, in denen der Erfolg unwichtig ist. Plaudern Sie mit dem Taxifahrer, der Supermarkt-Kassiererin, mit den Wartenden in der Schlange vor dem Kino. Lassen Sie anschließend Ihre Begegnungen Revue passieren: Was hat gut funktioniert, was weniger? Vor allem: Was hat Ihnen Spaß gemacht?

Ein Gespräch beginnen

Sie werden erstmalig zu einem potenziellen Geschäftspartner gebeten. Eine Kundin besucht Sie seit langer Zeit wieder einmal. Bei einer Kundenveranstaltung sind Sie für das Wohlbefinden der Gäste mit verantwortlich. Sie sind zu Gast bei einer Vernissage und haben einfach keine Lust, gelangweilt allein herumzustehen. Beim Mittagessen in der Kantine haben Sie es satt, schweigend vor sich hin zu löffeln ... Wie fangen Sie an?

»Im Anfang war das Wort.« So beginnt das Evangelium des Johannes. Ein guter Smalltalk beginnt so nicht. Fallen Sie nicht mit der Tür ins Haus. Befassen Sie sich zuerst einmal mit der Person, mit der Sie konfrontiert sind: Was tut sie? In welcher Stimmung ist sie? Wie wirkt sie auf Sie? Was erscheint Ihnen als hervorstechendes Merkmal? Zu diesem intuitiven Erfassen brauchen Sie weniger als eine halbe Sekunde.

Danach brauchen Sie nur noch zwei weitere Dinge zu tun: 1. Blickkontakt anbieten. 2. Lächeln. Jenseits der Hierarchie-, Alters- und Geschlechtsgrenzen wird dies als Einladung zur Kontaktaufnahme interpretiert. Geben Sie so dem Gegenüber die Gelegenheit, das Wort zu ergreifen. Ob es die nonverbale Aufforderung zum Sprechen annimmt oder nicht – Ihre ersten Worte brauchen Sie nicht vorzubereiten, Sie brauchen sich nur situativ auf Ihre Beobachtungen zu stützen.

Besuch an einem anderen Ort

»Schön haben Sie es hier.« »Was für ein interessantes XYZ.« Nur ein Amateur bedenkt einen Gastgeber mit Stereotypen. Wer Kontakt zu einem Menschen herstellen will, muss das auf individuelle Weise tun. Profunde Kommentare zu dem fremden Interieur sind nicht nötig, ein konkreter Bezug jedoch schon:

1. zum Weg zu diesem Ort: »Die Anfahrtsskizze Ihrer Sekretärin ist einfach perfekt, darum bin ich so früh hier.«
2. zu Mittelspersonen: »Schön, dass wir uns heute treffen können; mit Ihrer Mitarbeiterin hatte ich schon mehrfach zu tun.«
3. zum Umfeld: »Kann es sein, dass ich eine ähnliche Skulptur wie diese in einer Ausstellung im Rathaus gesehen habe?«
4. zu Ihrem Vorwissen: »Ich habe gelesen, dass Sie Ihren Standort in das Industriegebiet verlegen wollen.«

Zum einen signalisieren Sie Ihrem Gastgeber zwischen den Zeilen: Da kommt jemand, der sich vom Gros der Besucher angenehm absetzt. Zum andern wird Genauigkeit als Wertschätzung interpretiert. Drittens bauen Sie mit jeder dieser Äußerungen ein Sprungbrett:

- In Beispiel 1 kann Ihr Gastgeber über die Umgebung, die Straßenverhältnisse, aber auch die Sekretärin sprechen ...
- In Beispiel 2 kann die Mitarbeiterin genauso Thema werden wie seine häufige Abwesenheit, aber auch seine Aktivitäten an anderen Orten ...
- In Beispiel 3 ist ihm überlassen, ob über den Künstler, das Kunstwerk, das Rathaus, die Stadtverwaltung oder die Kunst an sich sprechen will ...
- In Beispiel 4 kann er sich über den aktuellen Standort auslassen, über den künftigen, die Bedingungen des Wechsels ...

Immer hat Ihr Gegenüber die Wahl, und Wahlfreiheit wissen Menschen generell zu schätzen.

Extra-Tipp
Akquise-Profis durchforsten ihre Zielkundschaft und sammeln Informationen. Einen Bezugspunkt haben sie beim ersten Besuch vor Ort garantiert, wahrscheinlich sogar mehrere. Tratsch und Klatsch bleiben natürlich unerwähnt.

Sie erhalten Besuch
»Haben Sie gut hierher gefunden?« Fällt Ihnen zur Begrüßung eines Gastes wirklich nichts Besseres ein, dürfen Sie sich über eine vage Antwort nicht wundern. Diese Frage wird von den meisten Adressaten als genau die Floskel interpretiert, die sie ist, und genauso wie das inhaltsfreie »Wie geht's?« abqualifiziert. Beide sind keine Fauxpas, werden aber leicht als Beweise eines latenten Desinteresses – vielleicht nicht an der Sache, die Sie zusammenführt, aber sicherlich an der Person – gewertet. Wenn Sie schon nach den Modalitäten der Anfahrt fragen, fragen Sie mit konkretem Bezug

- zu Mittelspersonen: »Mein Assistent hatte Ihnen ja letzte Woche das Flugticket geschickt, war alles in Ordnung?«
- zum Umfeld: »Taxis sind um diese Zeit rar, haben Sie dennoch schnell eines bekommen?«
- zu Ihrem Vorwissen: »Ich habe gelesen, Ihre Kanzlei liegt in Tübingen, sind Sie da über die B 27 gefahren?«
- zu Ihrer Gastgeberrolle: »Sie müssen ja in aller Herrgottsfrühe aufgestanden sein, um diesen Termin wahrzunehmen. Mögen Sie als Erstes einen Kaffee?«

Wirklich offene Fragen
»Wer fragt, der führt«, der Volksmund weiß es: Mit Ihrer offenen Eingangsfrage geben Sie eine Richtung vor und öffnen die Gedankenwelt Ihres Gastes. Möglicherweise stutzen Sie nun beim Blick auf die genannten Beispiele. Offene Fragen, das haben Sie doch gelernt, beginnen mit einem »W« und rufen inhaltliche

Aussagen hervor. Solche Fragen finden Sie hier gar nicht. W-Fragen würden in den genannten Situationen so lauten:

- Wann haben Sie das Flugticket bekommen?
- Wie schnell haben Sie ein Taxi gefunden?
- Welche B sind Sie gefahren?
- Was möchten Sie trinken?

Diese Fragen könnten nicht mit einem platten »Ja« oder »Nein« beantwortet werden. Stimmt. Nach der allgemeinen Definition »W-Fragen sind offene Fragen« müsste zum Einstieg eine W-Fragen-Straße zu empfehlen sein. Zum Beispiel diese:

- Wann haben Sie das Flugticket bekommen?
- Wie sind Sie zum Flughafen gelangt?
- Wie weit ist der Flughafen von Ihrem Büro entfernt?
- Wo wohnen Sie?
- Warum wohnen Sie dort?

Sie merken schnell: Diese Fragen öffnen den Adressaten nicht, im Gegenteil. Er würde sich ausgefragt fühlen. Er würde einsilbig werden. Dagegen ist die Wahrscheinlichkeit gering, dass die Adressaten auf die ersten – angeblich geschlossenen – Fragen abweisend reagieren. Hier greift, wie die Rhetoriker sagen, der Malbuch-Effekt. Sie erinnern sich: Im Malbuch Ihrer Kindheit waren zwar Umrisse angegeben, ausmalen durften Sie selbst, nach Lust und Laune.

Jenseits der formalen Differenzierung in offene (W-)/geschlossene Fragen sind also zu bedenken:

- die Komponente der Freiheit: Wirklich offene Fragen bieten dem Adressaten die Option, selbstbestimmt Aspekte aus der Thematik herauszupicken.
- die Einbettung der Frage: Kennt der Befragte Ihren Gedankengang, kann er die Frage einordnen.
- die gefühlte Intention: Ist echtes Interesse statt Neugier, Wertschätzung statt Kritik zu hören, wird jede Frage gern beantwortet.

Extra-Tipp

Gegen Anerkennung seien Menschen machtlos, meinte Sigmund Freud. Die Rhetoriker sprechen da vom Krähen-Effekt. Sie erinnern sich vielleicht an die Fabel, in der der Fuchs der Krähe mit einem Lob über ihre Sangeskunst ein Stück Käse abluchst. Differenzieren Sie genau: Ist aus Ihrer positiven Bemerkung Respekt herauszuhören? Dann äußern Sie sie. Könnte sie als Mittel zum Zweck verstanden werden? Äußern Sie sie nicht.

Für ein gutes Namengedächtnis

Eine Ihnen flüchtig bekannte Person kommt freudig auf Sie zu, spricht Sie mit Ihrem Namen an – und Sie? Müssen passen. Widerfährt Ihnen das bei Veranstaltungen immer wieder? Ist Ihnen das unangenehm? Mit Recht – denn von vielen wird ein schlechtes Namengedächtnis mit mangelndem Interesse an der Person gleichgesetzt. Da ist es ein schwacher Trost, dass andere das Missgeschick locker entschuldigen oder sogar mit Erleichterung quittieren: »Da geht es Ihnen wie mir.«

Merkfähigkeit? Eine Frage des Typs

Ein Allheilmittel gegen das schlechte Gedächtnis gibt es nicht, Gehirne funktionieren zu unterschiedlich. Selbsterkenntnis ist der erste Schritt zu einer besseren Merkfähigkeit. Wie lernen Sie generell am effektivsten?

– Sind Sie ein visueller Typ, können Sie sich gut und leicht Bilder – als Gesamteindruck oder bis ins Detail hinein – merken? Dann formen Sie künftig jeden Namen, der sich dazu anbietet, in ein Bild um und sehen Herrn Feldbusch auf einem Feld neben einem Busch vor sich – beispielsweise. Oder Sie stellen ihn mit Ehering bestückt an die Seite einer aus der Boulevardpresse bekannten Dame. Gibt der Name kein Bild her, sehen Sie ihn als Schriftzug – vielleicht in leuchtenden Farben über den Dächern der Stadt.

- Hör-Typen – Menschen mit auditiven Vorlieben – nutzen andere Eselsbrücken: Sie merken sich Namen durch gebetsmühlenartige Wiederholung, binden sie in eine Melodie ein oder machen sich »einen Reim drauf«: »Frau Hauber macht sauber.« Oder sie buchstabieren ihn in einem besonderen Rhythmus mehrfach vor sich hin.
- Wieder andere – die Kinästheten – haben ihre Stärke im Bereich des Empfindens. Sie setzen auf ihr Muskelgedächtnis und schreiben sich Merk-Würdiges auf Notizzettel.

Sie können alle Aspekte, die Ihnen helfen und die zu einem jeweiligen Namen passen, kombinieren. Je mehr Zeit und Aufmerksamkeit Sie in den Lernvorgang investieren, desto höher ist die Wahrscheinlichkeit, dass Sie später das Gelernte aus Ihrem Gedächtnisspeicher spontan abrufen.

Extra-Tipp

Schauen Sie sich jede Visitenkarte, die Sie erhalten, genau an. Sprechen Sie deren Eigentümer mit seinem Namen an, fragen Sie gegebenenfalls, wie Sie ihn korrekt aussprechen und wie Sie ihn sich merken können. Machen Sie sich zu Hause eine Kurznotiz darauf. Arbeiten Sie vor einem Meeting, einer Messe, einer Kundenveranstaltung die Visitenkarten der Personen, die Ihnen dort begegnen könnten, durch. Hausaufgaben haben selten geschadet.

Den Namen vergessen

»Wie war noch Ihr werter Name?« Wer hört diese gestelzte Frage schon gern? Das »wert«-volle Adjektiv ist nichts anderes als der – vergebliche – Versuch, den Mangel zu vertuschen. Außerdem wollen Sie den aktuellen Namen wissen, fragen Sie deshalb präzise: »Wie ist Ihr Name bitte?« So ist die Frage wenigstens korrekt, einladend klingt sie immer noch nicht.

Ein neuer Versuch: »Ich habe ein schrecklich schlechtes Gedächtnis, wenn Sie wüssten. Deshalb fällt mir gerade Ihr Name nicht ein. Wie ist er nochmal?« Es gibt keinen Grund, Aufhebens um Ihr Problem zu machen, Störungen klein halten!

Da klingt doch eine – wirklich – offene, motivierte und motivierende Frage wesentlich ansprechender: »Wir kennen uns von der Mode-Messe, ich erinnere mich genau. Sagen Sie mir bitte Ihren Namen noch einmal?« So beweisen Sie, dass

- die Person Ihnen wichtig und deshalb in Erinnerung geblieben ist;
- Sie nicht über Gebühr Aufmerksamkeit auf Ihre Probleme lenken;
- andere auf eine freundliche Weise zum gemeinsamen Ziel lenken können.

Für einen Gentleman gibt es keine unangenehmen oder kompromittierenden Erinnerungen: Verweisen Sie nur auf angenehme vorherige Begegnungen. Haben Sie die Person in einem Vollrausch erlebt, hat sie Ihnen in der Bahn einen Platz streitig gemacht, tun Sie so, als hätten Sie sie nie gesehen. Thematisiert sie die Panne von sich aus, bleiben Sie gnädig.

Für Gastgeber: Kontakt zu Fremden aufnehmen

Kontakt fängt im Kopf an! Das wissen Sie vor allem, wenn es Ihnen schwer fällt, Kontakte zu knüpfen. Dann wissen Sie nämlich, welche kritischen Stimmen sich da aus Ihrem Hinterkopf melden:

»Was ist, wenn er mich abweist? Das ist doch aufdringlich! Eine anständige Frau tut das nicht!«, oder so ähnlich. Ihre Werthaltungen und Glaubenssätze sind im Moment des Geschehens nicht neu, sie haben sich Ihnen im Lauf Ihrer Sozialisation eingeprägt und Sie haben wahrscheinlich keine Lust, sie »nur wegen der Firma« zu hinterfragen. Das macht nichts. Sie brauchen Ihrem inneren Wertekanon nur weitere Sätze hinzuzufügen. Zum Beispiel können Sie über eine Veranstaltung denken:

- Gäste haben sich speziell auf den Weg gemacht: ein Zeichen für eine hohe Erwartungshaltung an dieses Event.
- Gäste haben Rechte: zum Beispiel das Recht, vom Gastgeber begrüßt zu werden.
- Gästen wollen Anerkennung: Sie deuten den Willkommensgruß als Wertschätzung.
- Menschen mögen Menschen: Sie wollen positive Erfahrungen mit anderen Menschen machen.
- Gäste und Gastgeber sitzen in einem Boot: Sie wollen von diesem Anlass – was auch immer – profitieren.

So erweitern Sie Ihren Horizont und machen sich frei von der Einschränkung, eine Kontaktaufnahme lieber zu vermeiden.

Einzelpersonen ansprechen

Was muss eine Person mitbringen, damit Sie sich gern von ihr ansprechen lassen? Die individuellen Antworten von Probanden in Versuchsreihen lassen sich auf ein Kürzel reduzieren. Eine fremde Person weckt dann mein Interesse, wenn sie

- etwas gemeinsam mit mir hat;
- etwas Besonderes an sich hat;
- mir nützlich ist.

Diese drei Kriterien können Sie als Gastgeber erfüllen:

- »Sie schauen sich um.« Pause. Wer wird dem schon widersprechen? Vielleicht erläutert der Adressat, was er sieht. Selbst wenn er nichts sagt, macht das gar nichts.
- »Ich heiße Sie im Namen der ABC AG herzlich willkommen. Es freut mich sehr, dass Sie ...« Pause. Würdigung wirkt. Der Adressat dankt.
- »Erlauben Sie, dass ich mich Ihnen vorstelle ...« Der Adressat sagt niemals nein!

Mit dieser Sequenz positionieren Sie sich als ein Gastgeber, der Wertschätzung entgegenbringt, Sicherheit bietet und sich nicht aufdrängt. Das wird der Adressat mit einem Dank und der Selbstvorstellung quittieren. Erst in der folgenden Sequenz stellen Sie Fragen und machen konkrete Beobachtungen. Unterscheiden Sie dabei zwischen Kontaktangebot und Übergriff:

- »Eine hübsche junge Dame wie Sie ...«? Niemals! Biedern Sie sich nicht an.
- »Sie sind sicherlich mit Ihrem Mann hier«? Nein! Üben Sie sich nicht im Gedankenlesen.
- »So allein hier herumzustehen macht doch keinen Spaß, ich bringe Sie mal zu Herrn ...«? Oje! Stellen Sie Ihren Beschützerinstinkt hintan.

Extra-Tipp

Sind Sie ein wenig schüchtern? Soll es Ihnen künftig leichter fallen, auf Fremde zuzugehen? Dann durchlaufen Sie im privaten Umfeld ein Desensibiliserungsprogramm.

- Im ersten Schritt grüßen Sie Unbekannte im Aufzug, in der Straßenbahn, auf dem Wanderweg.
- Danach hängen Sie an den Gruß einen Satz – kommentieren das Wetter, den Platz, den Weg.
- Anschließend üben Sie, Fremde um etwas zu bitten: eine Auskunft, ein Papiertaschentuch, Wechselgeld.
- Im vierten Schritt üben Sie, gekaufte Ware umzutauschen, zuerst für andere, dann für sich selbst: der Pullover ist zu klein, das Tuch zu rot, der Hut zu groß.

Wetten dass Sie nach diesem Fünf-Punkte-Programm für Veranstaltungen bestens vorbereitet sind?

Eine Gruppe ansprechen

Ob Sie einen einzelnen Gast oder eine ganze Gruppe ansprechen – Vorbedingungen und Vorannahmen sind die gleichen. Sie dürfen

- das Gespräch unterbrechen, müssen aber um Entschuldigung bitten;
- nach dem Befinden fragen, müssen aber allgemein bleiben;
- sich vorstellen, müssen aber jedem einzelnen Gruppenmitglied bei dessen Vorstellung die gleiche Aufmerksamkeit wie den anderen widmen;
- Getränke anbieten, aber nicht den Servicekräften die Aufgaben streitig machen.

Entsprechend klingt ein klassischer Einstieg des Gastgebers in eine Gruppe so:
- »Ich unterbreche Sie ungern, will Ihnen aber doch ein herzliches Grüßgott sagen.«
- »Sie kennen einander schon/Haben Sie sich schon untereinander bekannt gemacht?/Sie sind auch schon auf den Vortrag gespannt?«
- »Ich bin XY und hier zuständig für Z. Deshalb freue ich mich besonders ...«
- »Sie haben ja noch gar nichts zu trinken/kaum noch etwas im Glas/unsere Broschüre noch nicht erhalten. Darf ich dagegen etwas tun?«

Halten Sie sich in dieser Phase bei jeder Person nur für die Dauer des Händedrucks auf. Keine Bevorzugung von bekannten oder für Sie bedeutenden Gästen! Treten Sie nach der Begrüßung an eine Stelle, an der Sie gute Sicht auf alle Gruppenmitglieder haben. Binden Sie alle in Ihr Gespräch ein.

Als Gast Kontakt herstellen

Sie vertreten Ihr Unternehmen bei der Einweihung einer neuen Firma. Sie repräsentieren Ihr Haus bei einem Cocktail-Empfang. Sie besuchen eine Messe, einen Kongress, ein Seminar. Immer sind Sie unter Ihresgleichen, der Vorsprung des Gastgebers, alle Gäste ansprechen zu dürfen, fällt weg. Kein Grund, sich zu verkriechen, im Gegenteil. Menschen, die

- sich am Rand eines Raumes aufhalten, werden als Randfiguren betrachtet;
- regungslos stehen oder sitzen, wirken unbeweglich und darum uninteressant;
- ernst dreinschauen, werden als wenig kommunikativ gewertet;
- schweigen, haben geringe Sympathiewerte.

Demgegenüber wird Menschen, die
- sich im Zentrum aufhalten, zentrale Bedeutung zugesprochen;
- sich bewegen, Flexibilität attestiert;
- lächeln, Sympathie und Vertrauen entgegengebracht;
- sich mit anderen unterhalten, Attraktivität zugeschrieben.

Nun wissen Sie, was Sie denken und deshalb tun können. Wenn Sie es als schwer erachten, einen Gesprächspartner zu suchen, werden Sie es schwer haben: Da greift die sich selbst erfüllende Prophezeiung. Schlimmer noch: Bei negativen Begleit-Gedanken runzeln Sie – wenn auch nur leicht – die Stirn, Ihr Blick wird ängstlich/unmotiviert/zweifelnd. Können Sie hingegen denken, dass Sie Gesprächspartner nur zu finden brauchen, sind Sie bald in bester Gesellschaft. Nehmen Sie ein Glas oder einen Prospekt in die linke Hand; die rechte bleibt für Begrüßungen frei. Durchschreiten Sie aufmerksam den Raum. Hier wimmelt es nur so von potenziellen Gesprächspartnern. Schauen und hören Sie sich um: Wo sind sie denn?

Sich an eine Einzelperson wenden

Sie haben einen Adressaten ausgemacht. Sie erinnern sich: Wer fragt, der führt; wer offen fragt, führt besser. Warum nun sollte aber Ihre Zielperson einem wildfremden Menschen eine Frage beantworten? Da ist es schon geschickter, der Person zu erlauben, sich zuerst einmal ein Bild von Ihnen zu machen. Und das ermöglichen Sie so:

- Sie warten, bis Sie Augenkontakt haben.
- Sie lächeln.
- Sie machen einen Schritt auf die Person zu.
- Sie grüßen sie.
- Sie stellen sich – wenn überhaupt und dann ausschließlich – mit Ihrem Namen vor.
- Sie schütteln einander – vielleicht – die Hand.
- Sie beschreiben Ihre Befindlichkeit: »Bin gespannt, was da auf uns zukommt/überrascht, hier so viele Menschen anzutreffen/erfreut, dass hier auch Fremde anwesend sind …«

Auf diese sanfte Weise ermöglichen Sie eine Anbahnung, ohne den Verdacht der »Anmache« zu erwecken. Wer gar nicht fragt, führt am elegantesten!

Extra-Tipp
Fürchten Sie eine Abfuhr? Machen Sie sie unmöglich. Sie stellen sich neben Ihre Zielperson und betrachten das Objekt ihres Interesses als Objekt Ihres Interesses. Sie kommentieren, monologisch, dieses Objekt: »Hm, hätte ich gar nicht gedacht/Was das wohl bedeuten mag/Das wusste ich auch noch nicht.« Fühlt die Person sich nicht angesprochen, erleiden Sie keinen Gesichtsverlust: Sie haben sie ja nicht angesprochen. Antwortet sie Ihnen, wird aus dem Monolog ein Dialog. Wann und ob überhaupt Sie sich vorstellen und die Hände schütteln, wird der Gesprächsverlauf entscheiden.

Sich an eine Gruppe wenden
Da stehen sie wieder in Grüppchen! Und plaudern und amüsieren sich und finden die Welt in Ordnung. Für jeden, der bei einer Veranstaltung allein steht, ist das nicht der Fall. Dabei ist es schon vertrackt: Je länger Sie allein sind, desto länger werden Sie allein bleiben.

Gerade das Zugehen auf Gruppen ist eine Gratwanderung: Sie sollen Nähe herstellen, aber die Distanz wahren. Sie müssen sich Gehör verschaffen, dürfen aber nicht unterbrechen. Sie wollen aufgenommen, aber nicht vereinnahmt – und erst recht nicht abgewiesen werden.

Eruieren Sie, welche Gruppe sich anzusprechen lohnt. Nicht lohnend sind Gruppen, bei denen die Mitglieder

- eng beieinander stehen und unter der durchschnittlichen Phonstärke im Raum sprechen: Diese Personen sind einander vertraut, würden den Fremden als Eindringling in ihre familiäre Runde empfinden und ihm den Eintritt erschweren.
- zwar Abstand voneinander halten, sich aber überdurchschnittlich laut unterhalten und lachen: Diese Leute haben genug Spaß ohne Sie!

Welche – andere – Gruppen einen Annäherungsversuch wert sind, sehen und hören Sie:

- Da werden Mitglieder in den Raum blicken.
- Da wird Augenkontakt zu mindestens einer Person möglich sein. Diesen bedenken Sie mit einem Lächeln und deuten ihn als Einladung.
- Da wird eine Lücke offen sein. Die füllen Sie – mit einer offenen Geste, einem anerkennenden Kopfnicken und einem dankbaren Lächeln.

Und nun: »Guten Tag, gestatten Sie, dass ich mich zu Ihnen geselle/stelle/mich Ihnen anschließe?« Niemand wird Ihnen diese Bitte abschlagen. Vermeiden Sie es nun aber bitte, jedem ungefragt die Hand hinzustrecken und sich wortreich zu präsentieren oder das Gespräch an sich reißen. Jetzt heißt es, zuhören und durch Blickkontakt und aktives Zuhören Interesse signalisieren, bescheiden bleiben. Sie sind der Neue!

Ob die Gruppe Sie gern behält, entscheidet Ihre Sensibilität in der folgenden Sequenz.

Extra-Tipp

Bei dem Durchschreiten des Raums mit Scanner-Blick schnappen Sie automatisch Wortfetzen auf. Erliegen Sie nicht der Versuchung, einen ungebetenen Kommentar abzugeben. Sie würden als Lauscher betrachtet und aus der Gruppe ausgeschlossen.

Gute Themen – schlechte Themen

Es gibt keinen festen Smalltalk-Standard. Es gibt aber, abhängig von Kulturraum, Alter und Geschlechtszugehörigkeit, eine Bereitschaft, manche Dinge erst bei einem gewissen Grad der Vertrautheit zu besprechen, andere wiederum auch schon wenig vertrauten Personen gegenüber zu enthüllen.

Bei welchen Themen Sie die rote Karte riskieren

Am Stammtisch lässt es sich trefflich über die Regierung streiten, im Freundeskreis sind Beziehungsprobleme und Gesundheitsfragen an der Tagesordnung. Sollen andere Sie von Ihrer besten Seite kennen lernen sind Themen, die leicht zu polarisierenden Meinungsäußerungen führen, und solche mit privatem Bezug (vorerst) tabu sein.

Sie wissen sicherlich: Nur zirka ein Siebtel eines Eisbergs ragt über die Wasseroberfläche hinaus, der große Rest liegt unsichtbar darunter und ist damit für Seeleute gefährlich. Entsprechend liegt das beobachtbare Verhalten eines Menschen über der Oberfläche, seine Meinungen, Moral- und Wertvorstellungen, seine Wünsche, Ängste, Sorgen und Befürchtungen liegen darunter und sollten in wenig vertrauten Beziehungen der indirekten Ableitung überlassen werden. Das Eisberg-Modell des Menschen ist daher ein guter Ratgeber für Smalltalker.

- Religiöse und politische Überzeugungen gehen zu sehr in die Tiefe der Persönlichkeit. Warten Sie ab, ob der andere von sich aus Tiefgang anbietet.

- Unser eigenes Geld spiegelt den familiären Hintergrund, die Wertigkeit des Berufs sowie die Fähigkeit zu haushalten. Finger weg von Gehalt, Kontostand und Steuersatz.
- Kommentare über die Körperformen einer Person sind tabu, auch Komplimente darüber.
- Gleiches gilt für jede Art von Krankheit und für Todesfälle.
- Natürlich werden Sie nicht vor einem neuen Bekannten Details Ihrer Familienverhältnisse, Ihrer Kindheitstraumen und Ihrer sexuellen Vorlieben ausbreiten.
- Klatsch und Tratsch sind ebenfalls gefährlich.

Übrigens: *Business Life*, das Bordmagazin für British Airways, gibt Geschäftsreisenden nach Berlin folgenden Tipps mit auf den Flug: Sport gelte als »Thema der Ungebildeten«. Und: »Die Bestellung eines Bieres kann als Hinweis auf einen niedrigen sozialen Status interpretiert werden, Wein ist die intelligentere Wahl«. Ob Sie die Dinge so interpretieren wollen?

Themen für Talker

Verhältnismäßig sicher sind bei losen Kontakten entsprechend alle Themen aus dem Bereich dessen, was für andere sichtbar und hörbar ist: Alltagserfahrungen, öffentliche Ereignisse und persönliche Interessen, die Arbeit.

1. Zu den Alltagserfahrungen zählen
   - das Wetter,
   - Fortbewegung – zur Arbeit, in der Freizeit,
   - Wohnort und Heimat,
   - Einkaufen.

   Fahren Sie mit dem Rad oder mit dem Bentley? Kaufen Sie im Second-Hand- oder im Designer-Laden? Sagen Sie immer »ich« oder hin und wieder »wir«? Es wird nicht ausbleiben, dass die Gesprächsteilnehmer aus diesen Angaben Schlüsse ziehen. Sie können diese Folgerungen durch Weglassen oder bewusste Nennung steuern.

2. Öffentliche Ereignisse und persönliche Interessen, das ist alles, was Sie in den Medien erfahren in Sachen
   - Kunst und Kultur,
   - Sport, Freizeit und Reisen,
   - Trends und Entdeckungen, Entwicklungen,
   - Essen und Trinken,
   - Haustiere.

   Auch hier gilt: Wer verkündet, die Biografie von Dieter Bohlen sei seine erste Lektüre seit 20 Jahren gewesen, hinterlässt einen anderen Eindruck als der, der Dante im Original liest oder im örtlichen Bach-Chor singt. Stehen Sie zu Ihren Interessen. Gelingt es Ihnen, bei unterschiedlicher Interessenlage ein Thema einvernehmlich anzugehen, erzeugen Sie Sympathiewerte über die sachliche Gemeinsamkeit hinaus.
3. Die Arbeit beschäftigt uns real oder gedanklich tagsüber und manchen sogar nachts und nicht immer ist die Freizeit die ersehnte Abwechslung von einem ungeliebten Job. Welcher Hotelier schwärmt nicht gern von seinem internationalen Publikum, welcher Autoverkäufer hat nicht Anekdoten über potente oder halbseidene Interessenten zu berichten? Nutzen Sie Anwälte, Ärzte und andere freie Berufe nicht für eine honorarfreie Beratung aus. Wenn der Notar Ihnen das Rezept für sein Lieblingsgericht verrät, ist das etwas anderes.

Extra-Tipp

Wellness ist ein Trend und wird es, glauben wir den Soziologen und Ökonomen, auch bleiben. Für den einen heißt Wellness Ayurveda im Beauty-Tempel, für den andern ist es das Kneipp-Becken im Wald. Der dritte lässt in sein Bad einen Whirlpool einbauen, der vierte schickt sein Kind in die Miniköche-Ausbildung, um ihm von Fachleuten Verantwortung für sich und seinen Körper vermitteln zu lassen. Das Thema ist breit gefächert.

Rhetorische Mittel für den Smalltalk-Erfolg

Zur sanften Steuerung eines Gesprächs kommen die wesentlichen Strategien der Kontaktaufnahme zum Einsatz:
- der Zielperson Wertschätzung entgegenbringen
- ihr die Freiheit der Entscheidung lassen

Interesse zeigen

Es ist so einfach: Wenn Sie ein echtes Interesse an einer Person und ihren Themen haben, plätschert der Smalltalk aufs angenehmste dahin. Genauso einfach ist: Wenn Sie Interesse heucheln, werden Sie sich bald verraten, mit übertriebenen Gesten, »Ahs« und »Ohs«, mit Widersprüchen, mit verstohlenen Blicken auf die Uhr oder in den Saal. Klüger ist es, mit einer Portion Neugier auf Menschen zuzugehen, und sei es nur mit der Frage: Was hat die Person zu dem gemacht, was sie ist?
- Stellen Sie – wirklich – offene Fragen und regen Sie Ihren Gesprächspartner an, konkrete Erlebnisse zu berichten. Allgemeine Einschätzungen sind blutleer. Geschichten lassen Bilder entstehen – beim Sprecher wie beim Hörer.
- Erläutern Sie persönliche Gründe für eine Frage. Ihre innere Beteiligung motiviert – Sie und den andern.
- Schießen Sie keine Fragensalve ab, stellen Sie ein zweite Frage erst, wenn Sie die Antwort erhalten haben.
- Gewähren Sie Ihrem Gegenüber mindestens 60 Prozent der Redezeit; geben Sie sich mit dem Rest zufrieden. Nur so können Sie Dinge in Erfahrung bringen.
- Kommentieren Sie die Aussagen des Gegenübers neutral bis positiv. Äußern Sie nicht Erstaunen über Unwissen »Was, das wussten Sie nicht?« Protzen Sie nicht mit besserem Wissen. Geben Sie nicht ungebeten Rat.
- Demonstrieren Sie, dass Sie zuhören: Nicken Sie, lächeln Sie, unterstreichen Sie die Worte des Gegenübers mit sozialen Geräuschen wie »hm« und »ach so«. Das hält den Aktivierungsgrad hoch.

- Anerkennung ja – Komplimente nicht unbedingt. Denn sie anzunehmen fällt manchem schwer. Zum einen beinhalten sie eine Aufwertung, die mit dem Gebot kollidiert, sich bescheiden zu geben. Andererseits implizieren Lob und Tadel ein hierarchisches Gefälle: Die Mutter lobt das Kind, der Chef den Mitarbeiter, nicht umgekehrt. Vorsicht!

Im Eifer des Gefechts – die Distanzzonen

Bei großem Interesse und bei erhöhter Anstrengung laufen Sie Gefahr, Ihrem Gegenüber »auf die Pelle« zu rücken. Ob stehend oder sitzend, gilt es, auch beim Smalltalk die Distanzzonen zu beachten, die Menschen zur Gestaltung unterschiedlicher Begegnungen als angenehm empfinden.

- Die öffentliche Distanz – über drei Meter Abstand – brauchen Sie, um in einem Raum Überblick zu behalten und um anderen Menschen freien Blick auf Sie zu ermöglichen. Sie ist beim Smalltalk zu groß.
- Aus der gesellschaftlichen Distanz mit einem bis drei Meter großen Abstand schätzen Sie ein, ob Kontakt möglich wird. So gehen Sie auf Ihre Zielpersonen zu.
- Eine lockere Unterhaltung gestalten Sie aus der persönlichen Distanz zwischen 50 und 100 Zentimeter heraus. Vermeiden Sie die Frontale und üben Sie stattdessen den Schulterschluss. So können Sie ein eventuell zu großes Nähebedürfnis Ihres Gegenübers problemlos ausgleichen, ohne dass es sich brüskiert fühlen muss.
- Die intime Distanz hat bei Smalltalk-Beziehungen nichts zu suchen. Smalltalk erlischt bei zu geringer Distanz.

Gemeinsamkeiten herstellen

Da treffen wir überraschend einen Nachbarn am Strand von Mallorca; da stellt sich heraus, dass die Tochter der Kollegin einen Job bei Ihrem früheren Chef bekommen hat; da stammt die Cousine Ihres Fitnesstrainers aus dem gleichen Dorf wie Sie: Wie oft sagen wir: »Ach, wie klein ist die Welt!«

Perplex sind wir darüber nur, wenn wir voraussetzen, dass sie groß und eine Überschneidung mit anderen unwahrscheinlich ist. Begleitet Sie diese Auffassung in eine Begegnung mit Fremden, tun Sie sich schwer mit der Suche nach Gemeinsamkeiten. Wenn Sie sich hingegen von der Grundannahme leiten lassen, dass Sie immer (immer!) Gemeinsamkeiten mit Ihren Gesprächspartnern teilen, tun Sie sich leicht: Sie müssen ja nicht suchen, Sie brauchen nur zu finden.

- Geben Sie deshalb etwas von sich preis, damit Ihr Gegenüber mit der Bemerkung »Ich auch« an- und aufschließen kann. »Do ut des«, sagten schon die Römer, ich gebe, damit du gibst. Goethe sagt es ähnlich: »Wenn du nehmen willst, dann gib.«
- Erzählen Sie konkrete Begebenheiten, die Sie erlebt, erfahren oder gesehen und gehört haben. Wenn Sie dabei auf Wertungen verzichten, kommen Sie auf gefahrlose Weise weit.
- Auf Gesprächsangebote nicht einzugehen wäre unhöflich. Es mag aber klug sein, risikoreiche Aspekte einer Aussage zu ignorieren und stattdessen deren unverfängliche Elemente aufzugreifen.
- Lassen Sie sich bei brenzligen Themen nicht ohne weiteres auf die Gefühlsebene ziehen.
- Bleiben Sie bei der Sache und picken Sie sich einen Teil heraus. Entwickeln Sie diesen Gedanken weiter.
- Haben Sie von einem Thema keine Ahnung, heucheln Sie keine Gemeinsamkeiten. Geben Sie es lieber zu: Lügen haben kurze Beine. Sie brauchen dabei nicht vor Scham im Erdboden zu versinken. »Da bin ich nicht so auf dem Laufenden. Helfen Sie mir auf die Sprünge?« Wer tut das nicht gern? Sie können auch das gemeinsame Interesse auf ein Terrain lenken, das Ihnen Unsicherheit erspart. Und Sie können Ihre eigenen Gedanken umlenken. Es kann nicht schaden, über andere Themen etwas in Erfahrung zu bringen. Diese Einstellung macht Sie zum guten Zuhörer und beliebten Gesprächspartner.

Symmetrie fördert Harmonie

Ob im Café, in der Kantine, beim Meeting – nehmen Sie sich einmal die Zeit, sich umzuschauen. Sie stellen schnell fest: Menschen, die gut miteinander im Gespräch sind, weisen viele Gemeinsamkeiten auf. Sie

- sprechen gleich laut und ähnlich schnell;
- benutzen die gleiche Sprachebene (zum Beispiel förmlich oder umgangssprachlich);
- verwenden ähnliche Wörter (zum Beispiel konkret oder abstrakt, sachlich oder emotional);
- bewegen sich nicht nur auf einander zu, sondern auch im gleichen Takt;
- weisen eine ähnliche Körperspannung auf;
- spiegeln einander in ihren Gesten;
- legen mit minimaler Zeitverschiebung die gleiche Mimik an den Tag.

Symmetrie ist ein untrügliches Zeichen für Harmonie. Um ein harmonisches Miteinander aufzubauen, brauchen Sie nur dieses Wissen zu nutzen und sich Ihrem Gegenüber anzupassen, sich auf seine Wellenlänge zu begeben. Doch Vorsicht: Übertreiben Sie Ihre Echo-Versuche nicht. Ihr Gegenüber würde sie sonst als ein Nachäffen interpretieren, sich als lächerlich gemacht fühlen – und das würde die Harmonie empfindlich stören! (Siehe Körpersprache, Kapitel 10 und 11.)

Extra-Tipp

Sie werden beim Spiegeln des Gegenübers an Menschen geraten, die dieses Prinzip selbst bewusst einsetzen. Stören Sie sich nicht daran. Im Gegenteil, da haben Sie ja schon wieder eine Gemeinsamkeit entdeckt: »Wo haben Sie das Spiegeln gelernt?«

Das Thema wechseln

Wenn Sie nach einer Viertelstunde Smalltalk noch keine gemeinsame Basis gefunden haben, wird Ihnen das später auch nicht gelingen. Surfen Sie geschwind und entspannt durch die Welt der Themen, um die Nadel, die so klein nicht ist, im Heuhaufen, der so unüberschaubar nicht ist, zu finden.

Bälle fangen

Wenn Sie thematische Versuchsballons steigen lassen, brauchen Sie nur Ihrem Einfühlungsvermögen zu folgen, gut hinzuhören und Bälle zu fangen. Zum Beispiel so:

- Sie: »Auf dem Weg hierher habe ich von einem Kurs in Nordic Walking gehört.«
- Ihr Gegenüber: »Das wäre mir zu langweilig.«
- Jetzt: Nicht zurück ins Schneckenhaus! Die Wertung nicht überinterpretieren! Dran bleiben!
- Sie: »Sie sind eher für mehr Aktivität in der Freizeit?«
- Ihr Gegenüber: »Überhaupt nicht. Ich spiele Geige.«
- Jetzt: Nicht von Ihrem gestörten Verhältnis zu Hausmusik oder Ihrer unglücklichen Liebe zur Musiklehrerin berichten!
- Sie: »Ich sollte als Kind Gitarre lernen, es kam dann aber nicht dazu. Erzählen Sie mir, wie das bei Ihnen war?«

Wollen Sie die negative Antwort Ihres Gegenübers als Ausdruck von Widerstand interpretieren? Oder nehmen Sie sie als Angebot, sich mehr mit den Interessen des Gegenübers auseinander zu setzen und von dort aus nach Gemeinsamkeiten zu suchen? Sie haben die Wahl.

Übrigens ...

»Wie sind wir überhaupt darauf gekommen?«, wird in einer angeregten Unterhaltung mit Freunden und Bekannten oft gerätselt. Selten wird ein Thema über Stunden durchgeknetet. Eher rutschen Sie wiederholt von einem in das andere. Das Prinzip, das im vertrauten Kreis von selbst wirkt, können Sie zum bewussten Themenwechsel ohne Not kopieren: Assoziationen zu anderen Bereichen beruhen auf dem Gedanken »Apropos, übrigens«.

Entsprechend können Sie jede Aussage als Sprungbrett in ein anderes Thema nutzen. Bleiben wir bei einer bereits zitierten Äußerung: »Auf dem Weg hierher habe ich von einem Kurs in Nordic Walking gehört.«

- »Auf dem Weg hierher« kann zu den Anreisemodalitäten führen: in der Bahn/auf der Straße/zu Fuß.
- »Auf dem Weg hierher« kann auch zu Ihrer Befindlichkeit lenken: hektisch, gerade aus dem Büro/die ganze Zeit telefoniert/machen sich Gedanken, ob das mit dem neuen Babysitter klappt.
- Vom »Kurs« können Sie Kurs nehmen auf alles, was Sie immer schon einmal lernen wollten: Business English/Aerobic/PowerPoint für Fortgeschrittene. Oder Sie erinnern sich an den Gutschein zum VHS-Kurs, den Sie immer noch nicht eingelöst haben, und den netten Freund, der ihn Ihnen schenkte.
- »Nordic Walking« ist der erste Schritt zum Sport überhaupt: Wandern und Gesundheit/Natur/die Wellness-Welle/die Spazierwege in Ihrem Wohnviertel/Norwegen und die Fjorde.

Ihrer Fantasie sind keine Grenzen gesetzt, Sie brauchen sie nur konsequent anzuzapfen.

Extra-Tipp

Ein Rückgriff auf ein bereits abgeschlossenes Thema ist durchaus erlaubt: »Sie sagten vorhin, Sie hätten Geige spielen gelernt. Haben Sie schon als Kind begonnen?« Ihr Gegenüber wird Ihnen das Speichern seiner Äußerung als Gedächtnisleistung und Wertschätzung positiv anrechnen.

Vom Smalltalk zum Business Talk

Bei dienstlich motivierten Begegnungen ist Ihnen vielleicht daran gelegen, zügig vom Smalltalk zum geschäftlichen Thema überzugehen. Sie können

- mit einem »Apropos« ins Geschäftsthema gleiten: »Nordic Walking, da sind wir mitten drin im Thema Gesundheit, das uns ja heute zusammenführt.«
- auf eine vorhergehende Aussage zurückgreifen: »Wie Sie vorhin schon sagten, ist dies … Da sind wir ja schon bei unserem Thema.«
- die Beziehung thematisieren: »Jetzt sind wir so ins Schwärmen gekommen », auf deren Grundlage das Business-Thema wachsen kann: »Da fällt es fast schwer, über das Geschäft zu sprechen. Sollen wir dennoch … ?«

Im Notfall können Sie immer auch einen klaren Einschnitt wählen: »Grund unseres Zusammenkommens ist ja …«

Einbinden und vernetzen

Im Geschäftsleben gilt: Die wichtigste Person erhält alle Informationen zuerst, danach werden die übrigen informiert. Sie sortieren – in dieser Reihenfolge – nach Hierarchie, Dienstalter, Lebensalter, Geschlecht. Auf neutralem Terrain ohne Geschäftsbeziehung wird Außenstehenden die Ehre zuteil, zuerst über die ihnen näher stehenden Personen informiert zu werden; dann umgekehrt.

Bei einem gesellschaftlichen oder privaten Anlass haben Gastgeberin und Gastgeber die Aufgabe, für das Wohlbefinden aller Gäste zu sorgen, auch in kommunikativer Hinsicht. Sie machen ihre Gäste miteinander bekannt oder bitten andere, das in ihrem Auftrag zu tun. Dabei erfahren die bereits anwesenden Personen zuerst, wer die Neuzugänge sind, dann umgekehrt: »Hier kommen Kirsten und Tim Otto, mit Tim habe ich für das Staatsexamen gebüffelt, Kirsten war damals noch nicht dabei, leider. Für euch beide sind die meisten anderen Gesichter neu.

Das hier ist Uwe Fritz, wir teilen uns das Büro. Er hat auch Jura studiert, wie Kirsten.«

Je mehr Sie auf Gemeinsamkeiten der Personen untereinander hinweisen, desto leichter kommen die neuen Bekannten miteinander ins Gespräch, desto weniger müssen Sie sich im Gesprächsverlauf anstrengen.

Extra-Tipp
Paarbeziehungen sind fairerweise offen zu legen: »Kirsten und ihr Mann Tim«, »Karsten und seine Freundin Elke«.

Verantwortung übernehmen
Nach der Vorstellung tragen nicht nur die Gastgeber, sondern alle Anwesenden die Verantwortung für einen guten Gesprächsverlauf. Stille Gäste halten Sie mit einem Lächeln und einem Kopfnicken im Gespräch. Laden Sie sie mit einer Motivationsfrage zur Teilnahme ein: »Sie haben doch auch in Wien studiert, nicht wahr?« Nur wenn eine anwesende Person längere Zeit schweigend und sichtlich ausgegrenzt vor sich hin starrt, sprechen Sie den Vorfall an und nehmen die Schuld auf sich. »Wir sind da vor lauter Begeisterung aus der Runde ausgeschert.«

Aus dem Gespräch aussteigen
Ihr Mann wartet mit dem Abendessen auf Sie. Sie müssen sich bei einer Messe anderen Standbesuchern widmen. Sie wollen nach dem Vortrag unbedingt noch einer Bestandskundin die Hand drücken.

Gute Gründe, sich aus einem Smalltalk zu entfernen, gibt es genug. Vermeiden Sie jegliches Signal der Ungeduld. Zum Einstieg Interesse signalisieren und sich dann plötzlich entfernen, das wäre prekär. Sie wollen schließlich nicht den Eindruck vermitteln, so interessant sei diese Person doch nicht gewesen. Sich entfernen ist eine Kunst.

Kontakt vermitteln
Fühlen Sie sich – als Gastgeberin, als Kavalier – für eine einzelne Person verantwortlich, lassen Sie sie nicht allein im Raum stehen. Finden Sie ein Thema, das sie mit einem anderen Gast verbindet, und führen Sie sie ihm zu: »Sie schwärmten vorhin von Verona. Herr Meier war letzten Sommer von der Aida dort total begeistert. Darf ich Sie mit ihm bekannt machen?«

Kaum sind die beiden im Gespräch, können Sie sich verabschieden. Nur im Notfall geleiten Sie die Person ans Buffet oder einen Informationsstand und verlieren sie dort bewusst aus den Augen.

Klarheit gewinnt
Ob bei einer Vernissage, einer Cocktailparty oder einer Kundenveranstaltung – jeder Gast ist sich darüber im Klaren, dass das Event nicht allein für ihn organisiert wurde. Daher empfindet er es nicht als Affront, wenn Gastgeber und andere Gäste von einem zum andern gehen. Klarheit darf sein, Schroffheit nicht. Ein Dreischritt ist hier die Methode der Wahl:

1. Würdigen Sie das Gespräch und damit das Gegenüber: »Es war spannend, sich mit Ihnen auszutauschen.« Sprechen Sie in der Vergangenheit, implizieren Sie, dass das Gespräch vorüber ist.
2. Bauen Sie eine positive Aussicht in der Zukunft auf: »Ich freue mich, wenn wir uns wieder sehen/Ich rufe Sie wie verabredet morgen an«. Sprechen Sie dabei in der Gegenwart, rückt das (ver-)tröstende Bild näher, als wenn Sie im Futur sprächen.
3. Konfrontieren Sie Ihr Gegenüber mit der Gegenwart: »Und nun wünsche ich Ihnen noch einen schönen Abend.«

Jetzt: nicht zögern, sondern zügig weggehen, damit Ihr Körper das Gleiche aussagt wie Ihr Mund. Sie wissen ja: Ein stimmiges Verhalten wird geschätzt und gerade bei einer kurzen Begegnung bleibt der letzte Eindruck sehr gut in Erinnerung.

Extra-Tipp
Vermeiden Sie, beim Rückzug aus einem Smalltalk den Eindruck zu hinterlassen, Sie hätten Besseres zu tun beziehungsweise »wichtigere« Personen im Visier. Das wäre eine Beleidigung für den Betroffenen. Der Verweis auf eine Pflicht (»Ich muss noch einer Kundin etwas sagen«) könnte als mangelnde Selbstbestimmung ausgelegt werden. Eine langatmige Begründung (»Wissen Sie, ich sehe die Dame so selten und hatte ihr doch eine spezielle Information versprochen, ans Telefon bekomme ich sie nie«) kann als Rechtfertigung empfunden werden. Beides ist überflüssig.

Wissen ist auch im Smalltalk Macht

Laut der Studie des Eliteforschers Professor Dr. Michael Hartmann ist eine breit bildungsbürgerlich ausgeprägte Allgemeinbildung der Karriere förderlich, deren Mangel ein Hindernis beim Aufstieg. Dass Bildung geradezu ein Trendthema weit über Deutschland hinaus ist, beweisen Studien von PISA bis IGLU, die den Erfolg schulischen Lehrens und Lernens messen, genauso wie die Quiz-Sendungen auf fast allen Fernsehkanälen, die zu Quotenrennern geworden sind.

Wie ist es um Ihre Allgemeinbildung bestellt? Wie gut sind Sie für alle Smalltalk-Lagen gerüstet? Sie können das eruieren, indem Sie bei Günther Jauch & Co. vom Sofa aus mitraten. Sie können das hier sofort einmal testen.

Der große Wissenstest

Die Fragen und Antworten wurden freundlicherweise vom Projektteam Testentwicklung der Ruhr-Universität Bochum zur Verfügung gestellt. Ein besonderer Dank gilt den Projektverantwortlichen Dr. Rüdiger Hossiep und Marcus Schulte. Interessenten sind eingeladen, sich über die Teilnahme an ihren Untersuchungen und Forschungen (nicht nur zum Thema Wissen) zu informieren: www.testentwicklung.de. Die Teilnehmer erhalten gegen eine Kostenbeteiligung eine Auswertung ihrer Testdaten.

Bildende Kunst/Architektur

Frage 1 (leicht)
Welcher Künstler zählt nicht zur Pop Art?
1) Jasper Jones
2) Roy Lichtenstein
3) Salvador Dali
4) Andy Warhol
5) Keine der zuvor genannten Antwortmöglichkeiten trifft zu.

Frage 2 (mittelschwer)
Wer malte das Bild »Der Kuß«?
1) Alfred Kubin
2) Christian Rohlfs
3) Emil Nolde
4) Gustav Klimt
5) Keine der zuvor genannten Antwortmöglichkeiten trifft zu.

Frage 3 (schwer)
Wann setzte sich die Gotik in Deutschland durch?
1) 13. Jahrhundert
2) 12. Jahrhundert
3) 15. Jahrhundert
4) 11. Jahrhundert
5) Keine der zuvor genannten Antwortmöglichkeiten trifft zu.

Biologie/Chemie

Frage 4 (einfach)
Wie bezeichnet man einen Muskel zum Heranziehen eines Körpergliedes?
1) Adduktor
2) Abduktor
3) Antagonist
4) Protagonist
5) Keine der genannten Antwortmöglichkeiten trifft zu.

Frage 5 (mittel)
Was bezeichnet der Begriff Genom?
1) Die Gesamtheit aller Gene eines Individuums
2) Die Beschaffenheit eines Individuums aufgrund seiner Erbanlagen
3) Die Form, in der die genetischen Informationen verschlüsselt sind
4) Ein charakteristisches Bandenmuster aus angefärbtem genetischem Material
5) Keine der zuvor genannten Antwortmöglichkeiten trifft zu.

Frage 6 (schwer)
Wie groß ist der Anteil von Sauerstoff in der Luft?
1) ca. 41%
2) ca. 54%
3) ca. 65%
4) ca. 78%
5) Keine der zuvor genannten Antwortmöglichkeiten trifft zu.

Ernährung/Bewegung/Gesundheit

Frage 7 (leicht)
Was erhebt der BMI?
1) Körpermassenindex
2) Blutzuckerspiegel
3) Cholesterinkonzentration
4) Dopamingehalt
5) Keine der zuvor genannten Antwortmöglichkeiten trifft zu.

Frage 8 (mittel)
Bis zu welchem Wert gilt Cholesterin im Blut als unschädlich?
1) ca. 50 mg/dl
2) ca. 100 mg/dl
3) ca. 200 mg/dl
4) ca. 400 mg/dl
5) Keine der genannten Antwortmöglichkeiten trifft zu.

Frage 9 (schwer)
Welche Kinderkrankenheit wird durch eine Form des Herpes-Virus ausgelöst?
1) Masern
2) Mumps
3) Röteln
4) Windpocken
5) Keine der genannten Antwortmöglichkeiten trifft zu.

Geografie/Verkehr

Frage 10 (leicht)
Wo liegt die Insel Alcatraz?
1) Vor der Küste New Yorks
2) In der San Francisco Bay
3) Im Golf von Mexiko
4) Nordöstlich von Kuba
5) Keine der genannten Antwortmöglichkeiten trifft zu.

Frage 11 (mittel)
In welcher Stadt steht die »Hagia Sofia«?
1) Rom
2) Florenz
3) Athen
4) Istanbul
5) Keine der zuvor genannten Antwortmöglichkeiten trifft zu.

Frage 12 (schwer)
An welche Länder grenzt Thailand?
1) Birma, Laos, Kambodscha und Malaysia
2) Birma, China, Bhutan, und Kambodscha
3) China, Laos, Malaysia und Indien
4) Bangladesch, Indien, Bhutan und Birma
5) Keine der zuvor genannten Antwortmöglichkeiten trifft zu.

Geschichte/Archäologie

Frage 13 (leicht)
Wer war 1945 als Leiter des Manhattan Projects maßgeblich an der Entwicklung der amerikanischen Atombombe beteiligt?
1) Richard Feynman
2) Harold Urey
3) Isidor Isaac Rabi
4) Julius Robert Oppenheimer
5) Keine der zuvor genannten Antwortmöglichkeiten trifft zu.

Frage 14 (mittel)
In welchem Jahr fand die Kubakrise statt?
1) 1950
2) 1952
3) 1962
4) 1969
5) Keine der zuvor genannten Antwortmöglichkeiten trifft zu.

Frage 15 (schwer)
Wer rief 1948 den Staat Israel aus?
1) Mosche Scharett
2) Chaijim Weizmann
3) Golda Meir
4) David Ben Gurion
5) Keine der zuvor genannten Antwortmöglichkeiten trifft zu.

Gesellschaft/Zeitgeschehen/Politik

Frage 16 (leicht)
Was behandelt der 1. Artikel des Grundgesetzes ?
1) Versammlungsfreiheit
2) Gleichheit vor dem Gesetz
3) Menschenwürde
4) Meinungsfreiheit
5) Keine der zuvor genannten Antwortmöglichkeiten trifft zu.

Frage 17 (mittel)
Wofür wurde das Schengener Abkommen geschlossen?
1) Ethische Kontrollinstanz bei Genversuchen
2) Einführung des Euro
3) Abbau der Grenzkontrollen innerhalb der EU
4) Koordination der internationalen Flugfrequenz
5) Keine der zuvor genannten Antwortmöglichkeiten trifft zu.

Frage 18 (schwer)
Wo ist der Sitz der UNICEF?
1) Paris
2) Washington
3) New York
4) Straßburg
5) Keine der genannten Antwortmöglichkeiten trifft zu.

Mathematik/Physik

Frage 19 (leicht)
In welcher Einheit wird in der Physik die Spannung gemessen?
1) Ampere
2) Ohm
3) Volt
4) Hertz
5) Keine der zuvor genannten Antwortmöglichkeiten trifft zu.

Frage 20 (mittel)
Welcher Anteil des sichtbaren Lichts hat die kürzeste Wellenlänge?
1) Rotes Licht
2) Violettes Licht
3) Grünes Licht
4) Gelbes Licht
5) Keine der genannten Antwortmöglichkeiten trifft zu.

Frage 21 (schwer)
Wie viele Hektar sind 1 Quadratkilometer?
1) 5
2) 10
3) 50
4) 100
5) Keine der genannten Antwortmöglichkeiten trifft zu.

Philosophie/Religion

Frage 22 (leicht)
Woran erinnert Karfreitag?
1) Die Kreuzigung Jesu
2) Die Auferstehung Jesu Christi
3) Das letzte Abendmahl
4) Einzug Jesu in Jerusalem
5) Keine der zuvor genannten Antwortmöglichkeiten trifft zu.

Frage 23 (mittel)
Welcher Tag wird im Islam als Ruhetag gefeiert?
1) Freitag
2) Samstag
3) Sonntag
4) Mittwoch
5) Keine der zuvor genannten Antwortmöglichkeiten trifft zu.

Frage 24 (schwer)
Welcher Philosoph entwickelte das »Höhlengleichnis«?
1) Sokrates
2) Descartes
3) Platon
4) Euklid
5) Keine der zuvor genannten Antwortmöglichkeiten trifft zu.

Sprache/Literatur

Frage 25 (leicht)
Welchem Dichter wird die »Odyssee« zugeschrieben?
1) Sokrates
2) Aristoteles
3) Homer
4) Sotadeus
5) Keine der zuvor genannten Antwortmöglichkeiten trifft zu.

Frage 26 (mittel)
Wer schrieb das Gedicht »Die Bürgschaft«?
1) Heinrich Heine
2) Friedrich Hölderlin
3) Friedrich Schiller
4) Heinrich von Kleist
5) Keine der zuvor genannten Antwortmöglichkeiten trifft zu.

Frage 27 (schwer)
Wer verfasste den Text der DDR-Hymne »Auferstanden aus Ruinen«?
1) Anna Seghers
2) Bertolt Brecht
3) Kurt Weill
4) Johannes Robert Becher
5) Keine der zuvor genannten Antwortmöglichkeiten trifft zu.

Technik/EDV

Frage 28 (leicht)
Wofür steht die Abkürzung RAM?
1) Regular activity measurement
2) Random access memory
3) Repeatedly activated member
4) Refreshing access modus
5) Keine der zuvor genannten Antwortmöglichkeiten trifft zu.

Frage 29 (mittel)
Was bedeutet in der Kraftfahrzeugtechnik der umgangssprachliche Ausdruck »Kolbenfresser«?
1) Unerklärlich hoher Spritverbrauch
2) Rostschädigung der Ventildeckel
3) Einklemmen des Kolbens im Zylinder
4) Ölverschmierter Kolben
5) Keine der zuvor genannten Antwortmöglichkeiten trifft zu.

Frage 30 (schwer)
Wie nennt man die Vertiefungen in einer CD-ROM?
1) Bit
2) Hole
3) Dip
4) Pit
5) Keine der zuvor genannten Antwortmöglichkeiten trifft zu.

Wirtschaft/Recht

Frage 31 (leicht)
Was ist ein Pfandbrief?
1) Eine festverzinsliche Schuldverschreibung
2) Urkunde eines Leihhauses
3) Eine Hypothek
4) Verpflichtungserklärung eines Schuldners
5) Keine der zuvor genannten Antwortmöglichkeiten trifft zu.

Frage 32 (mittel)
Unter welchen Umständen darf der Wortlaut des Grundgesetzes geändert oder ergänzt werden?
1) Bei einer Zustimmung von zwei Dritteln der Mitglieder des Bundestages und zwei Dritteln der Mitglieder des Bundesrates.
2) Bei einer Zustimmung von zwei Dritteln der Mitglieder des Bundestages.
3) Bei einer Zustimmung der absoluten Mehrheit der Mitglieder des Bundestages.
4) Bei einer Zustimmung von drei Vierteln der Bevölkerung im Rahmen eines Volksentscheides und einer Zustimmung von drei Vierteln des Bundestages.
5) Keine der genannten Antwortmöglichkeiten trifft zu.

Frage 33 (schwer)
Woran ist die Währung Hongkongs fest gekoppelt?
1) An den Goldpreis
2) An den US-Dollar
3) An die Aktienentwicklung
4) An das Bruttosozialprodukt
5) Keine der genannten Antwortmöglichkeiten trifft zu.

Die richtigen Antworten und Erläuterungen

Frage 1: Nr. 3
Salvador Dali (1904 – 1989) war ein spanischer Surrealist, dessen Motive Ausdruck einer surrealistischen Irrationalität sind (»Die Beharrlichkeit der Erinnerung«). Jasper Jones (geb. 1930), Maler, Grafiker und Bildhauer, gilt als Mitbegründer der Pop-Art in den USA (»Flagge auf orangenem Feld«). Roy Lichtenstein (1923 - 1997) gilt ebenfalls als Hauptvertreter der Pop-Art (»M-Mabe: A Girl's Picture«). Andy Warhol (1928 - 1987), amerikanischer Popkünstler, Filmregisseur und Fotgraf, gilt als Begründer der amerikanischen Pop-Art. Er schuf u.a. die Serie »Flowers 1970«.

Frage 2: Nr. 4
Der österreichische Maler Gustav Klimt (1862 – 1918) gilt als Haupvertreter des Wiener Jugendstils. Der deutsche Maler und Grafiker Christian Rohlfs (1849 - 1938) malte realistische Stimmungslandschaften und gelangte später in seinen Werken zu expressionistischer Darstellung. Emil Nolde (eigentlich E. Hansen; 1867 – 1956) war als Maler und Grafiker Mitglied der »Brücke« und gilt als Hauptvertreter der expressionistischen Malerei. Der österreichische Schriftsteller und Zeichner Alfred Kubin (1877 - 1959) schuf Federzeichnungen und Illustrationen von düster fantastischer Wirkung.

Frage 3: Nr. 1
Gotik (ital. gotico »barbarisch«) war die Stilrichtung des Mittelalters, die alle Kunstgattungen umfasste. Sie entstand um 1150 in Frankreich und breitete sich in starken nationalen Abwandlungen über Europa aus; Deutschland erreichte sie um 1250. Hauptmerkmale in der Architektur sind Aufwärtsstreben und Durchlichtung. Die Renaissance löste die Gotik um 1420 ab.

Frage 4: Nr. 1
Der Adduktor ist der Muskel, der die Bewegung eines Körperteils zu einem Gliedmaß hin vollzieht. Sein Gegenspieler ist der Abduktor. Ein Protagonist ist ein Hauptspieler bzw. Vorkämpfer in der Literatur bzw. griech. Sage. Unter einem Antagonisten versteht man einen Gegenspieler oder Widersacher.

Frage 5: Nr. 1
Als Genom wird die Summe aller Erbinformationen, welche in Form der Gene vorliegen, bezeichnet. Die Beschaffenheit eines Individuums aufgrund seiner Erbanlagen heißt Phänotyp. Die genetischen Informationen wiederum sind in der Desoxyribonucleinsäure (DNS) als Sequenz verschiedener Basen verschlüsselt. Zur Erfassung des genetischen Fingerabdrucks wird mithilfe elektrochemischer Verfahren ein bestimmtes Bandenmuster aus dem genetischen Material erzeugt.

Frage 6: Nr. 5
Der Sauerstoffgehalt der Luft beträgt ca. 21%. Stickstoff hat mit 78% den größten Anteil an diesem Gasgemenge der Atmosphäre. Neben Stickstoff und Sauerstoff sind in der Luft noch Edelgase, Kohlendioxid, Wasserstoff, Wasserdampf und Verunreinigungen enthalten.

Frage 7: Nr. 1
Der BMI ist ein Maß für das Verhältnis von Körpergewicht zu Körpergröße beim Menschen. Der BMI wird berechnet, indem man das Körpergewicht (in kg) durch das Quadrat der Körpergröße (in Metern) dividiert. Der Blutzucker im Körper wird in mmol/l angegeben und beträgt bei normaler Konzentration 4,5-5,5 mmol/l. Cholesterin wird in mg/dl angegeben.

Frage 8: Nr. 3
Cholesterin gehört zu der Gruppe der Nahrungsfette. Cholesterin wird sowohl mit der Nahrung aufgenommen als auch im Körper von der Leber gebildet. Es ist ein wichtiger Bestandteil der Zellmembranen. Bei 20 bis 30-Jährigen sollte der Wert nicht über 200 mg/dl liegen, bei Personen ab 40 Jahren ist ein Wert über 240 mg/dl bedenklich.

Frage 9: Nr. 4
Die Windpocken werden durch das Varicella-Zoster-Virus aus der Gruppe der Herpesviren ausgelöst. Masern werden duch das Masernvirus, Röteln durch das Rubivirus und Mumps wird durch das Mumpsvirus ausgelöst.

Frage 10: Nr. 2
Alcatraz liegt in der Bucht von San Francisco und diente von 1934 – 1963 als Zuchthaus, heute wird die Insel durch das Gefängnis als Touristenattraktion genutzt.

Frage 11: Nr. 4
Bei der Hagia Sophia (griechisch »heilige Weisheit«) handelt es sich um die ehemalige Sophienkirche in Istanbul, eines der bedeutendsten Bauwerke der byzantinischen Kunst. Sie wurde 360 vollendet und im Jahre 1453 (Eroberung Konstantinopels durch die Türken) in eine Moschee umgewandelt. Seit 1934 wird sie als Museum genutzt. Rom ist für eine Vielzahl antiker Bauten wie das Kollosseum bekannt. Athen ist berühmt für seine Akropolis. Wahrzeichen von Florenz ist der gewaltige Dom Santa Maria del Fiore.

Frage 12: Nr. 1
Thailand grenzt an die Länder Birma, Laos, Kambodscha und Malaysia.

Frage 13: Nr. 4
Der amerikanische Physiker Julius Robert Oppenheimer (1904 – 1967) war maßgeblich an der Entwicklung der Atombombe beteiligt. Seine kritische Haltung gegenüber dem Bau der Wasserstoffbombe führte zu ei-

nem Untersuchungsverfahren gegen ihn wegen angeblicher kommunistischer Gesinnung. 1963 wurde er rehabilitiert. Der amerikanische Physiker Richard Phillips Feynman (1918 – 1988) erhielt für seine Arbeiten zur Quantenelektrodynamik 1965 mit J. Schwinger und S.Tomonaga den Nobelpreis für Physik.

Der amerikanische Chemiker Harold Clayton Urey (1893 – 1981) war der Entdecker des schweren Wasserstoffs und erhielt 1934 den Nobelpreis. Der Physiker Isidor Isaac Rabi (1898 – 1988) war maßgeblich an der Entwicklung der Resonanzmethode zur Bestimmung von magnetischen Momenten, angewandt auf Molekül- und Atomstrahlen, beteiligt.

Frage 14: Nr. 3
Die Kubakrise war eine Konfrontation zwischen den USA und der UdSSR im Jahr 1962, ausgelöst durch die Stationierung sowjetischer Mittelstreckenraketen auf Kuba. Die Krise wurde am 28.10.1962 beigelegt durch das Eingeständnis der UdSSR, die Abschussrampen abzubauen. 1950 begann der Koreakrieg, 1969 landeten die Amerikaner mit Neil Armstrong auf dem Mond.

Frage 15: Nr. 4
David Ben Gurion wird als Gründungsvater des Staates Israel und Staatsmann von herausragender Bedeutung geachtet. Er wurde am 16.10.1886 geboren und verstarb am 1.12.1973.

Mosche Scharett (1894 – 1965) war der erste Außenminister Israels und Nachfolger Ben Gurions als Regierungschef. Der israelische Chemiker und Politiker Chaijim Weizmann (1874 – 1952) war maßgeblich am Zustandekommen der Balfour-Deklaration von 1917 beteiligt, war 1921 – 1935 Präsident der zionistischen Bewegung, 1929 – 1945 Leiter der Jewish Agency und von 1948 – 1952 erster Präsident des Staates Israels. Die israelische Politikerin Golda Meir, früher Golda Meyerson (1898 – 1978), war von 1956–1966 Außenministerin und von 1969 – 1974 Ministerpräsidentin von Israel.

Frage 16: Nr. 3
Der erste Artikel des Grundgesetzes beinhaltet die Unantastbarkeit der Menschenwürde. Die Gleichheit vor dem Gesetz wird in Artikel 2, die Versammlungsfreiheit in Artikel 8 und die Meinungsfreiheit in Artikel 5 festgelegt.

Frage 17: Nr. 3
Das Schengener Abkommen beinhaltet zwei internationale Abkommen zwischen Mitgliedsstaaten der EU: a. über den schrittweisen Abbau von Kontrollen an den gemeinsamen Grenzen (Schengen I von 1985) und b. über eine gemeinsame Sicherheits- und Asylpolitik (Schengen II von 1990) und ist seit 1995 in Kraft. Es ist benannt nach dem luxemburgischen Ort Schengen, in dem das Abkommen geschlossen wurde. 13 der 15 EU-

Mitgliedsstaaten haben das Schengen II-Abkommen ratifiziert (Ausnahmen: Großbritannien und Irland). Durch den Vertrag von Amsterdam wurde der gesamte Schengen-Besitzstand in das Vertragswerk über die EU überführt. Eine übergeordnete ethische Kontrollinstanz für Genversuche ist bisher noch nicht eingerichtet. Die Vergabe von Bio- und Genpatenten ist von daher national wie international ein kontrovers behandeltes Thema. Seit dem 1. Januar 2002 sind Euro und Cent die alleinigen gesetzlichen Zahlungsmittel in Deutschland. Deren Einführung wurde mit Unterzeichnung des Maastrichter Vertrages von 1992 endgültig beschlossen. Die Aufgaben, die im Rahmen der Flugsicherheit anfallen, werden in Deutschland von der Deutschen Flugsicherung GmbH (DFS) wahrgenommen. Deren Grundlage sind die Vereinbarungen des Weltverbandes des Luftverkehrs (IATA).

Frage 18: Nr. 3

Sitz in New York, UNICEF ist die Abkürzung für United Nations International Children´s Emergency Fund, ein Spezialorgan der UNO. UNICEF, gegründet 1946, hilft vor allem in den Bereichen Gesundheit und Bildung, bekämpft unter anderem Kinderarbeit und sexuelle Ausbeutung von Kindern. In Straßburg sitzt das Europaparlament. In Paris ist die UNESCO angesiedelt. In Washington haben die Weltbank und der IMF (Internationale Währungsfonds) ihren Sitz.

Frage 19: Nr. 3

Das Volt (V) ist die nach dem italienischen Physiker Alessandro Graf Volta (1745 – 1827) benannte Einheit der elektrischen Spannung. Das Ampere ist nach dem französischen Mathematiker und Physiker Andre Marie Ampère (1775 – 1836) benannt. Das Ampere – Zeichen A – ist die Einheit der elektronischen Stromstärke. Der deutsche Physiker Georg Simon Ohm (1789 – 1854) entdeckte das nach ihm benannte Gesetz der Stromleitung. Nach ihm ist auch die Einheit des elektronischen Widerstands, das Ohm, Einheitszeichen Ω, benannt. Der deutsche Physiker Heinrich Rudolf Hertz (1857 – 1894) entdeckte die Hertz'schen Wellen (mit Wellenlängen von 0,1 mm bis zu einigen Kilometern), welche eine der Grundlagen der Hochfrequenztechnik bilden. Das Hertz hat das Einheitszeichen Hz.

Frage 20: Nr. 2

Das sichtbare Licht hat eine Wellenlänge von ca. 380 bis 780 nm. Die geringste Wellenlänge hat dabei das violette Licht, gefolgt vom blauen, grünen, gelben, orangenen und roten Licht.

Frage 21: Nr. 4

Ein Hektar sind 10.000 m^2. Also entsprechen 100 Hektar 1 km^2 (=1.000.000 m^2).

Frage 22: Nr. 1
In den christlichen Kirchen erinnert der Karfreitag an die Kreuzigung Jesu. Der Einzug Jesu in Jerusalem wird am Palmsonntag, eine Woche vor Ostern, das letzte Abendmahl am Gründonnerstag und die Auferstehung Jesu in der Osternacht von Samstag auf Sonntag gefeiert.

Frage 23: Nr. 1
Der Freitag gilt den Muslimen als heiliger Tag. Er gilt als der Tag der Versammlung zum gemeinsamen Freitagsgebet. Der Sonntag ist der heilige Tag der Christen. Die Zeit von Freitagabend bis Samstagabend wiederum feiern die Juden als Sabbat, den jüdischen Ruhe- und Feiertag, zur Erinnerung an das Ruhen Gottes am siebten Tage der Schöpfungswoche.

Frage 24: Nr. 3
Der griechische Philosoph Platon, Schüler des Sokrates, wurde 427 v. Chr. geboren und verstarb 348/347 v. Chr. Kern seiner Lehren sind die »Ideen«, die er als die ewigen Urbilder alles Seienden begreift. Das Höhlengleichnis findet sich in Platons staatstheoretischem Hauptwerk »Politeia« und schildert sein staatliches Erziehungsideal. Der griechische Philosoph Sokrates wurde um 470 v. Chr. geboren und verstarb 399 v. Chr. Er versuchte, durch eindringliche Fragen vermeintliches Wissen zu zerstören und zum »Wissen des Nichtwissens« hinzuführen. Der französische Mathematiker und Philosoph René Descartes (1596 – 1650) gilt als erster sytematischer und kritischer Denker der Neuzeit. Der griechische Mathematiker Euklid verstarb um 300 v. Chr.

Frage 25: Nr. 3
Der griechische Dichter Homer lebte im 8. Jahrhundert v. Chr. im ionischen Kleinasien. Ihm schrieb die Antike die »Odyssee« zu. Der griechische Philosoph Sokrates wurde um 470 v. Chr. geboren und verstarb 399 v. Chr. Der griech. Philosoph Aristoteles, Schüler Platons, wurde 384 v. Chr. geboren und verstarb 322 v. Chr. Sotadeus ist eine altgriechische Versart benannt nach dem griechischen Dichter Sotades.

Frage 26: Nr. 3
Der deutsche Dichter Friedrich von Schiller (1759 – 1805) zählt zu den bedeutendsten deutschen Schriftstellern. »Die Bürgschaft« wurde 1797/1798 veröffentlicht. Heinich Heine (1797 – 1856) verfasste u. a. 1844 »Deutschland. Ein Wintermärchen«. Heinrich v. Kleist (1777 – 1811), ist Autor u. a. von »Der zerbrochene Krug«. Zu Johann Christian Friedrich Hölderlins (1770 – 1843) bekanntesten Werken zählen der Briefroman »Hyperion« und das Drama »Der Tod des Empedokles«.

Frage 27: Nr. 4
Johannes Robert Becher (1891 – 1958) schrieb zunächst expressionistische, später sozialistisch-realistische Lyrik und auch Prosa. Er emi-

grierte 1933 – 45 in die UdSSR. Becher war u.a. Minister für Kultur der DDR (1954) und verfasste die Nationalhymne der DDR. Bertolt Brecht (1898 – 1956) schrieb gesellschaftskritische Gedichte und Balladen sowie u.a. die »Dreigroschenoper«. Kurt Weill (1900 – 1950) war deutsch-amerikanischer Komponist. Er komponierte Lehrstücke und Opern, besonders in Zusammenarbeit mit Bertolt Brecht (»Dreigroschenoper«). Anne Seghers, eigentlich Netty Reiling, verheiratete Radványi, lebte als deutsche Schriftstellerin von 1900 bis 1983. Sie war Mitglied der KPD und schrieb Erzählungen (u.a. »Aufstand der Fischer von St. Barbara«, »Sonderbare Begegnungen«) und Romane (z.B. »Das siebte Kreuz«).

Frage 28: Nr. 2
Die Abkürzung RAM steht für den englischen Begriff »random access memory«.

Frage 29: Nr. 3
Unter einem Kolbenfresser versteht man das Festlaufen eines Kolbens im Zylinder von Verbrennungsmotoren, meist infolge ungenügender Schmierung.

Frage 30: Nr. 4
Wie bei der Audio-CD sind bei der CD-ROM die Informationen als Folge von Vertiefungen (»Pits«) und Nichtverformungen (»Lands«) in Form einer Spirale (Datenspirale) gespeichert, die von innen nach außen gelesen wird. Ein Bit ist die kleinstmögliche Informationseinheit innerhalb der EDV, welche die Werte 1 oder 0 annehmen kann. Hole und Dip sind frei erfundene Begriffe.

Frage 31: Nr. 1
Ein Pfandbrief ist eine durch Hypotheken gedeckte Schuldverschreibung. Er zählt zu den festverzinslichen Wertpapieren und ist risikoarm. Ein Leihhaus stellt hingegen einen Pfandschein aus, welcher Auskunft über Pfand und Darlehen gibt. Unter einer Hypothek versteht man das an einem Grundstück zur Sicherung einer Forderung bestellte Pfandrecht, das vom Bestand der Forderung abhängig ist. Die Verpflichtungserklärung eines Schuldners wird durch einen Schuldschein festgehalten.

Frage 32: Nr. 1
Laut Artikel 79, Absatz 1, 2 des Grundgesetzes bedarf eine Änderung desselben jeweils einer Zweidrittelmehrheit im Bundestag und Bundesrat.

33 Nr. 2
Der Hongkong-Dollar ist an den US-Dollar fest gekoppelt.

Wie Sie Ihr Wissen erweitern

Sind Sie mit Ihrem Testergebnis rundum zufrieden? Dann blättern Sie jetzt einfach weiter. Sind Sie es nicht, können Sie künftig

- Warte- und Reisezeiten nutzen, um in Zeitungen zu blättern, die weit jenseits Ihres Fachgebiets liegen, in Buchhandlungen zu stöbern oder sich mit Mitreisenden außerhalb Ihres beruflichen Umfelds zu unterhalten;
- die Wochenendbeilage und das Feuilleton Ihrer Tageszeitung genauso intensiv studieren wie die Wirtschaftsseiten;
- mit Ihren Kindern Hausaufgaben machen und alle Fragen, auf die Sie nicht umgehend eine Antwort haben, recherchieren; Voraussetzung: Sie haben eine Enzyklopädie, ein Synonymwörterbuch und einen Atlas, vielleicht sogar einen PC mit Internetzugang zu Hause;
- die Museen und Kirchen Ihrer Urlaubsorte nicht nur besichtigen, sondern bei kunsthistorischen Führungen erkunden;
- ins Theater, in die Oper, zum interdisziplinären Vortrag jenseits Ihres alltäglichen Interessengegenstands gehen – warum nicht einmal mit Freunden, mit denen Sie Ihre Erlebnisse und Einschätzungen diskutieren.

Sie werden nicht unbedingt nach dem Durchblättern des ersten Feuilleton beim nächsten Smalltalk Experte sein. Doch zum einen gilt beim Smalltalk wie bei den Pfadfindern: »Bereit sein ist alles.« Zum andern durchforsten Sie angebotene Gesprächsthemen automatisch nach Ihrem momentanen Interessenschwerpunkt. Sie werden nach der Lektüre das Thema Literatur viel eher hören als sonst!

6 Repräsentieren bei Tisch

Es ist ein Missverständnis zu glauben, Menschen fänden sich um einen fein gedeckten Tisch herum vorrangig zusammen, um sich zu ernähren. Da wäre es doch praktischer, sich ungestört in die Ecke eines Lokals zu setzen oder sich vor dem Kühlschrank stehend ein Wurstbrot und eine Flasche Bier zu genehmigen. Zumal es Essen im Überfluss gibt und statistisch gesehen bei einer Mahlzeit nur noch anderthalb Menschen zusammensitzen.

Gemeinschaft zelebrieren – damals und heute

Seit alters her wird das Essen genutzt, um Gemeinschaft zu pflegen, um miteinander zu teilen, um füreinander zu sorgen, um Altes hinter sich zu lassen oder Neues zu beginnen. Das Essen als heiliger Akt, das Tischtuch als Altartuch – der Ursprung des Rituals ist den wenigsten bewusst, wenn Vertragspartner einen Abschluss »begießen«, wenn beim Staatsessen in protokollarisch korrekter Anordnung Konversation gepflegt oder beim Hochzeitsmenü das Brautpaar bejubelt wird.

Die Ess-Gemeinschaft trat früher auf durchaus unterschiedliche Weise zutage: In der Familie oder der Arbeitsgemeinschaft eines Bauernhofes wurde noch bis weit ins 20. Jahrhundert hinein eine große Schüssel auf der Tischmitte – ohne Tischtuch! – platziert und jeder fischte sich mit seinem Löffel die ihm gemäße Menge Suppe oder Brei heraus. Zu Beginn der Industrialisierung – als es noch keine Kantinen gab – brachten Mütter und Kinder den Vätern das Essen von daheim in die Fabriken, um es miteinander zu verzehren. In manchen Lokalen zahlten die Gäste eine Pauschale. Mit ihrem Löffel holten sie aus der gemeinsamen Suppenschüssel Suppe heraus, so viel sie wollten. Die Gabel durfte jeder nur einmal zum Einsatz bringen: Mit etwas Glück landete sie beim Hineinstechen in die Schüssel in einem Stück Fleisch. Andere gingen leer aus. Eine Alternative war das Essen auf Zeit: Wer schnell aß, kam den Mit-Essern zuvor, wer langsam speiste, riskierte zwar nicht, sich an der heißen Suppe den Mund zu verbrennen, verließ aber hungrig das Lokal.

In den oberen Schichten ging es anders zu, doch war auch dort Gemeinsamkeit das Gebot der Ess-Stunde. In Restaurants galten die feinen Tischsitten des französischen Adels. Die hatten es in Frankreich leicht gehabt, sich durchzusetzen: Schon vor der Revolution wurden aufgrund der engen Kontakte von Aristokratie und Mittelstand die höfischen Sitten auch in bürgerlichen Kreisen praktiziert; feines Gebaren entwickelte sich langsam vom Sozial- zum Teil des Nationalcharakters. Da die arbeitslos gewordenen Köche aus den Herrenhäusern sich als Küchenchefs in öffentlichen Restaurants verdingten, kamen feine Speisen schnell auf den Tisch der Bürger. Dabei war es üblich, dass alle Teilnehmer einer Tafel ein gemeinsames Menü auswählten und sich auch auf einen passenden Wein dazu einigten.

Die eleganten französischen Sitten, geprägt durch eine höfisch-aristokratische Phase, haben bei uns noch keine lange Tradition. Schließlich sind die Manieren in Deutschland von einer mittelständischen Intelligenzschicht geprägt, die weniger Wert auf Formen denn auf Inhalte legte. Da auch bei uns das Verhalten an dem der Ton angebenden Kreise ausgerichtet ist, bestellt im Restaurant heute noch jeder, was er will.

Wollen Sie als Gastgeberin und Gastgeber die Gemeinschaft Ihrer Gäste fördern, sind Sie gut beraten, sich des Grundgedankens einer Tisch-Gemeinschaft zu erinnern. Erweisen Sie sich auf der Bühne der Gastlichkeit als Regisseure eines Spiels mit transparenter Choreografie und klar verteilten Rollen.

Außer Haus

Die meisten Treffen zur Pflege einer Geschäftsbeziehung finden am Abend um einen Tisch herum statt: in der Trattoria, im Gourmet-Restaurant, beim neu eröffneten Thai in der City.

Die Wahl des Restaurants
Gastgeber bedenken bei der Wahl des Lokals im Allgemeinen:
- die Art und Qualität von Küche, Keller und Gastfreundschaft
- die Sauberkeit und das Ambiente
- die verkehrstechnische Anbindung
- das Preis-Leistungs-Verhältnis

Umsichtige Gastgeber bedenken darüber hinaus:
- Von welchen kulinarischen Vorlieben hat der potenzielle Gast schon berichtet? Nicht jeder ist neugierig auf Exotik.
- In welchem Umfeld fühlt er sich wohl? Ein ungeübter Esser gerät im Angesicht von sieben Besteckteilen im Gourmettempel leicht in Bedrängnis. Überbieten Sie das ihm Vertraute in geringer Dosis.
- Wie vertraut sind Sie mit dem Lokal? Gut bekannte Kunden können – entgegen so mancher Behauptung von Gastronomen – adressatengerechter behandelt werden als fremde.
- Welches Budget steht Ihnen zur Verfügung? Es ist der Stimmung zuträglicher, wenn Sie in einem gehobenen Lokal großzügig sein können, als wenn Sie im Sterne-Restaurant sorgenvoll auf den Cent schauen.
- Welche Sprechanlässe bietet das Umfeld? Wo es nichts zu sehen gibt, gibt es kaum etwas zu kommentieren. Wo sich jedoch viel tut, gibt es auch viel zu reden. Machen Sie sich den Smalltalk leicht!
- Wo würde Ihr Gast gern einmal gesehen werden? Was könnte er in seinem häuslichen und beruflichen Umfeld über seinen Restaurantbesuch berichten? Einladungen an besondere Orte heben den Status im eigenen Revier!

Extra-Tipp

Wer als Berater oder im Außendienst tätig ist, lädt Kunden an ihm nicht vertrauten Orten in ihm unbekannte Restaurants ein. Sie können die Wahl dem Kunden überlassen, geben damit aber die Regie ab. Sie können auch in Ihrem Hotel fragen, da erhalten Sie entsprechend Ihren Eckdaten verhältnismäßig objektive Empfehlungen. Sie können auch das Know-how der Sekretärin des Kunden nutzen und sie nach seinen Vorlieben fragen.

Alternativen zum Diner

Die Beziehung pflegen, sich näher kommen, besondere Erlebnisse teilen – das können Sie mit Kunden und Geschäftspartnern nicht nur bei einem gesetzten (servierten) Essen tun.

- Wie wäre es, wenn Sie gemeinsam ein Lokal mit gutem Renommee aussuchten unter der Prämisse, dass noch niemand von Ihnen dort war? Vielleicht werden Sie auf Ihrer Entdeckungsreise angenehm überrascht. Wenn nicht, können Sie Humor aufbringen, gemeinsam ein Abenteuer überstehen und sich später darüber austauschen. Besonderes bindet!
- Wie wäre es mit einem Brunch am Samstagvormittag? Da können Sie die Familie(n) einbinden.
- Was halten Sie von einem Business Breakfast, wie die Amerikaner uns das vormachen? Es kann leicht sein und gesund oder aufwändig – wie Sie wollen. Zeit spart es allemal.
- Oder Sie laden – natürlich nach Absprache mit dem Kunden – dessen Team zum Umtrunk mit Gabel-Imbiss oder zu einer zünftigen After Work Party ein. Der Multiplikationseffekt kann der Bindung nicht schaden.
- Haben Sie schon einmal einen Kochkurs beim Sternekoch besucht? Gemeinsames Tun bleibt garantiert in Erinnerung. Seien Sie daher vorsichtig mit Einladungen zu Theater- oder Konzertbesuchen. Da brauchen Sie in jeder Pause eine neue Anlaufzeit für Gespräche.

- Kennen Sie nicht einen Lehrer in japanischer Kalligrafie? Von dem kleinen Kurs vor dem Sushi-Essen nehmen Ihre Gäste gern ein eigenes Kunstwerk mit nach Hause.
- Zum Tennis- oder Golfturnier zu bitten gehört in vielen Branchen zum Standard. Haben Sie schon einmal eine Stocherkahn-Fahrt auf dem Neckar unternommen? Oder eine Wanderung durch die Mark Brandenburg? Ermöglichen Sie Erfahrungen, eröffnen Sie Geschmacksvarianten: Bewegung an der frischen Luft und ein rustikaler Imbiss sind gerade für Führungskräfte echte Alternativen.
- Warum sich den Kopf für jede Einladung neu zerbrechen? Führen Sie bei Ihren Aktivitäten mehrere Geschäftskontakte zusammen. So bescheren Sie ihnen unter dem Netzwerkaspekt einen echten Zusatznutzen.
- Eine Gartenparty eröffnet neue Horizonte, eine Grillparty erst recht. Da werden sich mit statistischer Wahrscheinlichkeit die Männer am Grill einfinden und die Frauen die Beilagen zubereiten. Ob Sie das als Beispiel des Unterdrückungsmechanismus interpretieren, wie das eine Seminararbeit von Soziologinnen an der Universität Freiburg tut? Oder ob Sie die Tätigkeit der Männer am Grill als Flucht vor Kommunikation deuten wollen? Hauptsache, Ihre Gäste sind aktiv.

Auf jeden Fall haften Ausnahme-Erlebnisse besser im Gedächtnis als ein noch so kostspieliges Diner.

Extra-Tipp

Lesen Sie in Ihrer Lokalzeitung Berichte über Geschäftseröffnungen, Produktpräsentationen, Firmenfeste. Was wird da geboten? Nehmen Sie Einladungen, die Sie selbst erhalten, unter die Lupe. Lassen Sie sich durch die kreativen Ideen anderer inspirieren und kreieren Sie auf dieser Basis Events, die bisher noch niemandem eingefallen sind.

Als Gastgeber

»Gastfreundschaft ist die Kunst, Besuchern den Eindruck zu vermitteln, sie seien zu Hause, während man wünscht, sie wären es.« Nehmen Sie diesen Stoßseufzer eines geplagten Gastgebers als Leitfaden für Ihr Verhalten, machen Sie sich lieber einen gemütlichen Abend allein. Ihre Gäste würden spüren, dass sie nicht willkommen sind. Ob Sie Ihre Rolle von Herzen gern spielen oder nicht – spielen Sie sie konsequent!

Übrigens: Ihre Gäste möchten dem Anlass und dem Bild entsprechen, das Sie von einer Einladung haben. Nehmen Sie Ihnen die Qual der Kleider-Wahl und teilen Sie zum Beispiel mit: »Ich würde gern mal meine Krawatte im Schrank lassen, was halten Sie davon?«

Bestellen

Sie führen im Restaurant Ihre Gäste an den Tisch, Sie weisen ihnen den jeweils besten Platz zu und sind gegebenenfalls beim Platznehmen behilflich. Der Kellner bringt die Speisekarten und Ihnen als Gastgeberin oder Gastgeber die Weinkarte. Sie schlagen einen Aperitif vor – je nach Budget Sekt oder Champagner – und bieten dazu Alternativen an.

Als Regisseur geben Sie Empfehlungen für die Speisenwahl. Sie geben den Umfang vor: »Ich hoffe sehr, Sie haben ausreichend Zeit für ein Vier-Gang-Menü mitgebracht.«

Sie beginnen mit der Hauptsache, der Hauptspeise, und eruieren: Lieber Fisch, lieber Fleisch?

Sie geben zwischen den Zeilen das vorgesehene Niveau an: Jeder Gast hört Ihre Empfehlung »Der Hummer ist hier einfach vorzüglich, das Rinderfilet ebenfalls« als Einladung, in den höchsten preislichen Gefilden zu schauen, Bescheidenheit wäre fehl am Platz.

Erinnern Sie sich an das Ziel, Gemeinsamkeit zu pflegen? Dann steuern Sie das Gespräch so, dass die Gäste gleiche oder ähnliche Speisen wählen. Das erleichtert Ihnen das Bestellen: Gemäß Ihrer Gastgeberrolle lassen Sie sich Wünsche nennen und bestellen alle Speisen und Getränke beim Kellner. Erinnern Sie sich an den Grundgedanken, dass Essen Teilen sei? Dann machen Sie es wie die Italiener und bestellen zumindest eine große gemischte Vorspeisenplatte, von der die Tischgesellschaft sich munter bedient.

Auch Trinken heißt Teilen: Entsprechend den gewählten Speisen suchen Sie mit dem Weinkellner die geeigneten Weine aus. Nach den Empfehlungen der klassischen Gastronomie investieren Sie, wenn Speisen und Getränken die gleiche Bedeutung beigemessen wird, in den Wein die Hälfte der Menükosten. Beläuft sich das Essen für vier Personen auf 150 Euro, investieren Sie 75 Euro in den Wein. Wählen Sie zu den ersten Gängen einen Weißen und zum Hauptgang einen Rotwein, rechnen Sie zwei Drittel für den Roten und ein Drittel für den Weißen.

Extra-Tipp

Die »Damenkarte« – die Speisenliste ohne Preis – ist ein Anachronismus. Er stammt aus der Zeit, zu der Damen nicht mit materiellen Informationen behelligt wurden, und war dabei schon ein Fortschritt: Noch in den 20er Jahren des 20. Jahrhunderts wählte der Herr aus seiner Karte das Essen aus, das ihm für die Dame geeignet schien. Nun sind die Zeiten, zu denen Damen die Lippen nur öffneten, um zu lächeln, zuzustimmen und Nahrung zu sich zu nehmen, vorbei. Nennen Sie die Liste ohne Preis »Gästekarte«, kann sie eine nette Geste sein.

Bezahlen

Als Gastgeber zahlen Sie die Rechnung unter Ausschluss der Öffentlichkeit: Sie müssen kontrollieren, möglicherweise korrigieren und wollen Ihre Gäste damit nicht behelligen. Als Trinkgeld sind je nach dem Grad Ihrer Zufriedenheit 5 bis 10 Prozent angemessen. Wurden Sie über die Maßen zuvorkommend bedient, darf es ruhig mehr sein. Entsprach der Service nicht Ihren Vorstellungen, geben Sie nichts oder explizit einen Obolus für die Küche. Da eine direkte konkrete Anerkennung ihren Zweck am besten erfüllt, geben Sie das Trinkgeld in bar, auch wenn Sie mit der Kreditkarte bezahlen. Notfalls stellen Sie für Ihr Controlling einen Eigenbeleg aus.

Beim Ausgehen im Kollegenkreis klären Sie zu Beginn des Essens die Rollen: Gibt es einen Gastgeber oder zahlt jeder für sich? Ersparen Sie sich und den anderen Unklarheiten bei der Rollenverteilung und dem Kellner eine unliebsame Rechnerei am Schluss. Sie können das Thema großzügig auf den Tisch bringen: »Übrigens, ich lade zum Aperitif ein.« Dann ist klar – für den Rest zahlen Sie nicht, selbst wenn Sie den Tisch reserviert haben. In anderen Ländern käme kaum jemand auf eine solche Idee: Da zahlt einer für alle, der Reihe nach.

Zu Hause

Sie haben sich entschieden, Ihren Geschäftspartnern, Kunden, Vorgesetzten, Kollegen eine persönliche Geste darzubringen? Sie sehen einen Vorteil darin, dass private Elemente in Ihrer Geschäftsbeziehung Einzug halten? Sie wollen, dass Ihre Geschäftspartner an dem Umfeld, in dem Sie leben, Anteil haben und Rückschlüsse daraus ziehen können? Dann laden Sie Ihre Business-Kontakte zu sich nach Hause ein.

Die Logistik

Wenn Sie gelassen Regie führen wollen, machen Sie sich einen Zeitplan für Einkauf von Speisen und Getränken, Aufräumaktionen, jede Art von Vor- und Zubereitung. Eine umsichtige Sekretärin verplant nur 60 Prozent ihres Arbeitstags und lässt die übrigen 40 Prozent für Unvorhergesehenes frei. Halten Sie es mit Ihrem Zeitplan ebenso. Checklisten sind unabdingbar. Setzen Sie Spontaneität nicht mit Fahrlässigkeit gleich. Bedenken Sie:

- Welcher Ihrer Gäste benötigt eine Anfahrtskizze? Wer muss die Abfahrtzeiten der öffentlichen Verkehrsmittel und die Entfernung der Haltestellen zu Ihrem Haus kennen? Wen holen Sie ab, für wen bestellen Sie ein Taxi? Klären Sie, wer was zahlt.
- Welche logistischen Besonderheiten sind Behinderten, Älteren, Schwangeren, Kindern zu bieten? Unauffällig müssen sie in jedem Fall sein.
- Welche Musik gefällt wem? Vielleicht laden Sie die Fans der Kastelruther Spatzen doch nicht mit dem Konzertpianisten zusammen ein.
- Welches Licht fördert die beabsichtigte Stimmung? Dimmen schmeichelt.
- Wie motivieren Sie Ihre Kinder, sich so zu verhalten, wie Sie sich das wünschen? Nicht jedem gefällt es, wenn Ihre Kleinen im Schlafanzug zwischen Hors d'euvre und Consommé durch das Esszimmer flitzen.
- Wo ist Platz für Garderobe inklusive nasser Schirme? Nicht aufs Ehebett werfen!
- Welche Speisenfolge ist günstig und welche Vorbereitungen müssen Sie treffen, um möglichst viel Präsenz bei den Gästen bieten zu können? Sie haben hoffentlich ausreichend Geschirr, um nicht zwischendurch zum Spülen verschwinden zu müssen.
- Wollen Sie wirklich alles selbst machen? Ein guter Caterer ist sicherlich in Ihrer Nähe zu finden.
- Welche Mengen empfiehlt Ihr Metzger/Fischhändler/Traiteur? Ihre Gäste kommen nicht vorrangig, um sich endlich einmal satt zu essen. Und nötigen wollen Sie sie schließlich nicht.
- Müssen Sie wirklich einen kompletten Hausputz vor der Einladung absolvieren? Wäre es nicht klüger, ihn hinterher zu machen? Kein Mensch fährt mit der Fingerkuppe über Ihre Bilder! Die Katzenhaare allerdings könnten Sie von den Sofakissen entfernen.

- Wie lange brauchen Sie, um sich von den Vorbereitungen so zu erholen, dass Sie Ihre Gäste entspannt empfangen können? Müsste sich ein Gast zwischen einer entspannten Stimmung und einem perfekten Sieben-Gang-Menü entscheiden – er würde die Stimmung wählen!
- Wer übernimmt welche Rolle? Die klassische Verteilung, dass die Dame des Hauses für das Essen zuständig sei und der Herr für die Getränke, ist überholt. Wenn »er« kocht, wird »sie« sich um den Wein kümmern, warum nicht? Natürlich können Sie einen Freund des Hauses um Unterstützung bitten oder eine Servicekraft engagieren.

Extra-Tipp

Was sollen Ihre Gäste sehen? Sind Sie sicher, dass Ihre Gäste beim Besuch der Toilette alle Gegenstände Ihres intimen Bedarfs im Blickfeld haben sollten? Wenn nicht: In den Schrank damit! Lassen Sie im Gegenzug bewusst Dinge im öffentlich zugänglichen Bereich liegen, über die Sie gern mit den Gästen sprechen würden: einen Reiseführer, ein Gartenbuch ...

Den Tisch sachgemäß eindecken

Ob Sie Ihre Gäste rustikal oder elegant bewirten, ob Sie Omas Kristallgläser aus dem Schrank holen oder die bunten Acrylgläser nehmen, ob Sie Ihr Tischdekor auf postmoderne Zurückhaltung beschränken oder in barockem Glanz erstrahlen lassen – immer sollte der Tisch die richtigen Rückschlüsse auf die folgenden Speisen erlauben.

Der Tischdecke sollte die Lagerung im Schrank nicht anzusehen sein, entfernen Sie vor dem Eindecken mit dem Bügeleisen die Querbrüche. Legen Sie mit einem Platz- oder dem größten Essteller die Plätze fest. Liegen die Gedeckmitten 65 bis 80 Zentimeter von einander entfernt, sitzen Ihre Gäste später bequem.

Rechts vom Teller decken Sie die Messer und Löffel in der ihrer Benutzungsfolge entgegengesetzten Reihenfolge ein, links vom Teller die Gabeln. Sie essen von außen nach innen, also decken Sie von innen nach außen ein. Rechts liegen maximal vier Besteckteile, links drei. Alle außer der zweiten Gabel beginnen wie der Teller einen Fingerbreit von der Tischkante entfernt. Das gilt auch für den Brotteller, der jedes Gedeck an der linken Seite begrenzt. Das Buttermesser liegt auf dessen rechtem Rand, mit der Schneide nach links.

Es ist eine nette Geste, für Linkshänder so einzudecken, dass diese ihr Besteck nicht über Kreuz aufnehmen müssen. Um die Ausgewogenheit der Gesamtästhetik nicht zu stören, müssen Sie sie dann an das Ende des Tisches setzen.

Das einfache Gedeck

Dekoration

Die Tischdekoration soll dem Essen entsprechen:

- Zu den Erbstücken aus Silber und Kristall passt der Kerzenleuchter vom Antiquitätenhändler, beim spanischen Abend dürfen Castagnetten nicht fehlen, beim Fischmenü kommen Sand und Muscheln zum Einsatz.

- Niemals dürfen die Dekorationsgegenstände der Unterhaltung hinderlich, also höher als 30 Zentimeter sein.
- Bitte nur Blumen wählen, deren Duft nicht mit den Speisen und dem Wein konkurriert; der von den Gästen mitgebrachte Strauß fühlt sich ohnehin auf der Anrichte wohler als zwischen dampfenden Speisen.
- Wenn Sie sich für Menükarten entscheiden, schreiben Sie sie von Hand.
- Kennen Ihre Gäste einander noch nicht namentlich? Dann beschriften Sie die Tischkarten beidseitig, damit Nachbarn und Gegenüber gleichermaßen die Namen lesen können.

Das festliche Gedeck

Spezialbestecke

Ihr Haushalt ist komplett, doch Freunde und Verwandte fragen immer wieder: »Was sollen wir euch schenken?« Gourmets lassen ihren Besteckkasten klugerweise um Spezialbestecke ergänzen.

- Klein und dreizackig kommt die Austerngabel. Sie wird am Gedeck schräg rechts an das Messer des folgenden Gangs angelegt.
- Die Hummerzange ist lang und kräftig, die Hummernadel ist zweizackig, lang und schmal.
- Kaviarmesser und Kaviarschaufel sind im Idealfall aus Perlmutt oder auch aus Horn. Es wäre ein Highlight für Ihre Gäste, wenn sie das Besteck nicht nur zum Vorlegen, sondern auch zum Essen zur Verfügung hätten.
- Die Schneckenzange dient zum Festhalten des Häuschens, die zweizackige kleine Gabel zum Auslösen des Fleisches.
- Das Krebsmesser hat ein Loch, die Krebsgabel ist stabil und hat zwei Zacken.
- Der Gourmetlöffel ist als Saucenlöffel gedacht und wurde von Pierre Troisgros und Paul Bocuse, den Päpsten der Nouvelle Cuisine, entworfen, damit ihr Leibgericht, die Lachsschnitte in Sauerampfersauce, als Gesamtkomposition genossen werden konnte. Sie können ihn auch zum Dessert verwenden.
- Ein Obstbesteck ist klein und fein, die Gabel spitz, das Messer scharf.

Von links: Austerngabel, Hummerzange, Hummernadel, Kaviarbesteck, Krebsbesteck, Gourmetlöffel, Obstbesteck, Schneckenzange, Schneckengabel

Servieren wie die Fachleute

Im Restaurant haben Sie vielleicht schon bemerkt, was Servicemitarbeiter tun, um einen reibungslosen Ablauf zu garantieren. Sie

- schenken Getränke über Ihre rechte Schulter ein;
- bringen Brot und alles, was an Ihrer linken Seite platziert ist, von links;
- setzen Teller von rechts ein;
- heben Teller und Gläser von rechts aus;
- reichen Speisen oder Platten von links an;
- machen Ausnahmen und bitten Gäste um Unterstützung nur, wenn dieses Vorgehen aufgrund der Räumlichkeiten nicht möglich ist.

Diese Arbeitsabläufe können Sie ohne weiteres in Ihr häusliches Umfeld übernehmen. Dabei werden in der Gastronomie verschiedene Servicearten nach ihrer nationalen Herkunft unterschieden:

- der englische Service: Ein ganzes Tier beziehungsweise ein großer Braten wird vom Hausherrn am Servicetisch tranchiert, dann wird jedem Gast der Teller von rechts eingesetzt.
- der table d'hôte-Service: Fleisch wird von links vorgelegt, die Beilagen werden eingesetzt, das heißt auf dem Tisch (table) in Schüsseln abgestellt, so dass jeder Gast (hôte) dem andern helfen und sich bedienen kann.
- der französische Service: Das Aussondern von Fleischstücken aus dem ganzen Tier ist hinter die Kulissen verlegt, Gastgeberin oder Gastgeber legt von links von der Platte vor. Soziologen wie Norbert Elias sagen, damit würden Gefühle von Scham oder Peinlichkeit, die der Anblick eines ganzen Tiers hervorrufen könnten, vermieden.
- der Tellerservice von rechts – à l'américaine: Er ist, wie die fernöstliche Variante, Produkte klein zu schneiden, als Fortschritt der Zivilisation zu werten.

Alle Servicearten haben ihre Vor- und Nachteile. Bereiten Sie stets einen Beistelltisch mit Reserve-Servietten und -Besteck vor.

Menschen um den Tisch herum

Beim Essen – ob zu Hause oder auswärts – geht es dem Gastgeber oft auch darum, seinen Stil, seine Besonderheit, sein Profil auszugestalten. Das tut er in der Wahl des Rahmens und des Angebots, das tut er in der Auswahl und Mischung seiner Gäste.

Niemand bei Tisch ist von der Pflicht entbunden, sich aktiv in Gespräche einzubringen und andere Personen einzuschließen. Ein Gastgeber kann dies allerdings durch eine geschickte Kombination der Personen erleichtern.

Die Gästeliste

»Sprechen Sie beim Geschäftsessen über alles außer über das Geschäft.« Wenn Sie diese Empfehlung von A (wie Aperitif) bis Z (wie Zahlen der Rechnung) umsetzen, sind Sie ein Kommunikationsgenie. Bei größeren Tischrunden schwören professionelle Gastgeber auf einen bunten Mix von Menschen, die einen persönlichen Nutzen aus dem neuen/intensivierten Kontakt ziehen können. Sie wissen: Repräsentanten bestimmter Kontexte bringen automatisch bestimmte Themen, Interessenlagen und Fähigkeiten mit sich. Deshalb laden sie gern ein:

- Gastronomen und Hoteliers: Die können unglaublich viele unglaubliche Anekdoten von Menschen aus aller Welt erzählen.
- Journalisten: Die können so gut Menschen zum Sprechen bringen.
- Banker und Börsianer: Entwicklungen auf dem Geldmarkt betreffen jeden, wenn er seine Zahlen nicht offen legen muss.
- PR-Manager, Trendforscher, Werbefachleute: Die sind immer am Puls der Zeit und befriedigen die Neugier der anderen auf »das, was kommt«.

Wollen Sie eine für Ihr Business relevante Gästerunde zusammenstellen, mischen Sie künftig Personen aus unterschiedlichen Backgrounds dazwischen.

Extra-Tipp
Stars und Sternchen sind bei Tisch nur dann gern gesehen, wenn sie der Versuchung widerstehen, die Veranstaltung zur Selbstdarstellung zu pervertieren. Wobei Ihnen das mit jedem Gast passieren kann, den Sie nicht gut genug kennen.

Die Tischordnung
Bei offiziellen Essen geht es zu wie in alten Zeiten: Da treten Hierarchie und Geschlechtsrollen offen zu Tage. Und der geschulte Beobachter sieht, welcher Gastgeber auf eine klassische Sozialisation zurückgreifen kann und welcher nicht.

Gemäß dem Protokoll sitzt der Gastgeber in der Mitte der Längsseite des Tisches, die wichtigste Dame unter den Gästen zu seiner Rechten, die zweitwichtigste links von ihm. Ihm gegenüber sitzt die Gastgeberin, internationalen Gepflogenheiten gemäß der Ehrengast zu ihrer Rechten, der zweitwichtigste Herr links neben ihr; in Deutschland wird das manchmal umgekehrt gehandhabt: Ehrengast als Tischherr links, zweiter Herr rechts. Damen und Herren werden abwechselnd und Gästepaare getrennt – auch nicht einander gegenüber – platziert; je weniger Bedeutung einem Gast zugestanden wird, desto weiter sitzt er vom Gastgeber entfernt. So sind die Plätze an der Stirnseite die ungünstigsten (siehe auch Protokoll und Platzieren in einer Reihe, Kapitel 3).

In Ihrem Umfeld legen Sie wahrscheinlich seltener Wert auf die formale Korrektheit einer Tischordnung und die Rolle von Gastgeberin und Gastgeber erfüllen Sie in Personalunion. Die genannten Kriterien können Sie dennoch als Erfolgsfaktoren umsetzen:

- Je näher bei den wichtigsten Personen, desto würdiger fühlt sich ein Gast: Wechseln Sie im Kundenkreis ab.
- Innerhalb eines Zweierblocks kümmert sich die links platzierte Person um die Person zu ihrer Rechten.
- Paare zu trennen fördert die Kommunikation: Eine Einzelperson sucht eher Kontakt als ein Paar.
- Führen Sie Ihre Gäste nicht protokollarisch korrekt, sondern unter inhaltlichen Aspekten zusammen: Sie müssen den Weinhändler nicht neben die erklärte Anti-Alkoholikerin setzen! Stellen Sie Ihre Gäste mit der Begründung Ihrer Wahl vor, finden diese umgehend den Einstieg in ein Gespräch.
- An den Kopf der Tafel platzieren Sie kommunikativ starke Mitarbeiter beziehungsweise Freunde, die Ihnen von dort aus die Gesprächsführung erleichtern.
- Ein runder Tisch verringert das Gefälle.

Geht ein Berater zum Beispiel mit einem Kunden und dessen Mitarbeiter essen, sitzt der Kunde als wichtigste Person rechts vom Berater. Bittet er ihn hingegen zu einem Essen mit Ehefrauen, sitzt an einem Vierertisch die Frau des Kunden rechts vom Berater, die Frau des Beraters rechts vom Kunden. So werden Allianzen verhindert, bei denen zum Beispiel die Männer ständig über ihre Lieblingsrezepte und Frauen über das Geschäft reden würden. Idealerweise sitzen wichtige Gäste nicht mit dem Rücken zum Lokal: Überblick schafft Sicherheit.

Extra-Tipp

Bei einem Essen zu Hause wählen Gastgeber die für sie günstigsten Plätze und bauen entsprechend die Tischordnung auf. Dann sitzt vielleicht der Gastgeber an der Kopfseite des Tisches mit direktem Weg zur Küchentür und der weibliche Ehrengast zu seiner Rechten.

Welche Speisen für Ihre Gäste

Austern, Kutteln, Hühnermagen – für manche ein Genuss, für viele ein Gräuel. Wollen Sie es allen Gästen immer und gleichermaßen Recht machen, werden Sie scheitern. Dazu sind die geschmacklichen Vorlieben und die individuellen oder durch aktuelle Medienberichte geprägten Abneigungen doch zu verschieden.

Ein Menü komponieren

Jenseits der individuellen Vorlieben – die als beliebig empfunden werden können – bestehen Standards, die auf Erfahrungswerten darüber beruhen, was die Mehrheit der Konsumenten als passend empfindet. Da diese Standards durch die den Ton angebenden Gesellschaftsgruppen geprägt werden, sind auch sie gewissen Veränderungen unterworfen. Immer schon hat in allen Kulturen ein gesund wirkender Körper als schön gegolten; in Zeiten des Mangels war in Europa der korpulente Körper das Ideal, derzeit wird hier Schlankheit mit Gesundheit und hohem Status gleichgesetzt. Auch das ist nicht neu: Die europäischen Oberschichten haben schon immer durch Schlankheit demonstriert, dass sie es sich leisten konnten, wenig zu essen; verfügten sie doch selbst in schlechten Zeiten über ausreichend Nahrung.

Das kleinste Menü besteht aus drei Gängen, davon sollte einer warm sein. Es umfasst Suppe oder Vorspeise, Hauptgericht und Dessert und ist für einen Business Lunch ideal. Wenn der Genuss nicht unbedingt im Vordergrund steht, wählen Sie unkomplizierte Gerichte und Getränke.

Bei einem gesellschaftlichen Essen auch im Business-Kontext stehen Atmosphäre, Service und das Kulinarische mehr im Vordergrund, da kann ein Menü üppiger sein und aus

- Vorspeise,
- Suppe,
- Krustentieren,
- Zwischengericht mit Fisch,

- Zwischengericht mit Fleisch,
- Hauptgericht,
- Käse und
- Dessert bestehen.

Acht Gänge sind heute selten, vier oder fünf üblich; schon die Küchenchefs des französischen Hofs reduzierten die Anzahl von acht auf vier, als sie begannen, nach der Revolution für Bürger zu kochen.

Heute neu

Gemäß der klassischen Gastronomie sorgen Sie für Abwechslung von Produkten, Zubereitungsarten und Farben. Heute aber erleben Sie durchaus auch monothematische Menüfolgen, die vorwiegend auf der Basis von saisonalen regionalen Produkten komponiert sind wie Spargel- oder Trüffelmenüs. Vielleicht sind Ihre Gäste sogar innovativ genug, um sich einem Arrangement von Speisen auf Essig-Basis oder der Kombination »Schokolade & Wein« zu stellen. Auf das Angebot von Innereien sollten Sie generell verzichten.

Extra-Tipp

Bei ausgiebigen Festessen wird vor dem Hauptgang eine der Verdauung förderliche Pause eingelegt. In manchen Regionen wird ein alkoholisches Getränk gereicht, in anderen ein alkoholisiertes Sorbet. Hier scheiden sich die Geister: Die einen halten es bei einem üppigen Essen für segensreich, andere lehnen es ab, weil die Kälte die Geschmacksnerven für die nächsten Gänge unempfindlich macht. Wenn – dann essen Sie es mit dem dazu gereichten, oft langen, Löffel und legen diesen wieder auf den Unterteller zurück.

Vegetarier und andere Fälle
Diätpatienten, Vegetarier und Veganer sind meist klug genug, beim Annehmen einer Einladung auf ihre Spezialität hinzuweisen, so dass Gastgeber entsprechend disponieren können. Wollen Sie als Gastgeber auf Nummer sicher gehen, leiten Sie vor dem Einkauf oder der Vorbestellung eines Essens vorbeugende Maßnahmen ein. Im kleinen Kreis können Sie im Vorfeld fragen: »Mein Mann hat einen Bock geschossen, essen Sie Wild?« Oder: »Gibt es etwas, das Sie nicht gern mögen?«

Bei einem Bankett können Sie auf der Anmeldung einen Vermerk für Notwendigkeiten einfügen, wie das manche Fluggesellschaften tun: »Wünsche vegetarische/koschere/salzlose Kost./Ich esse kein Schweinefleisch«. Möchten Sie das nicht tun, sprechen Sie mit dem Caterer einen Austausch ab.

Müssen oder wollen Sie als Gast aus gesundheitlichen oder Gewissensgründen auf bestimmte Speisen verzichten, wird das vom Gastgeber respektiert. Sehen Sie erst auf der Menükarte eine Speise, die Sie nicht mögen? In Mitteleuropa können Sie rechtzeitig mit dem Oberkellner verhandeln. Die Bitte »Bringen Sie mir bitte das Lamm ohne das Lamm« ist für ihn Hinweis genug, dass Sie gern unentdeckt bleiben möchten, er wird den Teller entsprechend dekorieren lassen. Gibt es keine Menükarte und Sie entdecken vor sich auf dem Teller etwas, das Sie keinesfalls essen können? Entscheiden Sie im Sinne der Schadensbegrenzung: Wollen Sie konsequent sein und dem Gastgeber die Blöße geben, für Sie falsch gewählt zu haben? Dann rühren Sie den Teller nicht an. Oder opfern Sie sich der guten Atmosphäre wegen? Dann bewahren Sie Haltung und essen im Schneckentempo ein paar Bissen. Für welche Variante Sie sich entscheiden, wird von Ihrer Rolle in diesem Umfeld abhängen. Sind Sie in einem Umfeld zu Gast, in dem Gastfreundschaft sehr groß geschrieben wird – in Südeuropa, im Nahen und Fernen Osten – , kann die Ablehnung einer Speise Ihnen geschäftlich zum Nachteil gereichen. Vielleicht üben Sie sich ja ein wenig in Contenance.

Extra-Tipp

Wenn Gäste mit Extra-Essen im kleinen Tischkreis eine kurze Erläuterung für ihren Sonderweg geben, stellen andere (sich und ihnen) keine Fragen, die vom Wesentlichen – dem Miteinander – ablenken.

Das Büfett

Die »Schlacht am kalten Büfett« ist hinreichend besungen und findet doch immer wieder statt. Der Anstand gebietet:

- Das Büfett wird vom Gastgeber eröffnet, der Ehrengast bedient sich zuerst.
- Sie nehmen nur übersichtliche Mengen aus den verschiedenen Abteilungen, kombinieren entsprechend der Menükunde und richten ihre Speisen ansehnlich an. Gehen Sie lieber mehrfach hin.
- Größere Dekorationselemente sind auch für die Augen der folgenden Gäste gedacht.
- Den Zangengriff mit Vorlegegabel und -löffel müssen Sie nicht beherrschen.
- Gehen Tischherr und Tischdame gemeinsam zum Büfett, lässt er ihr den Vortritt und ist beim Bedienen behilflich.
- Hygieneregel: Ihre Finger kommen am Büfett nicht zum Einsatz, Brötchen nehmen Sie mit der vorgesehenen Zange, einen Brotlaib halten Sie mit dem dafür vorgesehenen Tuch zum Abschneiden von Scheiben und Stücken fest.
- Sie brauchen mit dem Beginn des Essens nicht auf andere Gäste zu warten; Tischdame und Tischherr bleiben jedoch im Takt.
- Nach dem Ende eines Gangs legen Sie Ihr Besteck ab, der Kellner räumt ab und deckt in Ihrer Abwesenheit notfalls neu ein. Bei unkonventionellen Partys behalten Sie Ihr Besteck. Nur wenn es ganz locker zugeht, benutzen Sie mehrfach Ihren Teller. In der Regel ist das nicht der Fall.

Für manche gilt das Büfett nicht als vollwertiger Ersatz für ein gesetztes Essen, selbst wenn dort die feinsten Delikatessen aufgefahren werden. Eine Kombination von Büfett – zum Beispiel für Vorspeisen und Dessert – und servierten warmen Gängen ist möglich und wurde dem Vernehmen nach sogar schon am englischen Königshof praktiziert. Sonderbehandlungen müssen nachvollziehbar sein: Sie können zum Beispiel die älteren Gäste bedienen lassen. Bitte jedoch nicht die Ehrengäste hofieren und das »Fußvolk« Schlange stehen lassen!

Tischregeln

Was als gelungenes Essen gilt und was als vornehme Tischsitten, haben Europas Bürger dem französischen Adel abgeschaut. Dieser Trend setzte sich vom 16. Jahrhundert an bei den tonangebenden Kreisen in ganz Europa durch, so dass das, was als »fein« angesehen ist, von Land zu Land nur minimal variiert.

Die Basics

Der Gastgeber begleitet den wichtigsten weiblichen Gast an den Tisch, dann folgen die übrigen Paare, zuletzt kommt die Gastgeberin mit dem Ehrengast. Setzt sie sich, tut die ganze Tischgesellschaft es ihr gleich. Das klingt förmlich, muss es aber in der Umsetzung keinesfalls sein. Sorgen Sie dafür, dass die einladende Person den Gästen die Plätze zuweist, das Zeichen zum Hinsetzen gibt und es sich als Letzte bequem macht.

Sitzen

Als angemessene Sitzhaltung wird in Mädchenpensionaten in pädagogischer Manier empfohlen: »Mademoiselle, sitzen Sie bei Tisch so, dass auf Ihrem Schoß eine Katze Platz hätte und zwischen der Lehne und Ihrem Rücken eine Maus.« So heiter das klingen mag, mit diesem Bild im Kopf vermeiden Sie die gröbsten Fehler bei Tisch:

- den Kopf zum Essen statt das Essen zum Kopf bewegen
- es sich durch Zurücklehnen bequem machen
- die Arme ausbreiten oder über sein Terrain hinausstrecken
- mit Besteck fuchteln
- während eines Gangs die nicht benutzte Hand auf den Schoß legen
- den Tisch während eines Gangs verlassen

Dazu seien der Vollständigkeit halber erwähnt:
- mit vollem Mund sprechen
- mit den Fingern in den Mund fassen
- Ess- und Trinkgeräusche produzieren

Extra-Tipp

»Ein Herr sitzt nicht, wenn eine Dame steht, es sei denn, er säße im Rollstuhl.« So konsequent sehen das nicht nur die Briten. Im förmlichen Umfeld erheben sich alle Herren an einem Tisch, wenn eine Dame ihn verlässt und an ihn zurückkehrt. Im etwas weniger formellen Kontext stehen die beiden Herren an ihrer Seite auf. Höhere Schweizer Militärs bieten ihren Tischdamen das Ehrengeleit bis zur Tür des stillen Örtchens und von dort zurück. Derlei Fürsorge ist auch gegenüber Geschäftspartnerinnen keineswegs ausgeschlossen.

Die Serviette

Wird das Essen noch nicht bestellt, legen Sie Ihre Serviette für die Zeit, in der Sie in der Karte blättern, neben Ihren Platz. Legen Sie sie auf Ihren Schoß, nachdem die Gastgeberin das Zeichen dazu gegeben hat. Dort bleibt sie für die Dauer des Essens. Die Ausnahmen: 1. Sie tupfen, bevor Sie trinken, Ihre Lippen ab, um spurenfrei zu genießen. 2. Sie legen beim Verlassen Ihres Platzes Ihre Serviette lose links neben Ihr Gedeck. Das ist auch der richtige Platz am Ende des Essens; wahrscheinlich werden die Servietten eingesammelt, während Sie bei Kaffee und Digestif den Anlass ausklingen lassen.

Seien Sie nicht überrascht, wenn der Kellner Ihnen Ihre Serviette auf dem Schoß ausbreitet, während Ihrer Abwesenheit ersetzt und am Ende vom Schoß nimmt; das wird in manchen Kulturkreisen – zum Beispiel von Italienern – als elegant empfunden.

Brot, Salz und Wasser

Die Sitte, Brot zu brechen, um die Gemeinschaft zu pflegen, ist Jahrtausende alt, in vielen Kulturen bekannt und keineswegs auf das Heilige Abendmahl beschränkt. Frühstücksbrötchen sowie beim gesetzten Essen gereichte Toast- und andere dünne Brotscheiben sind ausgenommen: Hier dürfen Sie munter buttern und abbeißen. Ansonsten gilt: Sie nehmen ein ganzes Stück Butter auf Ihren Brotteller, brechen vom Brot mundgerechte Stücke ab, bestreichen diese mit Butter und schieben den Bissen in den Mund.

Salz und Pfeffer finden Sie in Gourmet-Lokalen nicht auf dem Tisch. Da legen die Küchenchefs das Selbstbewusstsein an den Tag, so genau auf den Punkt zu würzen, dass dem nichts hinzuzufügen ist. Bei Banketten werden die Streuer auch in diesen Lokalen der Einfachheit halber eingedeckt.

Neben dem Wein wird zum Essen Wasser gereicht, am besten mit einem maximal mittleren Kohlensäuregehalt und in großen Flaschen. Im eleganten Umfeld schenkt der Kellner ein, im gutbürgerlichen Lokal gilt: Was auf dem Tisch steht, steht den Gästen zur freien Verfügung. Schenken Sie der Person zu Ihrer Rechten Wasser – oder auch Wein – nach, bitten Sie diese, ihr Glas in Ihrer Reichweite auf den Tisch zu stellen und dann zurückzunehmen.

Das »Handwerkszeug«

»Die Gastgeberin nimmt, nachdem alle bedient sind, ihr Besteck auf, blickt huldvoll in die Runde und beginnt zu essen.« So lautet die Regel, so ist es korrekt. Kein »Guten Appetit«, kein »Mahlzeit« – Bescheidenheit soll auch für die für das Essen verantwortliche Person eine Zier sein. Haben Sie geschulte Esser an Ihren Tisch gebeten, funktioniert das Procedere vorzüglich; andere sind mit dem nonverbalen Startzeichen nicht zufrieden, gar überfordert. Sie erkennen sie daran, dass sie als Gäste lauthals »Guten Appetit« wünschen – was ihnen von ihrer Rolle her gar nicht zusteht. Nehmen Sie es mit Humor.

Welches Besteck

Das Amuse-Gueule wird gern als »Gruß aus der Küche« oder vor dem Hintergrund, dass das Originalwort »Schnäuzchen-Beglücker« bedeutet, als »Amuse-Bouche« (»bouche« heißt Mund) angekündigt und kommt, wie das Sorbet, meist mit seinem eigenen Besteck. Für alle übrigen Gänge benutzen Sie das Besteck, das jeweils am äußeren Rand Ihres Couverts liegt. Das Besteck am oberen Rand ist nur in einfachen Gasthäusern für die Suppe gedacht, sonst für das Dessert.

Messer …

Beim Verzehr von Fleisch kommen Messer und Gabel zum Einsatz. Sind die Knochenenden beim Lammkotelett oder beim Geflügel mit einer Papiermanschette versehen, nehmen Sie sie in die Hand.

In den USA gehört es zum guten Ton, einen Teil einer Fleischportion in kleine Stücke zu schneiden, die dann bissweise mit der Gabel in der Rechten zum Mund geführt werden; Zickzack-Essen heißt diese Variante der Nahrungsaufnahme, bei der – wie in Großbritannien – die nicht im Einsatz befindliche Hand auf dem Schoß ruht. Das alles ist weniger »amerikanischlocker«, als es aussehen mag.

Fischmesser werden in Deutschland vorwiegend dann eingedeckt, wenn Sie selbst einen Fisch filetieren müssen. Alternativen sind – bei Vorspeisen – das Vorspeisenbesteck oder – bei Fischfilet – der Gourmetlöffel. Wird Fisch von grünem Spargel oder anderem al dente gegartem Gemüse begleitet, sollte zusätzlich ein Fleischmesser eingedeckt werden.

Extra-Tipp
Fischmesser für Linkshänder sind selten. Bitten Sie um ein Fleischmesser oder – sicherheitshalber – eine zweite Gabel. Die Gabel in Ihrer rechten Hand führen Sie zum Mund.

… und Gabel
Stellen Sie sich vor, Sie hätten in alter Zeit – also lange vor der Erfindung von Edelstahl und Spülmaschine – Metall in Verbindung gebracht mit Säure, Stärke und Ei. Dann hätten Sie beziehungsweise Ihr Personal einiges damit zu tun gehabt, die jeweiligen Besteckstücke mit Schlämmkreide zu säubern. Darum wurde mehrheitlich beschlossen – Konventionen sind wörtlich »Übereinkünfte« –, auf den Kontakt eines Messers mit derlei Stoffen zu verzichten, das halbierte die Arbeit. Ohnehin war die Gabel – ursprünglich Teufels Handwerkszeug! – erst durch Katharina von Medici an den französischen Hof und von dort nach Mitteleuropa gelangt. Nachdem die feinen Herrschaften sie zu benutzen gelernt hatten, war es eine Sache der Ehre, deren Beherrschung so oft als möglich als Beweis einer hohen Fingerfertigkeit an den Tag zu legen. Daher verzichten vornehme Tischgenossen heute noch auf den Einsatz eines Messers, solange es nicht unbedingt zum Schneiden nötig ist.

Im Sinne liberalisierter Tischmanieren ist es jedoch ein Anachronismus, das Schneiden von Kartoffeln, Knödeln, Nudeln, Eierspeisen, Salatblättern und Gemüse zu untersagen. Und der Versuch, ein großes Salatblatt mithilfe von Messer und Gabel zu falten, ist Unsinn: Davon abgesehen, dass hier die Gefahr des Spritzens besonders groß ist, bringen Sie Ihr Messer viel eher als beim kurzen Durchtrennen eines Blattes in die Gefahr anzulaufen.

Einen praktischen Aspekt hat der Verzicht auf das Messer jedoch zumindest bei Beilagen: Kartoffeln nehmen mehr Sauce auf, wenn Sie durch Brechen eine große Oberfläche erzeugen. Und Knödel müssen atmen, nicht umsonst heißt es in manchen bayrischen Regionen: Wer einen Knödel schneidet, schneidet der Köchin ins Herz.

Extra-Tipp

In Adelskreisen gilt es eher als fein, einem Stück Salat oder Gemüse mit einem Brocken Brot auf die Gabel zu verhelfen, als diese Speisen zu schneiden. Wen Sie im jeweiligen Fall als tonangebend betrachten, kann für Sie nicht entschieden werden. Eines ist klar: Geben Sie als Gastgeber einen legeren Ton vor und nehmen Sie sogar einen Rest Sauce mit einem Brotstück auf, wird der Koch dies als hohe Stufe der Genussfähigkeit deuten. Und Ihre Gäste werden froh sein, es Ihnen gleichzutun.

Der Löffel

Löffel sind vorwiegend zum Verzehr von Suppen und Cremes gedacht. Um eine Suppe gefahrlos in den Mund zu bringen, können Sie den Löffel handhaben wie die Briten: den Löffel an der Ihnen zugewandten Seite des Tellers ansetzen, die Suppe in die gegenüberliegende Richtung und in der Luft zum Mund führen und über die Unterlippe in den Mund rinnen lassen. Das erspart das Kühlen durch Pusten, das ohnehin verpönt ist. Was Sie mit dem Löffel nicht ohne weiteres aufnehmen können, bleibt im Teller.

Eine Suppentasse dürfen Sie – unter der Voraussetzung, es handele sich beim Inhalt um eine klare Brühe und Sie hätten die Einlage bereits herausgefischt – am linken Henkel anheben und austrinken. Nicht den Inhalt in den Löffel gießen! Nach Gebrauch wird der Löffel auf dem Teller beziehungsweise auf dem Teller unter der Suppentasse abgelegt.

Sind wie beim Dessert Löffel und Gabel eingedeckt, gilt es als besonders kunstfertig, nur ein Besteckteil zu benutzen beziehungsweise wenigstens nur eines zum Mund zu führen.

Die Sprache des Bestecks

Um Unklarheiten unter den Gästen und Störungen durch Fragen des Personals auszuschalten, wurde ein internationaler Code des Bestecks festgelegt. Stellen Sie sich vor, Ihr Teller sei das Zifferblatt einer Uhr, Ihre Gabel sei der Stunden- und Ihr Messer der Minutenzeiger.

- Dann gilt die Position auf »zwanzig nach vier« – mit der Messerschneide zur Gabel hin – als Zeichen, dass Sie diesen Gang beendet haben. Einzelne Besteckteile entsprechend.
- Die Position »zwanzig nach sieben« hingegen bedeutet, dass Sie pausieren.
- Die Position, den Griff eines Besteckteils auf der Tischdecke abzustützen, gibt es offiziell nicht. Messerbänkchen sind vielleicht niedlich, heute aber unnötig; sie stammen aus den Zeiten, in denen zwar zwischen den Gängen die Teller gewechselt wurden, das Besteck aber nicht. Dort ruhte es bis zum nächsten Gang.
- Eine Stellung, die Missfallen bedeutet, kann es hin und wieder geäußerten Vermutungen zum Trotz nicht geben: Sie

»Pause«

»Fertig«

würde die Gastgeber kompromittieren und das kann nicht zum guten Ton gehören. Wenn Sie eingeladen sind, hat es Ihnen immer geschmeckt.

- Linkshänder benutzen ihr Besteck, wie sie es brauchen, legen es aber am Ende eines Gangs ab wie Rechtshänder.

Extra-Tipp

Die Gastgeberin signalisiert den Servicekräften, wann sie mit dem Abräumen beginnen können – natürlich nonverbal. Sie ist die Letzte, die ihr Besteck jeweils in die Position »Schluss« bringt. Das fällt ihr am leichtesten, wenn alle Esser sich untereinander – natürlich nonverbal – auf ein gemeinsames Esstempo einigen.

Der Abschluss

Der Abschluss eines Essens wird meist ebenfalls nonverbal eingeläutet, als letzter Akt gilt der Kaffee. Milch ist dem Transit der verzehrten Speisen nicht zuträglich, daher passen weder ein modischer Latte macchiato noch ein zum festen Bestandteil der deutschen Küche zählender Cappuccino hierher. Ein Espresso, eine Tasse Kaffee, vielleicht mit einem Schuss Sahne, das ist hier angebracht. Es sei denn, Ihre Gäste wünschten einen Tee. Wobei eine Verbena (Verveine, Eisenkrauttee) wohl das Gesündeste ist, was Sie hier trinken können. Der eine oder andere Gast trinkt jetzt gern noch seinen Wein aus. Andere genießen einen Digestif und – wenn das Umfeld es erlaubt – eine Zigarre.

Zur Abwechslung – und um einzelnen Gästen in einer größeren Runde die Chance zu geben, sich schon zu verabschieden – kann ein Ortswechsel auf die Terrasse, ins Wohnzimmer, an die Bar stattfinden. Dadurch können sich neue Konstellationen für das Gespräch ergeben, was dem Interesse, Gäste zu vernetzen, nur zuträglich sein kann.

Gäste loswerden

Es zählt zu den Pflichten des Gastes, sich an die Spielregeln der Gastfreundschaft zu halten. Zu diesen gehört auch, dass Gäste eine halbe Stunde, nachdem der Kaffee gereicht wurde, den Aufbruch beginnen. Tun sie das nicht, können Gastgeber ein mehrschrittiges Programm absolvieren:

– Sie fragen nach den Plänen für den folgenden Tag und berichten von ihren eigenen Verpflichtungen am Morgen.
– Sie bieten an: »Was kann ich nun als Letztes noch für Sie tun?«
– Sie ziehen im Restaurant aus der Ablehnung den Schluss: »Dann darf ich nun die Rechnung kommen lassen«, zu Hause mit einem »Dann freut es mich, dass Sie zufrieden sind.«
– Sie fassen den Abend zusammen: »Herzlichen Dank für Ihren Besuch, die offene Unterhaltung, die aparten Geschenke …«
– Sie bieten Aussicht auf das nächste Mal: »Wir freuen uns schon auf das Wiedersehen.«
– Sie reden Tacheles: »Dann lösen wir jetzt die Tafel auf.«

Sie können auch die ersten Schritte überspringen und ganz konsequent zu Zusammenfassung, Aussicht und Abschied übergehen. Trauen Sie sich das nicht zu, bitten Sie einen Mitarbeiter, das Ende einzuläuten. Wenn Ihre Gäste sich nicht bedanken, beziehen Sie das nicht unbedingt auf sich. Vielleicht sind sie ja noch so beeindruckt von dem Anlass.

Extra-Tipp

Erweisen Sie Ihren Gästen die Ehre des Geleits. Als Gäste ersparen Sie Ihren Gastgebern fröhliche Hupkonzerte – ob vor dem Restaurant oder vor deren Zuhause.

7 Schwierigkeiten gelassen meistern

Dass der Gastgeber »wie ein Feldherr« sei, dessen Talent sich erst im Gefahrenfalle zeige, ist eine alte Weisheit. Bei einem eleganten Essen im geselligen Kreis bleibt zu hoffen, dass diesbezügliche Begabungen im Verborgenen schlummern dürfen. Manchmal aber sehen sich Gäste wie Gastgeber vor Herausforderungen gestellt, die nur mit einem gerüttelt Maß an Gelassenheit, Know-how und Geschick zu meistern sind.

Angstgegner auf dem Tisch

Tischregeln wurden nicht zum Zweck der Reglementierung erdacht, sondern um das Genusspotenzial bei Tisch zu steigern. Es liegt auf der Hand: Wer eine Forelle sachgemäß filetiert, muss nicht fürchten, an einer Gräte zu ersticken. Wer keine Angst vor unangenehmen Ereignissen haben muss, kann sich genüsslich mit seinen Tischnachbarn unterhalten. Wissen ist Macht, Können macht frei.

Auf dem Weg zu ungetrübten Gaumenfreuden statten Sie bei Gelegenheit den Fisch-, Fleisch-, Gemüse- und Obstabteilungen eines Delikatessengeschäfts einen Besuch ab und machen sich mit der Anatomie von essbaren Tieren und Pflanzen vertraut. Sprechen Sie mit den Fachverkäufern nicht nur über Zubereitungsarten, sondern auch über die Varianten und Techniken des Verzehrs. Sehen Sie sich bei Tisch dennoch mit einem unbekannten Ess-Objekt konfrontiert, können Sie es einer Ihnen bekannten Produktfamilie zuordnen. Andernfalls beobachten Sie, wie offensichtlich kompetente Tischnachbarn vorgehen. Oder Sie bitten, ohne sich zu rechtfertigen, den Kellner um Erläuterungen.

Zur Steigerung von Sicherheit und Genuss finden Sie hier ein kleines ABC der schwierigen Speisen.

Die Artischocke

Die Artischocke ist die Blüte eines aus Nordafrika stammenden Distelgewächses und zählt wegen ihres Vitamin- und Mineraliengehalts zu den gesündesten Gemüsen. Klein und jung wird sie, zum Beispiel in Italien, als Ganzes roh verzehrt oder eingelegt, die zarten Böden werden häufig ausgelöst und konserviert angeboten, die meisten von ihnen finden sich zerteilt auf einer Pizza wieder.

In Frankreich und Deutschland werden die großen Artischocken aus der Bretagne meist gekocht und mit Saucen, zum Beispiel einer Vinaigrette, serviert. Da können Sie auf den Einsatz Ihrer Finger nicht verzichten. Deshalb wird Ihnen eine Fingerbowl, eine mit lauwarmem Wasser gefüllte Schale, gereicht. Als Fettlöser schwimmt dort ein Zitronenschnitz; an der beigefügten Serviette tupfen Sie Ihre nassen Fingerspitzen ab, damit die auf Ihrem Schoß liegende Serviette trocken bleibt.

Mit der linken Hand halten Sie die Artischocke fest, mit Daumen und Zeigefinger der rechten Hand lösen Sie von außen nach innen die grünen Blütenblätter ab. Das fleischige innere Ende eines jeden Blatts tauchen Sie in die auf Ihrem Teller oder in einem separaten Schälchen dargebotene Sauce, ziehen das so gewürzte Fruchtfleisch mit den Zähnen vom Blatt ab und legen den harten Teil des Blatts auf Ihren Resteteller.

So arbeiten Sie sich vor bis zum »Heu«; diese – ungenießbaren – Staubgefäße ziehen Sie mit einem energischen Ruck vom Boden ab. Misslingt Ihnen das, schneiden Sie das Heubündel ab. In manchen Restaurants wird die Artischocke vom Heu befreit serviert.

Nun haben Sie das Ziel Ihrer Bemühungen, das »Herz« der Artischocke, vor sich. Sie geben etwas Sauce darauf und essen es mit der Gabel in der rechten Hand; der Einsatz eines Messers ist möglich.

Austern

Austern werden in der vom Koch geöffneten Schale auf einer mit gestoßenem Eis ausgelegten Platte serviert. Der klassische Begleiter ist Chester-Brot: kleine Türmchen aus Pumpernickel und Chesterkäse; in Frankreich oft auch Baguette.

Sie nehmen eine Auster in die linke Hand und lösen mit der kurzen, dreizackigen Austerngabel den Bart: die Stelle, an der die Auster an der Schale angewachsen ist. Ein Zucken beweist Ihnen, dass die Auster noch lebt, also absolut frisch ist. Vielleicht geben Sie ein wenig Zitrone oder Pfeffer auf das Fleisch, manche decken sein Aroma mit Tabasco zu. Nehmen Sie nun lieber die Auster mit der Gabel aus der Schale und trinken das Austernwasser hinterher? Oder schlürfen Sie die Auster lieber mit dem Wasser zusammen aus? Lautlos sollten Sie beide Varianten hinbekommen.

Fisch

Zum Fischfilet wird ein Fischmesser oder ein Gourmetlöffel gereicht. Beide sind stumpf, um die Gefahr zu reduzieren, dass Gräten zerkleinert im Rachen landen. Den Gourmetlöffel dürfen Sie mit Fisch und Sauce zum Mund führen, das Messer nicht.

Ein ganzer Fisch wird mit Fischmesser und -gabel filetiert: Sie ziehen die Rücken- und Bauchflossen ab und entfernen damit schon einer Reihe kleiner Gräten. Wollen Sie die Haut nicht essen – zum Beispiel bei einer Forelle blau –, fahren Sie mit dem Fischmesser unter der Haut der oberen Fischhälfte entlang, heben diese ab und deponieren sie auf dem Grätenteller. Ob mit oder ohne Haut wird nun ein Einschnitt entlang des Scheitels auf der Oberseite des Fisches nötig. Von dort aus schieben Sie die beiden freigelegten Filets, am Kopf beginnend, von der Mittelgräte weg. Das gesamte freigelegte Grätenskelett inklusive Kopf und Schwanz heben Sie ab und deponieren es auf dem Grätenteller. Sie können alternativ zum Beispiel bei einer Forelle vom Rücken ausgehend das doppelte Filet über den Scheitel ziehen und die zweite Hälfte umdrehen, so dass zum Schluss das gesamte Grätengerüst als Rest auf Ihrem Teller ruht.

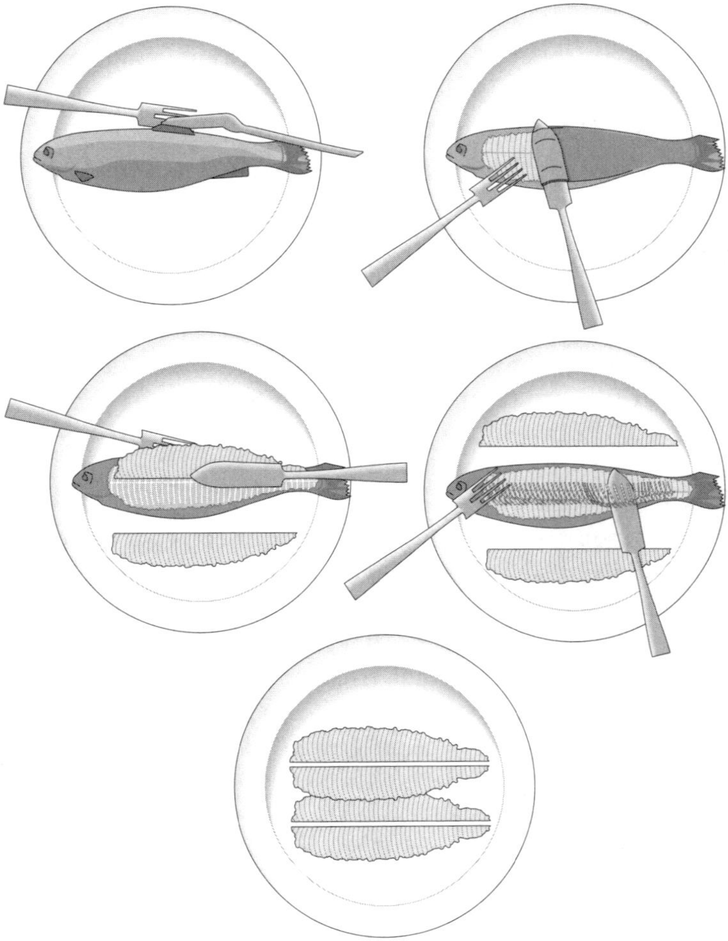

Fisch filetieren: so ist es richtig

Extra-Tipp
Einer Forelle entnehmen Sie die beiden unter den Kiemendeckeln liegenden Bäckchen, sie sind sehr schmackhaft.

Gänse- und Entenstopfleber
Die Terrine von der Gänse- und Entenstopfleber essen Sie mit der Gabel, sie ist so weich, dass Sie kein Messer benötigen. Die Brioche dazu liegt auf dem Brot- oder dem Essteller und wird mit der Hand gebrochen. Franzosen legen kleine Leberportionen hin und wieder auf Baguettestücke, die sie in der Anlehnung an »belegte Brote« mit der Hand essen.

Geflügel
In der Hendl-Braterei oder beim Oktoberfest nehmen Sie ein ohne Sauce serviertes halbes Hähnchen mit den Fingerspitzen auseinander und essen es so. Wird Ihnen in einem eleganten Restaurant eine Wasserschale gereicht, wissen Sie ebenfalls: Sie dürfen Hand anlegen. Sie sollten das dort aber nur bei Flügeln und Beinen tun.

Wird Geflügel mit einer Beilage serviert, ist ein der Anatomie gerechter Einsatz von Messer und Gabel gefragt. Ob bei Wachtel oder Stubenküken, ob – in der Küche – bei Ente, Fasan, Gans oder Poularde, zuerst kommen die Extremitäten an die Reihe, dann der Torso. Je weniger Sie Fleisch durchtrennen oder -stechen, desto weniger Jus (Fleischsaft) tritt aus, desto saftiger bleibt es. Sie hebeln Schenkel und Flügel vom Torso ab, trennen die Gelenke durch und lösen das Fleisch durch sanftes Ziehen von den kleinen Knochen. Durch einen keilförmigen Einschnitt entlang der Rückenmitte trennen Sie die Filets nacheinander von der Karkasse (dem Skelett). Die Reste deponieren Sie auf dem dafür bereitgestellten Teller.

Formvollendet verzehren Sie jeweils den Teil des Geflügels, den Sie zum Essen vorbereitet haben.

Hummer und Languste

In Deutschland werden Krustentiere in der Küche meist so vorbereitet, dass auch ein nicht geschulter Gast sie leicht verzehren kann. Ist das nicht der Fall, ist wenigstens der Schwanz vorbereitet, für den Rest muss ein Spezialwerkzeug her. Mit der länglichen Hummerzange – sie sieht einem Nussknacker verblüffend ähnlich – knacken Sie jeweils eine Hummerschere in der Mitte und ziehen an beiden Enden. Mit etwas Glück haben Sie damit den Panzer vom Fleisch gelöst. Gelingt das nicht, entfernen Sie den Panzer der einer Hälfte mit der Hand und ziehen mit der langen, schmalen zweispitzigen Hummergabel das restliche Fleisch heraus. Das Spezialbesteck können Sie nun auf dem Teller ablegen.

Mit dem Vorspeisenbesteck lösen Sie das Fleisch aus dem Schwanz, der den Hauptteil des essbaren Tiers ausmacht. Sie essen es entweder direkt aus dem Panzer oder heben das Schwanzende auf den Teller, um ihm dort mit Messer und Gabel zu Leibe zu rücken. Nun bleiben noch das Corail (der Rogen), das nicht jedermanns Sache ist, und die Beine. Die Hummerbeine drehen Sie von der Karkasse und zerbrechen Sie in der Mitte, so dass Sie das Fleisch – viel ist es nicht – heraussaugen

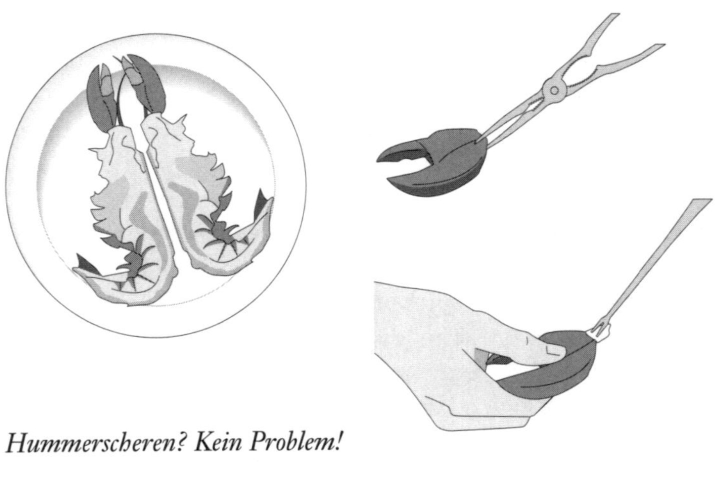

Hummerscheren? Kein Problem!

können. Langusten verzehren Sie entsprechend; da fällt nur das Knacken der Scheren aus, die Languste hat Antennen.

Extra-Tipp
Beim Entfernen eines Panzerstückchens, einer Gräte oder eines Knochens aus dem Mund gilt die Regel »Raus wie rein«: Die Gegenstände sind mit Ihrer Gabel in den Mund gelangt und werden auch auf diesem Weg zurück auf den Teller befördert.

Käse
Käse können Sie mit Messer und Gabel mit oder ohne Brot essen. Sie können die Gabel zu Hilfe nehmen oder jeweils ein Käsestück auf ein Stück Brot legen und das Päckchen von Hand in den Mund schieben. Bei Weichkäse können Sie die Rinde abtrennen oder essen, wie Sie möchten. Wenn Sie sich von einer Käseplatte oder einem Käsewagen bedienen oder bedienen lassen, wählen Sie mehrere Stücke. Sie sollten jeweils mit einem für diese Käsesorte vorgesehenen Messer abgeschnitten werden. Nachservice (Nachschlag) gibt es bei Käse nicht.

Der Kellner legt Ihre Stücke nach sich steigernder Geschmacksintensität von mild bis scharf im Uhrzeigersinn auf Ihren Teller. Sie in dieser Reihenfolge zu essen erhöht den Genuss.

Kaviar
Störeier stellen wohl die kostbarsten, weil teuersten aller Vorspeisen dar. Sie werden in einem Schälchen auf gestoßenem Eis serviert. Nehmen Sie mit dem hierfür vorgesehenen Perlmutt- oder Hornlöffel eine kleine Menge auf Ihren Teller. Niemals mit einem Messer berühren, das heißt zerstören!

Kaviarbestecke sind kaum noch vorhanden, Sie führen daher den Kaviar entweder mit Ihrer Gabel zum Mund und essen die begleitenden Blini (Buchweizenpfannkuchen) separat oder Sie geben ihn Biss für Biss auf die Blini und trennen jeweils ab.

Manchmal wird Kaviar mit Melba-Toast (hauchdünn geschnitten, gebuttert und geröstet) serviert. Blini wie Toast haben als Bestandteile der Mahlzeit ihren Platz auf Ihrem Hauptteller.

Krabbencocktail

Er kommt oft in einer auf einem Fuß stehenden Schale, Gabel und Löffel liegen auf dem Unterteller. Nehmen Sie die kleine Gabel in die rechte Hand, im Notfall helfen Sie mit dem kleinen Löffel in der linken Hand nach. Bei Pausen und nach Gebrauch legen Sie das Besteck auf dem Unterteller ab.

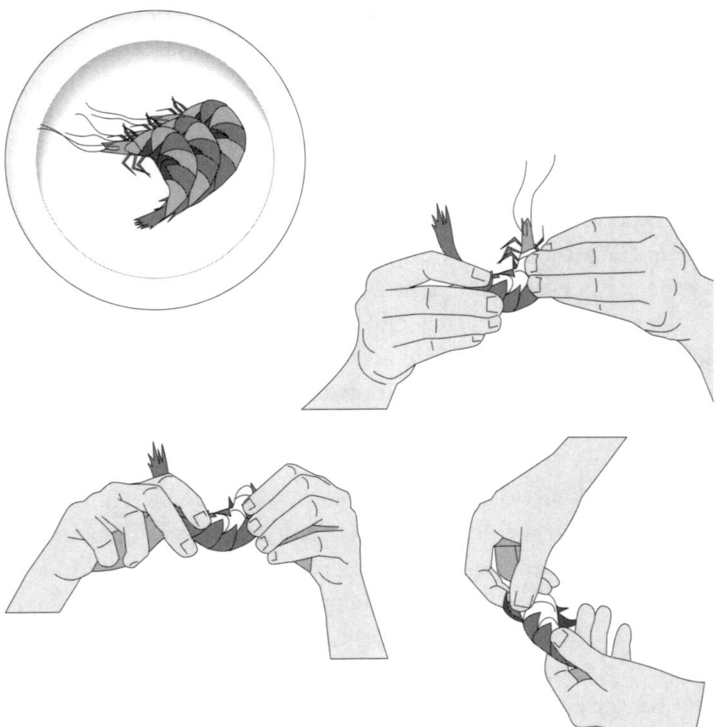

Krustentieren fachgerecht zu Leibe rücken

Krustentiere, klein

Bei kleinen Krustentieren aus dem Meer drehen Sie den Schwanz vom Kopf ab und lösen die Kruste (den Panzer) vom Schwanzfleisch. Eine Wasserschale ist unabdingbar. Die Tiere Stück für Stück zubereiten und gleich verzehren ist die elegante Variante. Ob Sie sie mit den Fingern oder mit dem Besteck essen, ist Geschmackssache. Wer es genau nimmt, entfernt den an der konvexen Seite verlaufenden Darm.

Muscheln

Dass nur Muscheln und Austern Schalentiere sind, sehen Sie auf den ersten Blick. Auch bei Miesmuscheln kommen Ihre Finger zum Einsatz. Ziehen Sie aus einer Muschelschale mithilfe Ihrer Gabel das Fleisch heraus, benutzen Sie dann diese Schale als Zange für die weiteren Tiere. Deponieren Sie leere Schalen auf dem Abfallteller, geschlossene Muscheln gehören umgehend dorthin. Den Sud essen Sie mit dem Suppenlöffel.

Obst

Größeres Kern- und Steinobst – wie Apfel, Birne, Pfirsich und Orangen – können Sie mit dem Obst- oder Dessertbesteck schälen und zerteilen. Sie fixieren die Frucht senkrecht mit der Gabel auf dem Teller und ziehen die Haut beziehungsweise Schale mit dem Messer ab. Danach schneiden Sie senkrechte Scheiben ab, bis Sie ans Gehäuse oder den Stein kommen. Eine Banane legen Sie quer, Sie trennen mit zwei Längsschnitten einen Deckel ab und ziehen die Frucht mit dem Besteck aus der Schale. In bissgroße Stücke schneiden. Meist ist aber derlei Aufhebens nicht nötig: Sie können die Frucht von Hand schälen, mit dem Messer vierteln oder in noch kleinere Stücke schneiden und diese dann mit der Hand zum Mund führen.

Ungewaschene Erdbeeren und Kirschen werden in eine große Wasserschüssel getaucht, mit Gabel und Löffel herausgefischt, am Schopf gepackt, eventuell in Streuzucker gestippt und in den Mund geschoben.

Weintrauben trennen Sie portionsweise mit einer Traubenschere – notfalls mit den Fingern – von der großen Traube ab. Auf Ihrem Teller lösen Sie einzelne Trauben vom Stiel.

Extra-Tipp
Essen Sie frische Kirschen mit der Hand, entsorgen Sie die Steine diskret über die linke Hand und legen sie auf den Teller zurück. Wird Rote Grütze mit unentsteinten Kirschen serviert, spucken Sie die Steine dezent auf den Löffel zurück, mit dem Sie die Grütze verspeisen.

Pasta
Von den Italienern wissen Sie: Der Einsatz von Messer und Löffel ist tabu. Wird die Pasta in einem tiefen Teller gereicht, übernimmt der senkrechte Tellerrand die Aufgabe, der Drehbewegung der Gabel einen Widerstand entgegenzusetzen. Bei Spaghetti nehmen Sie mit den Gabelzinken zwei oder drei Fäden auf und drehen die Gabel, bis sich ein festes Nudelpäckchen um die Gabel gewunden hat. Dieses führen Sie – aufrecht sitzend! – zum Mund. Ein sich entrollendes Fadenende schieben Sie mit der Gabel nach.

Wird Pasta als Beilage gereicht, können Sie so nicht vorgehen. Teilen Sie die Nudeln mit der Gabel in akzeptable Stücke.

Sandwich
Das Sandwich wurde für den Earl of Sandwich erfunden, der sich nicht »nur wegen eines Essens« vom Spieltisch entfernen wollte. Spielend essen – das gilt für das Sandwich auch heute, formvollendet mit der Hand, bei Turmbauten nehmen Sie ein Besteck dazu.

Schnecken
Für Schnecken im Häuschen brauchen Sie ein spezielles Instrumentarium: Schneckenzange, zweizackige schmale Gabel, tiefer

Teller und Suppenlöffel. Eine Wasserschale benötigen Sie nicht. Mit der Schneckenzange in der linken Hand heben Sie das Häuschen aus der Schneckenpfanne, die möglichst auf einem Rechaud steht, und halten es gut fest. Mit der Gabel in Ihrer Rechten holen Sie das Tier aus seinem Haus und legen es auf dem im Teller stabilisierten Suppenlöffel, in den Sie die flüssige Kräuterbutter oder die Spezialsauce rinnen lassen. Diese werden Sie nicht pur essen, sondern Sie mit Weißbrot ausdippen. Toast passt also zu Schnecken nicht.

Spargel
Die eleganteste Art, Spargel zu essen, ist die traditionelle: Sie heben mit einer kleinen Spargelzange in der rechten Hand das Ende auf, unterstützen das Mittelstück mit der Gabel in Ihrer Linken, tunken den Kopf in die Sauce, beißen ihn und das zarte Vorderstück ab und legen den Rest zurück. Das sehen Sie heute in Deutschland selten, weil es kaum noch Spargelzangen gibt und weil Spargel heute fast überall so gezüchtet wird, dass Sie jede Stange bis zum – gar nicht bitteren – Ende genießen können; außerdem wird hierzulande Spargel als Teil der Hauptspeise mit Beilagen gereicht, für die Sie Messer und Gabel benötigen.

Ein Relikt aus alten Tagen ist aber, dass die Spargelstangen mit den Köpfen auf der linken Tellerseite liegen. So können Sie jede Stange links beginnend Stück für Stück essen.

Überleben mit Stäbchen

Wer mit Stäbchen isst, isst ohne Waffe. Gibt es ein schöneres Symbol für die Bereitschaft zum harmonischen Miteinander, als sich vor dem Geschäftsbesuch im Fernen Osten in der Handhabung dieser Esswerkzeuge zu üben? Die Chinesen beherrschen sie seit 3000 Jahren, die Japaner seit dem 6. Jahrhundert nach Christus. Ausländer können natürlich in China, Japan,

Korea oder Vietnam um eine Gabel bitten, ein Steakhouse aufsuchen oder sich mit Café au lait und Croissants aus der Kaufhaus-Patisserie über die Runden bringen. Doch wollen Sie diesen Gesichtsverlust riskieren – gerade in Kulturen, in denen ein würdiger Auftritt eine so herausragende Rolle spielt?

Griff für Griff

Japanische Stäbchen sind kürzer als chinesische, aber aus Holz und dadurch griffiger. Zwar ist das gesamte Handwerk auch für Menschen, die sich im Alltag mit Messer und Gabel auseinander setzen müssen, leichter, als es aussieht. Seien Sie dennoch so gescheit, Ihre Krawatte erst im Büro anzulegen, wenn Sie in Fernost zum Frühstück Nudelsuppe schlürfen.

1. Nehmen Sie Holzstäbchen aus ihrer Papierhülle, legen Sie sie rechts von Ihrem Teller so ab, dass das noch verbundene Ende zur Tischmitte hin liegt.
2. Falten Sie die Tüte längs zu einem schmalen Streifen. Knoten Sie ihn, positionieren Sie ihn rechter Hand als Ablage für den Kopf der Stäbchen. Trennen Sie die Stäbchen über dem Schoß, damit keine Holzsplitter in Ihr Essen fallen, reiben Sie sie dort an einander, um etwaige Splitter abzustreifen. Legen Sie sie auf dem Papierknoten ab, das stumpfe Ende nun auf sich gerichtet.
3. Im Idealfall nehmen Sie die Stäbchen von jetzt an einhändig auf. Die rechte Hand dreht sich über den beiden Stäbchen gegen den Uhrzeigersinn, so dass der Ellbogen nach außen zeigt. Den Daumen legen Sie an die rechte Seite des rechten Stäbchens, Zeige- und Mittelfinger an die linke Seite des linken Stäbchens.
4. Beim Aufnehmen drehen Sie die Hand im Uhrzeigersinn – und schon sind Sie essbereit.
5. Halten Sie beide Stäbchen so, als wollten Sie mit zwei Bleistiften schreiben. Dabei richten Sie die Spitzen zur Speise, die Enden zum Winkel zwischen Daumen und Zeigefinger.

6. Halten Sie das untere Stäbchen am hinteren Drittel mit den Kuppen von Daumen und Mittelfinger, sein Ende liegt lose in der Mulde zwischen Daumen und Zeigefinger.
7. Das obere Stäbchen wird zur Aufnahme der Speisen von dem ersten Zeigefingerglied und dem Daumen auf und ab bewegt. So ist selbst Erdnussgreifen »peanuts«.

Extra-Tipp
Thailand ist kein Stäbchen-Land. Hier essen Sie – außer beim Chinesen, Japaner, Koreaner und Vietnamesen – mit Löffel und Gabel.

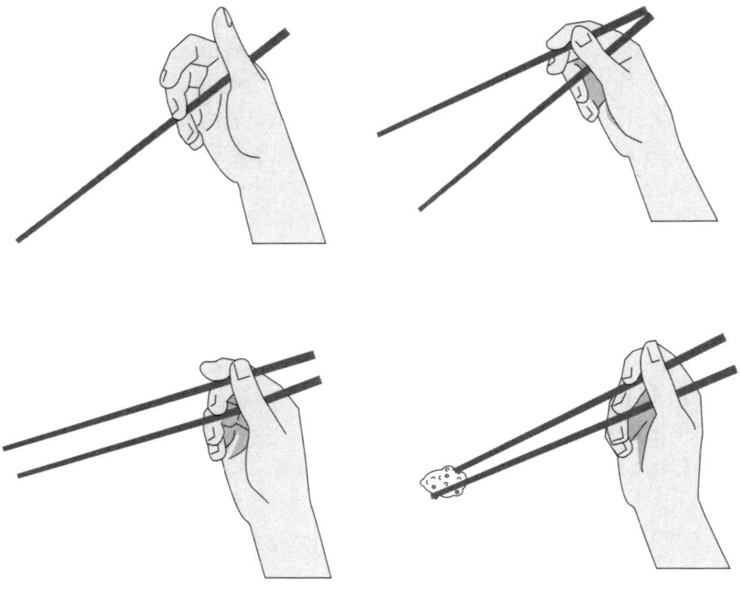

So geht's: Essen mit Stäbchen

Das sollten Sie mit Stäbchen & Co. nicht tun

Absolut tabu ist,

- seine Stäbchen zu kreuzen, getrennt abzulegen, aufrecht in die Reisschale zu stellen, Essen damit aufzuspießen, damit herumzuwedeln;
- mit Stäbchen Platten zu sich zu ziehen: In Japan haben Sie wahrscheinlich Ihre eigenen Portionen vor sich; in China dreht der Gastgeber die runde Scheibe des Tisches so, dass der Gast immer neue Speisen vor sich hat; mit neun Gängen dürfen Sie bei einem Bankett schon rechnen.

Als wenig schicklich gilt:

- das zum Beginn der Mahlzeit überreichte feuchte Tuch zum Abwischen des Gesichts zu benutzen: Es ist für Ihre Hände gedacht.
- mit den Fingern zu essen – außer Sushi, das Sie mit der Fischseite nach unten kurz in Ihr Schälchen Sojasauce tunken. Im Idealfall werden Reste mit den Stäbchen aus dem Mund auf den Teller (in einfachen chinesischen Lokalen auf die Tischplatte) transportiert.
- sich in Japan mit dem Mundteil der eigenen Stäbchen aus gemeinsamen Platten zu bedienen – entweder Sie nehmen den Vorleglöffel oder die Griffe Ihrer Stäbchen.

Die zehn Gebote des Speisens in Fernost

Sobald Sie die fundamentalen Handgriffe in Ihr Verhaltensrepertoire integriert haben, befolgen Sie weitere Spielregeln.

- Reis neutralisiert: Mischen Sie ihn weder mit Saucen noch mit Speisen.
- Die Suppe begleitet das ganze Essen. Die Schale heben Sie an, die Einlage essen Sie mit den Stäbchen, die Flüssigkeit trinken Sie. Die Schale mit beiden Händen halten. Nicht kleckern. Schlürfen und Rülpsen sind erlaubt, aber nicht elegant.

- Fragen Sie nicht: »Was ist denn das?« Lehnen Sie keine Speise ab. Probieren Sie von allem.
- Bedienen Sie nicht sich selbst zuerst. Überlassen Sie dem Gastgeber die Regie. Sind Sie der Gastgeber, bedienen Sie den Ehrengast.
- Leeren Sie Ihr Glas über die Hälfte, wird nachgeschenkt. Vor allem in Japan schenken Sie Ihrem Nachbarn nach, er erwidert dann die Geste bei Ihnen.
- Ein Rest Speise nebst einem leeren Reisschälchen und Deckel auf der Suppenschale signalisiert: Sie sind fertig. Seien Sie nicht früher fertig als Gastgeber und Ehrengast.
- Tischreden und Toasts würzen jedes offizielle Essen. Loben Sie Gastgeber, Beziehung und Speisen – mindestens einmal pro Mahlzeit in einer kleinen Ansprache. »Kampai« heißt: Zum Wohl. In China stehen Sie hierfür auf.
- Ob und wann geraucht wird, entscheidet der Ehrengast. Frauen rauchen eher nicht.
- Das Naseputzen gehört nicht an den Tisch; der Einsatz eines Zahnstochers hinter vorgehaltener Hand wiederum ist nicht verpönt.
- Bitten Sie Servicepersonal durch Augenkontakt herbei, nicht durch Rufen.

Ende gut, alles gut

Der Gastgeber und seine Delegation verlassen den Tisch nach den Gästen, begleiten sie zum Wagen und bleiben so lange stehen, bis diese außer Sichtweite sind.

Das gilt für China; in Japan gehen Sie jetzt zum geselligen Teil eines Geschäftsabends über – dem Besuch von Karaoke-Bar und Nachtclub. Frauen können sich an dieser Stelle entschuldigen, Männer demonstrieren mit dem nächtlichen Bummel die Bereitschaft zu Gemeinsamkeit und Selbstbewusstsein und erweisen sich somit als adäquate Geschäftspartner. Einer Frau bleiben für diesen Beweis Charme und Sachargumente am Morgen danach.

Pech und Pannen

»Störungen haben Vorrang«, von diesem Leitsatz lassen sich Personen lenken, die auf partnerschaftliche Weise miteinander leben, lernen, arbeiten wollen und sollen. Zur Beziehungspflege gehört die Beziehungshygiene. Im geselligen Rahmen jedoch hat dieses Vorgehen keinen Platz. Da gilt: »Störungen werden klein gehalten.«

Auswege aus dem Fettnäpfchen

Das Verhalten eines Menschen bei Missgeschicken ist geprägt von seinem generellen Verhaltensstil, der Situation mit ihren Beteiligten, seiner Rolle darin und seiner momentanen Verfassung. Daher greifen allgemeine gute Ratschläge wie »nur nicht wundern« oder »sofort einschreiten« häufig nicht.

Selbst verschuldet

Wollen Sie sich ärgern oder wollen Sie handeln? Wenn Sie sich für das Handeln entscheiden, ergibt sich eine Auswahl an Strategien. Sie können, je nach Grad des Verstoßes, unterschiedliche Gangarten anschlagen und zum Beispiel

- so tun, als sei nichts geschehen;
- um Verzeihung bitten und zur Tagesordnung übergehen;
- über sich selbst und ihr Missgeschick lachen;
- Hilfe holen;
- Wiedergutmachung anbieten.

Auf den konkreten Fall übertragen Sie die Anregungen so:

- Hinterlassen Sie einen Flecken auf der Tischdecke, ignorieren Sie ihn. Von griechischen Gastgeberinnen wird übrigens berichtet, dass sie zu Beginn einer Mahlzeit absichtlich etwas umwerfen, damit kein Gast sich unwohl fühlt, wenn ihm ein Missgeschick unterläuft.
- Stoßen Sie einen Sitznachbarn an, bitten Sie um Entschuldigung. Aus.

- Bekleckern Sie Ihre Krawatte, kann eine launige Bemerkung nach dem Muster »Wie gut, dass sie gemustert ist« passen.
- Lassen Sie ein Besteckteil fallen oder werfen Sie ein Glas um, schaffen im Haushalt die Gastgeber, im Restaurant die Servicemitarbeiter Abhilfe. Haben Sie als Gastgeber zu Hause das Essen verpatzt oder korkigen Wein eingeschenkt, tragen Sie die Teller und Gläser ab und sorgen für Ersatz.
- Muss ein Jackett, ein Kleid, ein Teppich Ihretwegen in die Reinigung gegeben werden, bieten Sie nicht nur an, die Kosten zu übernehmen. Für nötigen Ersatz sorgt Ihre Haftpflichtversicherung, für Trost sorgen Sie mindestens mit einem Blumenstrauß.

Von anderen verschuldet

Als Gast sehen Sie so lange über Fehler anderer hinweg, wie Sie nicht selbst betroffen sind. Sogar als Opfer halten Sie sich mit Jammern und Vorwürfen zurück. Das wäre nicht lösungsorientiert und der Verursacher ist durch seine öffentliche Selbst-Blamage genug gestraft.

Versetzen Sie sich in seine Lage, können Sie in konkreten Fälle so handeln, wie es Ihnen als Verursacher selbst am liebsten wäre:

- Kleine Missgeschicke ohne Bezug auf Personen ignorieren Sie.
- Entschuldigungen nehmen Sie an.
- Bekleckert er Sie und er ist bestürzt, kann zur Lockerung der Stimmung eine launige Bemerkung passen.
- Bei größeren Missgeschicken rufen Sie die Servicemitarbeiter um Hilfe.
- Wurde Ihr Eigentum in Mitleidenschaft gezogen, nehmen Sie die Angebote zur Wiedergutmachung freundlich an.
- Schätzt der Verursacher seinen Fehltritt zu gering ein, verhelfen Sie ihm zur realistischen Einschätzung der Lage: »Ihre Haftpflichtversicherung wird das sicherlich problemlos übernehmen.«

Vom Lokal verschuldete Pannen

Sie haben ein gutes Restaurant gewählt, für Ihr gutes Geld haben Sie Anspruch auf tadellose Sauberkeit, perfekten Service, schmackhaftes Essen und gepflegte Getränke. Abstriche machen Sie nicht. Und doch kann es hin und wieder – leider – Grund zu einer Beschwerde geben.

Sie kennen sicherlich für den Fall, dass Ihnen eine Reklamation vorgelegt wird, die Faustregel des Beschwerdemanagements. Sie lautet:

- Lassen Sie den Kunden den konkreten Sachverhalt so schildern,
- dass Sie ihn nachvollziehen können,
- und suchen Sie gemeinsam mit ihm
- nach Lösungen.

Entsprechend verhalten Sie sich, wenn Sie Pannen oder Minderleistungen in einem Restaurant reklamieren müssen. Denn Sie verlieren Ihr Gesicht, wenn Sie

- generell über das Lokal/das Essen/den Service schimpfen;
- das Essen monieren, nachdem Sie es verzehrt haben;
- den Kellner beschimpfen;
- drohen, dass Sie dieses Lokal nie wieder betreten werden.

Ob Sie eingeladen sind oder selbst zahlen – sorgen Sie für einen reibungslosen Ablauf. Die Tradition will zwar, dass eingeladene Gäste nicht selbst mit den Servicemitarbeitern verhandeln. Praktisch ist das nicht. Warum den Gastgeber mobilisieren, wo doch ohnehin der Koch die Schnecke aus dem Salat befreit beziehungsweise Ihnen einen neuen richtet?

Die Rolle des Gastgebers

Gäste äußern sich meist aus falscher Diskretion nicht, wenn sie ein Haar in der Suppe finden oder die Kartoffeln versalzen sind. Da der Gastgeber die Verantwortung für das Gelingen trägt, muss er wachsam überblicken, ob seine Gäste mit Speisen, Getränken und Service zufrieden sind. Anzeichen von Unbehagen ignorieren – das geht nicht. Rufen Sie als Gastgeber den Kellner, bitten Sie ihn zu eruieren, was missfallen könnte.

Hat ein Gast offen seinen Missmut geäußert oder Sie selbst haben ein Problem bemerkt, sprechen Sie zuerst diskret an Ihrem Platz mit dem zuständigen Oberkellner, im schlimmeren Fall gehen Sie zum Restaurantleiter. Ersparen Sie ihm eine öffentliche Demütigung und Ihren Gästen einen Schaukampf.

Wo und bei wem Sie reklamieren – wenden Sie die Prinzipien des angemessenen Feedbacks an:

- Ich-Botschaft
- konkrete Beschreibung
- Lösungsorientierung
- Verbindlichkeit

Das kann so klingen:

- »Ich sehe,
- das Steak ist blutig/da ist eine Schnecke im Salat/ein Haar in der Suppe.
- Welche Lösung bieten Sie mir an?
- Dann bringen Sie mir bitte ...«

Extra-Tipp

Der Gastgeber hat den Wein für »in Ordnung« erklärt, Sie stellen schon beim ersten Schluck fest: Er hat Kork. Teilen Sie das umgehend mit, verliert der Gastgeber sein Gesicht. Trinken Sie den korkigen Wein, verlieren Sie das Ihre. Lassen Sie ihn stehen, weiß der Gastgeber das nicht einzuschätzen. Warten Sie lieber ein paar Minuten, setzen Sie darauf, dass bekannt ist, dass sich das Aroma bei Temperaturveränderung verändert. »Ich weiß nicht recht. Jetzt wo der Wein wärmer ist, schmeckt er ganz anders als vorhin.« Wenn der Gastgeber diesen Wink nicht aufgreift, werden andere Gäste es tun.

Grenzen setzen
Im schlimmsten Fall ist nicht die Küche Urheber eines Problems, sondern der Service. Flapsige Bemerkungen eines Kellners brauchen Sie nicht zu dulden. Als Gast werden Sie nicht den begossenen Pudel spielen, sondern eine Frechheit ignorieren. Als Gastgeber bitten Sie den Übeltäter diskret aus dem Saal. Betreiben Sie keine lange Ursachenforschung: »Ich wünsche, dass Sie meine Gäste von nun an mit äußerster Zuvorkommenheit bedienen.« Er wird verstehen, was Sie meinen. Tut er es nicht, bitten Sie seinen Vorgesetzten um Ersatz.

Heikle Gäste

Die meisten Menschen sind so sozialisiert, dass sie im geselligen Rahmen offene Konflikte vermeiden. Dennoch kann es vorkommen, dass Störenfriede auch an Ihrem Tisch ihr Unwesen treiben. Beziehen Sie deren Verhalten nicht automatisch auf sich oder auf Ihren Anlass. Meist ist ein Vorfall an Ihrem Tisch zwar der Auslöser, doch nicht der Grund für das inadäquate Verhalten. Mit dieser Überzeugung machen Sie Ihren Kopf frei für eine angemessene Einschätzung der Lage und die Wahl der passenden Strategie.

Verstöße gegen die Höflichkeit
Kommt ein Gast zu spät zum Essen im kleinen Kreis? Wie gut, dass Sie den Aperitif im Stehen angesetzt haben, da haben Sie einen zeitlichen Puffer. Unterstellen Sie ihm zuerst einmal eine Notlage und versuchen Sie, ihn telefonisch zu erreichen. Können Sie keinen Kontakt herstellen, werden Sie auf den Ehrengast warten müssen, selbst wenn Ihnen das Soufflé im Ofen zusammenfällt. Andere Gäste werden – selbst wenn sie sich nicht von unterwegs gemeldet und die Verspätung angekündigt haben – höflich begrüßt und in den Ablauf eingeschleust. Notfalls müssen sie ohne Vorspeise auskommen.

Handy aus?

Ein Mobiltelefon bei Tisch auszuschalten gehört zum guten Ton. Was tun, wenn das Handy eines Gastes oder Ihres Tischnachbarn dennoch klingelt? Fragen Sie, ob etwas Dringendes anliegt.

Das Handy als Statussymbol ist längst passé, es könnte also wirklich etwas Wichtiges, gar Schlimmes anliegen und ein bei Ihnen und anderen aufkommender Ärger würde sich in Mitgefühl verwandeln. Ist das nicht der Fall, bieten Sie der Person an, ihre Angelegenheit in einem anderen Raum zu regeln, damit sie danach ungetrübt mit Ihnen speisen kann.

Nur wer diesen Wink nicht versteht, braucht eine härtere Gangart: »Wäre es möglich, Ihr Handy während des Essens auszuschalten? Das wäre ganz lieb von Ihnen.« Das wiederum bitte nicht vor aller Augen; flüstern Sie es ihm ins Ohr.

Raucher und Nichtraucher

Gemäß einer Umfrage Ende des Jahres 2002 ist 82 Prozent der Rauchenden die Spielregel bekannt: »Erst nach dem Dessert und selbst dann nicht, ohne zu fragen«. Nur 60 Prozent interpretieren das Fehlen eines Aschenbechers als Rauchverbot. Die meisten Raucher sind davon überzeugt, die Regeln einzuhalten – was Nichtraucher hin und wieder anders sehen.

Im Notfall verlassen Raucher den Tisch zwischen zwei Gängen, um geschwind an der frischen Luft eine Zigarette zu genießen. Sie entsprechen damit dem Bedürfnis von 96 Prozent der Befragten, die Zigarettenrauch an dieser Stelle als unangenehm empfinden würden. Ihre Geste ist nicht mit Spott über die »Sucht«, sondern mit dankbarem Respekt zu quittieren.

Wer sich jedoch über die Spielregel hinwegsetzt, darf freundlich, aber bestimmt, daran erinnert werden: »Würde es Ihnen etwas ausmachen, zum Rauchen auf den Balkon zu gehen?« Auch hier: bitte unter vier Augen! Öffentlicher Tadel weckt Widerstand, manchmal sogar Trotz.

Zu viel Alkohol

Trinkt ein Gast zu viel und wird dabei nicht lustig, sondern laut? Mit einer angetrunkenen Person über ihren Alkoholpegel zu sprechen, ist müßig. Besser ist es,

- den Kellner zu bitten, ihm Alkohol nur millimeterweise nachzuschenken beziehungsweise zu Hause selbst sparsam einschenken;
- die/den Lebenspartner/in zu bitten einzuschreiten;
- ein Taxi zu bestellen; das ist zwar scheinheilig, aber effektiv.

Menschen bloßzustellen ist unhöflich; alkoholisierte Personen zu kompromittieren kann sogar zu Eskalationen führen.

Stärkenmanagement in Krisensituationen

Kommunizieren ist wie Segeln, es kommt nicht darauf an, woher der Wind weht, es kommt darauf an, wie Sie die Segel setzen. Wenn Sie Ihre Stärken konsequent einsetzen und darauf achten, dass Sie das nicht in übertriebenem Maße tun, können Sie sogar bei Sturmböen Klippen galant umschiffen.

- Sie nehmen in guten Zeiten gut und gern das Heft in die Hand? Tun Sie es in schlechten Momenten auch. Greifen Sie ein. Sagen Sie Ihre Meinung. Doch Vorsicht: Überschreiten Sie nicht die Grenze zu dominantem Verhalten. Sie haben es mit Erwachsenen zu tun, die für sich selbst sorgen können.
- Sind Sie ein hilfsbereiter Mensch? Betrachten Sie einen Störenfried als eine Person, die Unterstützung braucht, um sich adäquat zu verhalten. Helfen Sie dem Betroffenen aus der Patsche, ohne sich mit ihm zu solidarisieren. Sie säßen sonst selbst schnell drin. Behalten Sie den Überblick.
- Sind Sie stets darauf bedacht, dass die Dinge ihren ordnungsgemäßen Gang gehen? Dann fällt es Ihnen leicht, dazu beizutragen, dass auch eine unangenehme Situation schnell wieder ins Lot kommt. Vielleicht aber ist das eher durch eine kreative Lösung zu erreichen als durch Maßnahmen, die Sie schon immer durchführen.

– Harmonie ist Ihnen wichtig? Tun Sie alles in Ihrer Macht Stehende, um sie wiederherzustellen, zum Beispiel indem Sie von der Problematik ab- und das Interesse auf ein anderes Thema lenken. Kleine Vorsichtsmaßnahme: Nicht um der Harmonie willen Gegensätze unter dem Teppich kehren.

Extra-Tipp
Machen Sie sich nach einer gut gemanagten Krise die Eckpunkte des Problems und Ihre Erfolgsstrategie bewusst. Merken Sie sich dies. Die nächste kommunikative Krise kommt bestimmt.

Atmosphärische Klippen umschiffen
Im Zweifel für den Angeklagten, weiß der Volksmund. Verhält sich ein Gast nicht Ihren Erwartungen entsprechend, stellen Sie Ihren Ärger hintan. Verhalten Sie sich auf erwachsene Weise, selbst wenn andere sich wie ungezogene Kinder verhalten.

Notorische Nörgler
Unbestätigten Gerüchten zufolge gehört es zum guten Ton, sich als Gourmet und Weinkenner auszugeben. Da wird am Korken geschnüffelt und ein Probeschluck im Mund gerollt, da wird die Bissfestigkeit des Reiskorns kommentiert und erläutert, wie Trüffel aus dem Périgord »eigentlich schmecken sollten«. Nun weiß die Wissenschaft: Selbst der Kenner schmeckt, was er erwartet, und die Erwartungen an bestimmte Speisen und Getränke in bestimmten Kontexten sind unterschiedlich. Nehmen Sie das gelassen.

Hinterfragen Sie einen prüfenden Blick umgehend: »Ist etwas nicht in Ordnung?« Wie ist es bei den anderen Gästen? Ein echter Mangel wird reklamiert; ist er nicht vorhanden, wird sich der notorische Nörgler wahrscheinlich dem Gruppenkonsens beugen und sich nicht ein weiteres Mal den fragenden Blicken der Öffentlichkeit aussetzen.

Schweiger und Vielredner

Unterstellen Sie einer Person, die sich an Ihrem Tischgespräch nicht beteiligt, nicht automatisch Desinteresse. Vielleicht hört sie gern zu, vielleicht ist sie in Gedanken, vielleicht wartet sie auf ihren Einsatz. Solange Sie den Grund nicht wissen, können Sie ihn nicht auflösen. Doch müssen Sie ihn wirklich wissen?

Signalisieren Sie der Person durch Blickkontakt, dass Sie sie in das Miteinander einbinden. Lächeln Sie sie an, nicken Sie ihr zu. Niemals das Schweigen kommentieren! Setzt sie an zu reden, kommt aber gegen andere nicht an, erteilen Sie ihr das Wort, indem Sie ganz unspektakulär ihren Namen nennen. Motivationsfragen bringen fast jeden zum Sprechen: »Frau Huber, welche Erfahrungen haben Sie als Apothekerin damit?« Dadurch dass Sie die Rolle beschreiben, in der Sie die Dame ansprechen, helfen Sie ihr bei der Suche nach einer Antwort. Sie erinnern sich: Malbuch-Effekt!

Auch das Gegenstück zum Schweiger, der Vielredner, muss im Sinne der Ausgewogenheit in die Gruppe eingebunden werden. Bringt der Vielredner die Dinge voran und Leben in das Gespräch, hört die Runde ihm gern zu; da brauchen Sie nicht einzugreifen. Treten jedoch Ermüdungserscheinungen bei den Zuhörern auf, bedenken Sie: Der Vielredner braucht sein Publikum für ein gewisses Maß an Anerkennung. Geben Sie ihm etwas davon, leiten Sie dann das Gespräch in die Runde zurück.

Extra-Tipp

Wie ungeschickt ein Gesprächsteilnehmer sich auch verhalten mag: Der Anstand verbietet, ihn lächerlich zu machen; sogar ein zweideutiges Lob fiele auf Sie zurück.

Grenzüberschreitungen

Stört es Sie, dass ein Tischnachbar Ihnen zu nahe tritt? Mit solchen Überschreitungen haben am ehesten Frauen zu tun. Da wird ein Kunde zum Geschäftsessen eingeladen, Sie sehen das sachlich im Interesse des Unternehmens, er hat eher private Pläne mit Ihnen. Sie können in mehreren Schritten vorgehen:

- Sie können versteckte Annäherungsversuche ignorieren und ihn munter mit herzigen Geschichten von Ihrem Mann und Ihren Kindern beglücken. Wie freuen Sie sich doch, alle am Abend noch zu sehen. Sie können sich ausdrücklich nach seiner Frau, seinen Kindern usw. erkundigen. So viel Familiensinn schreckt so manchen Interessenten ab.
- Lässt er Sie dennoch nicht in Ruhe, fahren Sie schwerere Geschütze auf. Sprechen Sie mit ihm über seine Erwartungen an Sie: »Nun haben wir ein so gutes geschäftliches Verhältnis. Ich habe den Eindruck, Sie wünschen sich mehr persönlichen Kontakt. Ist das richtig?« Jetzt soll er seine Absichten offen legen!
- Tut er das, teilen Sie ihm Ihr Bedauern über deren Aussichtslosigkeit mit: »Da bin ich froh, dass wir darüber gesprochen haben. Mir ist nämlich lieb, wenn wir die Beziehung auf das gute geschäftliche Miteinander beschränken.«

Extra-Tipp

Informieren Sie am nächsten Tag umgehend Ihren Vorgesetzten über das Gespräch. Wer weiß, ob der Kunde Sie nicht bei ihm wegen eines angeblichen sachlichen Fehlers zu diskreditieren versucht. Es wäre nicht das erste Mal, dass ein Verschmähter Rache übt.

Schmutzige Witze

Witze können die Stimmung heben, auch schmutzige Witze haben häufig ein begeistertes Publikum. Selbst wenn sich Gäste vor Lachen biegen, sind Sie gehalten, Ihren guten Ruf und das Schamgefühl der anderen Gäste zu schützen. Als Moralapostel würden Sie eine schlechte Figur abgeben. Tadeln Sie nicht von oben herab. Werten Sie nicht das Thema als solches ab. Setzen Sie – ob Frau, ob Mann – auf den Zeitfaktor: »Ich glaube, das ist eher was für die nächste Herrenrunde.« Und jetzt schnell: ein neues Thema anbieten!

Störfeuer

Wenn Gäste streiten oder andere Gäste mit unflätigen Kommentaren belästigen, hilft nur: dem Spuk schnell ein Ende bereiten.

Ein öffentlicher Tadel würde Sie in eine unangenehme Oberlehrerposition bringen, rufen Sie daher die Beteiligten nicht öffentlich zur Räson. Bitten Sie Alliierte um Hilfe, die den Angreifern näher stehen als Sie, das können Tischnachbarn, Kollegen oder Lebenspartner sein. Oder Sie bitten unter einem Vorwand mindestens einen der Beteiligten aus dem Raum und sprechen ein offenes, klares Wort: »Bitte tragt euren Streit später an einem anderen Ort aus.«

Übrigens: Ein Platzwechsel kann Wunder wirken. Streiten zwei Tischnachbarn, stellen Sie einem von ihnen eine konkrete Frage und bitten Sie den andern, Ihnen für die Zeit der Antwort seinen Platz zu überlassen. Den behalten Sie dann. Die Absicht ist transparent, doch der Zweck heiligt die Mittel. Sie werden von anderen Gästen schmunzelnde, doch ausschließlich positive Kommentare ernten.

8 Getränkekunde

Der Anteil der Single-Haushalte und Kleinstfamilien an der Bevölkerung steigt, Essen und Trinken finden oft in größter Eile statt, im Fast-Food-Restaurant oder am Imbissstand. Wie die Möbelhersteller anmerken, hat sich hierzu jedoch ein Gegentrend entwickelt: Menschen kaufen vermehrt große Tische – für Feiern im Freundeskreis, bei denen Geselligkeit und Genuss gleich groß geschrieben werden.

Ob Sie nun Freunde einladen oder Geschäftspartner, ob Sie ins Restaurant bitten oder an den heimischen großen Tisch – zu einem guten Essen gehört ein gutes Getränk!

Der Aperitif

Wenn es möglich ist, bieten Sie einen Aperitif im Stehen an – beim Bankett im Foyer, im Restaurant an der Bar, zu Hause auf dem Balkon. Schließlich dient der Aperitif dem Namen nach der »Öffnung« der Sinne. Nutzen Sie ihn geschickt, regt er nicht nur den Appetit an (»öffnet den Magen«), sondern auch die Gespräche (»löst die Zunge«).

Diesem Zweck dienen bestimmte Getränke auf besondere Weise: ein kühles Pils nach einem arbeitsreichen Tag, ein leichter Wein auf der Terrasse – andere weniger: Süße Cocktails und Getränke mit hohem Alkoholgehalt verschließen die Geschmacksnerven eher, als dass sie sie öffneten.

Extra-Tipp

Wer keinen Alkohol trinken möchte, ist mit einem Orangensaft nur dann gut bedient, wenn dessen Süße mit einem Tropfen Säure – aus dem Saft einer Zitrone – gemildert wird.

Schaumweine

Wein wird mit Hefe und Zucker versetzt und in den Drucktank oder eine dickwandige Sektflasche gefüllt. Die Hefe spaltet Zucker in Alkohol und Kohlensäure, das Gärgas kann nicht entweichen, wird darum in der Flüssigkeit gebunden, erzeugt Druck. Je länger der Wein vergärt, desto feiner werden die Perlen. Damit er nicht wie Weißbier trüb bleibt, wird die Hefe aus dem Schaumwein entfernt: bei Tankgärung durch Filtern, bei Flaschengärung durch Rütteln, Einfrosten und Entfernen des Hefe-Pfropfens. Nach dem Entfernen der Hefe darf dem Schaumwein Dosage zugesetzt werden: eine zuckerhaltige Lösung, die den Geschmack mitbestimmt. Der Zuckergehalt findet sich in den Bezeichnungen auf der Schaumweinflasche wieder, von trocken bis mild lauten die häufigsten:

- extra brut – extra herb
- brut – herb
- extra dry – extra trocken
- dry – trocken
- demi-sec – halbtrocken
- doux – lieblich

So profan verläuft die Herstellung des Getränks, von dem die Deutschen pro Kopf mehr trinken als alle anderen Völker dieser Erde, nämlich vier Liter pro Person und Jahr.

Die Welt des Schaumweins (so der Oberbegriff, französisch »mousseux«, englisch »sparkling wine«) ist von einer schier unübersichtlichen Vielfalt geprägt. Deutsche Ware heißt Sekt oder wie in Frankreich Crémant, in Spanien Cava, in Italien Frizzante.

Da in Deutschland meist Schaumwein aus der Prosecco-Traube getrunken wird, ist »Prosecco« hier zum Gattungsnamen aufgestiegen.

Champagner

Was »Champagner« heißt, muss aus der Champagne, dem Gebiet um Epernay, stammen. Wird das dort entwickelte Verfahren andernorts angewandt, heißt es »Flaschengärung«. Champagner enthält Chardonnay-, Pinot-Noir- und Pinot-Meunier-Trauben, die ausschließlich in der Champagne gewachsen, gekeltert und gegoren sind. Um einen stabilen Geschmack zu garantieren, werden die unterschiedlichen Trauben aus verschiedenen Jahrgängen zu einer »Cuvée« gemischt (»verschnitten«).

Es war ein Bediensteter des Herzogs von Bedford, der auf die Idee kam, einen jungen, eben aus der Champagne importierten Wein auf Flaschen zu füllen und diese mit portugiesischen Korken zu verschließen. Das war 1664 und die schäumenden Champagnerweine wurden bald zum Hit der englischen Gesellschaft. Dom Pérignon, seit 1668 Kellermeister der Benediktinerabtei in Hautvilliers, werden die Mischung verschiedener Rebsorten und Lagen sowie der drucksichere Verschluss zugeschrieben. Fürst Metternich schließlich wurden für seine Verdienste um das Gelingen des Wiener Kongresses Schloss und Weingüter Johannisberg im Rheingau vermacht, wo neben hervorragenden Weinen herausragende Sekte erzeugt werden.

Extra-Tipp

Ein Rosé-Champagner findet wegen seiner fruchtigen Fülle seinen besten Platz bei einem Dessert mit frischen Beeren.

Schaumwein servieren

Einen Schaumwein sollten Sie nicht zu lange lagern. Servieren Sie ihn immer kühl – außer einen Jahrgangschampagner, der darf ruhig 10 Grad haben. Transportieren Sie die Flasche auf dem Weg zum Tisch ohne Erschütterung. Halten Sie beim Öffnen die Flasche mit einer Serviette. Nun entfernen Sie die metallene Kapsel und lösen vorsichtig den Draht (die Agraffe). Halten Sie dabei den Korken mit der rechten Hand gut fest und entfernen Sie ihn durch Drehen in eine einzige Richtung aus der Flasche. Nicht knallen lassen!

Sektschalen mögen als Erbstücke lieb und teuer sein, für einen gepflegten Schaumwein sind sie ungeeignet: Zu schnell erwärmt der Inhalt, zu schnell verflüchtigen sich die feinen Perlen. Eine schmale Flöte ist für einen Prosecco und einen Sekt gut. Je wertvoller der Schaumwein, desto größer und bauchiger darf das Glas sein. Lassen Sie sich – zum Beispiel von Franzosen – nicht einreden, Sie könnten das Schaumweinglas ruhig am Kelch anfassen: Um das Getränk kühl zu halten und das Aroma nicht mit am Handgelenk aufgetragenem Parfum zu überdecken, fassen Sie das Glas am Stiel – mit drei Fingern, so schwer ist es ja nicht.

Sektflöte und Champagnerkelch

Gemischtes

Wird dem Champagner Likör von Schwarzer Johannisbeere (Cassis) hinzugefügt, entsteht ein »Kir Royal« – im Unterschied zum normalen »Kir«, der Verbindung von Cassis mit Aligoté, einer – nicht perlenden – leichten Burgunderrebe. Kommt frisch püriertes Pfirsichfleisch in einen Champagner, entsteht ein »Bellini«. Kombinationen von Schaumweinen mit Holunderblütenextrakt, Grapefruitsaft, Maronenwein usw. werden in manchen Regionen ebenfalls gern getrunken.

Wermut ist ein mit Kräutern aromatisierter Wein. Aus Frankreich kennen wir den trockenen Noilly Prat, aus Italien Martini und Cinzano, trocken, bianco und rosso.

Als Long Drinks bieten sich besonders im Sommer Gin Tonic, Wodka Lemon, Campari Orange an oder auch Cognac auf Eis, mit Soda aufgefüllt und einer Scheibe Zitrone garniert.

Kräftiger – und darum nur vor einem deftigen Essen mit sehr körperreichen Weinen geeignet – sind Cocktails.

Ready for Sherry

»Das ist der ideale Wein«, soll Elizabeth I. nach der ersten Kostprobe geurteilt haben, als ihre Seeleute nach einem Raubzug über die iberische Halbinsel 3000 gefüllte Weinschläuche an den königlichen Hof brachten.

Internationales Marketing hatte die spanische Spezialität aber schon 100 Jahre früher erfahren: Der Seefahrer Magellan hatte für seine Weltreise 417 Schläuche und 253 Fässchen Sherry an Bord genommen. Und gewiss war auch Kolumbus nicht mit leerem Schiffsbauch von Sanlúcar de Barrameda, der Stadt des Manzanilla-Sherry, gen Westen gesegelt.

Den Briten ist die Begeisterung für den Sherry geblieben – wie wir nicht nur jedes Jahr an Silvester im Fernsehen feststellen können, wenn Miss Sophie beim »Dinner for one« um »a drop of sherry with the soup« bittet.

Generell unterscheidet man bei Sherrys der andalusischen Region um Jerez de la Frontera zwei Grundtypen:

- Finos. Fino, Manzanilla, Pale Cream und Amontillado reifen »aerob«, in Kontakt mit der Luft, in nicht völlig verschlossenen Fässern unter einer Hefeschicht heran; dieser Flor verhindert die Oxidation, entzieht ihm Alkohol, führt ihm Nährstoffe zu und verleiht dem Wein seine besondere Blume.
- Anders bei Oloroso, Cream und Pedro Ximénez: Diese Sherrys werden mit Weingeist aufgestärkt, der die Florbildung verhindert, und reifen unter Einfluss von Sauerstoff.

Lagerung und Reifung finden in einer ausgeklügelten Stapelkonstruktion nach dem Solera-Verfahren statt. In übereinander gelagerten Fässern reift Sherry jeweils gleichen Typs, jedoch in unterschiedlichen Reifestadien heran. Auf dem Boden lagert der älteste, ganz oben der jüngste. Der untersten Lage, der Solera, wird bis zu einem Drittel Menge Sherry für den Verbrauch entnommen, diese wird aus der darüber liegenden Lage ersetzt, die wiederum aus der nächsthöheren Lage und so weiter. Schließlich wird die oberste Fassreihe mit jungem Wein aufgefüllt. Da Eigenschaften der älteren Weine ständig auf die jüngeren übergehen, bleiben Qualität, Typ und Art ohne Sortenverschnitt konstant.

Sherry bleibt drei bis vier Jahre in einem Eichenfass. Sherry-Fässer werden später oft nach Schottland transportiert, weil das vom Sherry imprägnierte Holz den Whisky wie dunklen Bernstein tönt und ihm eine schmelzend-warme Süße verleiht. Auch die Apfelbranntwein-Hersteller der Normandie kaufen ihre Behälter in der Jerez-Region ein: Hätten Sie gewusst, dass der Calvados sein Aroma aus alten Sherry-Fässern bezieht? Da haben die Brandy-Spezialisten aus Jerez de la Frontera einen kürzeren Weg: Sie holen sich die Fässer aus den Bodegas in der Nachbarschaft.

Sherry ist, genau wie Spirituosen, aufrecht, ohne dass der Inhalt mit dem Korken in Kontakt kommt, im Keller bei gleich bleibender Temperatur trocken und dunkel zu lagern. Fino und Manzanilla werden gut gekühlt getrunken, die anderen Sherry-Typen nur leicht gekühlt. Eine geöffnete Flasche Fino oder

Manzanilla sollte nach dem Einschenken wieder zugekorkt und nicht zu lange aufbewahrt werden. Die dunkleren Varianten halten nach dem Öffnen wochenlang.

Sherry und Tapas
Das Glas zum Sherry ist die typische »Copita«, die sich tulpenförmig nach oben verjüngt und das Bukett auffängt. Sie kennen sie vielleicht von Ihrem Besuch in einer spanischen Bodega. Verzichten Sie nicht darauf, zum Sherry Tapas zu genießen. Die Aperitif-Häppchen verdanken ihren Namen (»Deckel«) dem ursprünglichen Brauch, den Glasinhalt vor Luft und Ungeziefer zu schützen, notfalls mit einem Stück Brot.

Eine Copita

Extra-Tipp
Achtung Aussprache: »Sherry« (stimmhaftes, weiches »sch«) nicht mit »Cherry« (stimmloses, hartes »tsch«) verwechseln! Ein Cherry Brandy ist ein Kirschlikör.

De vino veritas: Wahrheit über den Wein

Der Volksmund meint, dass »in vino veritas«, im Wein die Wahrheit liege. Er verschweigt, wie stark sich Weine unterscheiden, nämlich in Farbe, Struktur, Stärke und Körper, in Blume, Bukett und Geschmack. Alle diese Merkmale bei der Verkostung zu berücksichtigen ist schon schwer genug. Die entstehenden Sinneseindrücke zu beschreiben ist weitaus schwieriger. Denn unsere Geschmacksknospen im Mund können nur vier Empfindungen an das Gehirn weiterleiten: süß, salzig, sauer und bitter. Alle weiteren geschmacklichen Eindrücke und sprachlichen Bezeichnungen der Önologen entsprechen anderen Sinnen, vorwiegend der Nase. Kein Wunder, dass der Volksmund sie auch »Wein-Nasen« nennt und Außenstehende ihre Sprache für blumig, schwer nachvollziehbar und damit nicht sehr wahrhaftig halten.

Die ätherischen Bestandteile der Weine steigen in verflüchtigter Form durch die Nasenlöcher und hinter dem weichen Gaumen hinauf zu den Riechzellen, die die Reize an das Geruchszentrum im Gehirn weiterleiten, das sich in unmittelbarer Nachbarschaft zum Erinnerungsvermögen befindet: logisch also, dass Geruchsempfindungen so leicht Erinnerungen wachrufen. Danach erst finden Analyse und Bewertung statt. Der im Wein enthaltene Alkohol wiederum beflügelt zunächst die Gehirnfunktionen, behindert sie dann aber. Da professionelle Weinkoster das wissen, behalten sie Wein nur im Mund, bis sie alle nötigen Informationen eruiert haben, und spucken ihn dann umgehend aus.

Das Verkosten findet in vier Schritten statt:

- Sie schwenken das Glas und betrachten den Wein: Ein korrekt ausgebauter Wein ist klar und frei von Schwebteilen.
- Sie riechen am Wein. Ein junger Wein riecht frisch, ein reifer hat ein komplexes Bukett. Fehltöne wie Kork oder Böckser (eine Schwefelwasserstoffverbindung) sind K.O.-Kriterien.
- Sie nehmen einen guten Schluck und bewegen ihn im Mund. Ein junger Wein darf grasig, ein reifer Wein sollte vollmundig schmecken.
- Sie schlucken den Wein herunter und spüren die geschmackliche Empfindung hinten am Gaumen. Bei einem guten Wein dauert sie an, ein alkoholischer Wein brennt.

Önologen-ABC

Möchten Sie mitreden können, wenn Kenner Weine kommentieren? Dann übernehmen Sie diese Fachwörter in Ihr Vokabular. Tun Sie dies nicht, um anderen zu imponieren, der Profi erkennt den Bluffer sofort.

- Abgang – anhaltender Nachgeschmack guter Weine

- arm – mit wenig Körper
- Barrique – Geschmack von dem kleinen Eichenfass, in dem der Wein reifte
- blumig – Töne von Blumen
- Bukett – Gesamtheit der Duftstoffe
- Depot – Ablagerung im Wein, Verbindung von Säure, Tannin und Mineralien; meist bei älteren Rotweinen
- flach – ohne besondere Aromastoffe
- firn – über den Höhepunkt hinaus gereift
- frisch, lebendig – gesund, jung, mit ansprechendem Säure- und Kohlensäuregehalt
- fruchtig – Aroma und Säure erinnern an Früchte
- groß – enthält sämtliche Eigenschaften in Vollendung
- körperreich – reich an Extrakten und Glyzerin
- korrespondieren – geschmacklich zusammenpassen, z.B. Wein zu Speisen
- kräftig – hinreichend alkoholhaltig
- lieblich – angenehm, doch wenig ausdrucksvoll
- maderisiert – bräunlich getrübt infolge Oxidation
- moussieren – perlen
- mundig – ansprechend, zum Trinken einladend
- oxidativ – nach Sauerstoffeinwirkung schmeckend
- rassig – elegant, mit ansprechender Säure, von frischer feiner Art
- rund – harmonisch, körperreich
- samtig – bei Rotweinen: ausgewogenes Zusammenspiel von Alkohol und Körper
- sortentypisch – für eine bestimmte Traubensorte charakteristisch
- spritzig – frisch, angenehm kohlensäurereich
- Tannin – Gerbsäure
- vollmundig – extrakt- und alkoholreich mit lang anhaltendem Abgang
- Weinstein – geschmacklos und unbedenklich, natürliche Ausfällung der Säuren

Extra-Tipp
Haben Sie die Befürchtung, Geruch und Geschmack Ihres Weins – und seines Korkens – könnten den Fehlton Kork anzeigen, hilft ein Trick: Geben Sie die doppelte Menge ungekühltes Wasser zu dem fraglichen Wein: Es löst alle darin enthaltenen Aromen auf, Kork nicht: Der Fehlton wird Ihnen automatisch in die Nase stechen!

Welcher Wein für Ihren Keller
Große, also seltene und wertvolle Weine servieren Sie bitte nur, wenn sich echte Weinliebhaber um einen Tisch versammeln, wenn Sie gute, doch nicht zu geschmacksintensive Speisen dazu anbieten und vor allem: wenn Sie Zeit zum Genießen haben. Bei den meisten Anlässen – vom Geschäftsessen bis zur Jubiläumsfeier – reichen achtbare Weine aus. Sie sollen mit den servierten Speisen harmonieren, sich einfügen, aber nicht dominieren. Für die Qualität eines Weines sind entscheidend:
- die Traubensorte
- der Weinjahrgang
- das Klima und der Boden
- die Kunst des Kellermeisters
- die Dauer und Art der Lagerung

»Bei aller Individualität des Geschmacks«, sagt Karl-Heinz Schopf, Chef-Sommelier im renommierten Brenner's Park-Hotel & Spa in Baden-Baden, »sind bei der Zusammenstellung Ihres Weinkellers generelle Aspekte zu bedenken.« Er empfiehlt:
- Die ideale Temperatur Ihres Weinkellers liegt bei 12 Grad Celsius plus/minus zwei Grad je nach Jahreszeit; die ideale Luftfeuchtigkeit beträgt 60 bis 70 Prozent. Der Raum sollte dunkel und frei von störenden Gerüchen sein: faulendes Obst und Gemüse, Käse und die Farbreste von der letzten Renovierung haben in einem Weinkeller nichts zu suchen.

- Weine immer liegend lagern, damit die Korken nicht austrocknen und dann Luft in die Flasche eindringen lassen.
- Wenn Sie im großen Maßstab junge Originalabfüllung zu Einführungs- oder sogar Subskriptionspreisen einkaufen und dann bis zur Trinkreife lagern, können Sie ein Vermögen sparen oder verdienen – je nachdem, ob Sie die Flaschen bei Trinkreife öffnen oder verkaufen.
- Hauptkriterium für die Auswahl der Weine für Ihren Keller sind neben Ihrem persönlichen Geschmack Ihre individuellen Vorlieben für Speisen und Zubereitungsarten. Schätzen Sie eher das Tannin eines kräftigen Bordeaux? Oder mundet Ihnen eher ein »runder« Burgunder? Ihr Budget und die Möglichkeit, Ihren bevorzugten Wein beim Winzer oder im Fachgeschäft nachzukaufen, spielen eine Rolle.
- Zuerst stellen Sie Ihre Auswahl für die Weine des täglichen Genusses zusammen. Hochwertige Weine für besondere Anlässe, edelsüße Kredenzen und ein kleiner Vorrat an Sekt oder Champagner sollte nicht fehlen.
- Zum ständigen Überblick über Ihren Bestand führen Sie ein Kellerbuch. Damit können Sie noch nach Jahren nicht nur die Einkaufspreise und den Verbrauch zu bestimmten Anlässen, sondern auch Ihre Geschmackserlebnisse nachlesen.

Extra-Tipp

Da das Grundmaterial Kork immer rarer wird, gehen immer mehr Produzenten dazu über, Flaschen mit alternativen Materialien und Formen zu verschließen. Solche Flaschen können Sie stehend lagern. Ein Schraubverschluss ist nicht unbedingt ein Hinweis auf einen minderwertigen Wein; unverzichtbarer Genussfaktor bei einem eleganten Diner ist aber immer noch das leichte »Plop«, das ertönt, wenn ein echter Korken den Flaschenhals verlässt.

Die wichtigsten Rebsorten und die passenden Speisen

Schon die Römer wussten, dass sich »über Geschmack nicht streiten« lässt. Daher ist es klüger, sich beim Thema Wein über Erinnerungen und Nuancen auszutauschen, als Recht haben zu wollen. Zum Beispiel wird die Frage, ob säurehaltiger Wein Säure in der Speise steigert oder mildert, von Kennern kontrovers diskutiert. Einigkeit besteht jedoch allenthalben in dem Grundsatz: Eine süße Speise macht einen trockenen Wein bitter und neutralisiert die Süße eines süßen Weins. Daher trinken Kenner zu karamelisierten Karotten keinen trockenen Wein und zur Nachspeise einen edelsüßen Dessertwein.

Nutzen Sie in einem gehobenen Restaurant das Expertenwissen des Sommeliers beziehungsweise eines Oberkellners. Zwei Dinge muss er für seine Empfehlung wissen:

- Welche Speisen haben Sie bestellt?
- Welches sind Ihre persönlichen Vorlieben?

Was er nicht fragen kann, aber wissen muss: Ihren Kostenrahmen. Weisen Sie darum, während Sie sich mit ihm austauschen, diskret in der Weinkarte auf eine Preisangabe, die in Ihr Budget passt. Das versteht er. Besser noch: Sie informieren ihn vor dem Eintreffen Ihrer Gäste über Ihre Preisvorstellungen. Das ist nicht kleinlich, sondern ökonomisch und für den Profi eine Hilfe.

Rote Trauben für Qualitätsweine

Die Franzosen leben trotz eines statistisch erhöhten Rotweinkonsums länger als Bier und Weißwein trinkende Nationen: das Phänomen ist als »French paradox« in die Medizingeschichte eingegangen und wird immer wieder wissenschaftlich durchleuchtet. Bei aller Vielfalt der roten Trauben und ihrer Verschnitte begegnen Ihnen diese Rebsorten in Deutschland auf Weinkarten und in Geschäften besonders häufig.

- **Spätburgunder Pinot noir – Pinot Nero** ist ein hochwertiger samtiger Wein mit feinem Bouquet von roten Beeren.

Die bekanntesten deutschen Anbaugebiete sind Baden, die Ahr und die Pfalz. Im Burgund entstehen daraus die nobelsten Rotweine. Sie trinken ihn zu Wild, Wildgeflügel und dunklem Fleisch mit Pinot-noir-Sauce. Bringt im Verschnitt mit Chardonnay und Pinot meunier die Kraft in den Champagner.

- **Lemberger** wird besonders in Württemberg geschätzt. Er weist eine dunkle Farbe und deutlichen Gerbstoffgehalt auf. Er reift zu einem kräftigen, nachhaltigen Wein. Sie trinken ihn zu Reh, Hirsch, Kalb und Feldhase.
- **Cabernet Franc, Cabernet Sauvignon** und **Merlot:** Diese Sorten werden im Bordelais in unterschiedlichen Mengenverhältnissen meist als Cuvée vinifiziert (ausgebaut). Die Aromen reichen von geschmeidig-samtig in Saint Emilion und Pomerol bis zu säure- und gerbstoffreich in Médoc und Graves.
- **Cabernet Sauvignon** und **Merlot** aus der Neuen Welt weisen weniger Terroir (Bodengeschmack) auf . Sie werden meist in Barriques aus amerikanischer Eiche ausgebaut, haben dadurch weniger Tannin und sind deshalb früher trinkreif als viele Europäer. Sie passen zu Fleischgerichten wie Rinderfilet mit Trüffelsauce, dunklem Braten von der Gans und mit Kräutern aromatisiertem Lammrücken.
- **Syrah, Grenache** und **Mourvèdre** bilden in Cuvées den Grundstock für die großen Rhône-Weine. Mourvèdre ist die rote Traube der Provence, vorwiegend aus Grenache sind die süßen Weine von Banuyls und Maury. Der Syrah ist in Australien als Shiraz die Rotweintraube Nummer eins. Der Grenache wiederum kommt in Spanien als Garnacha sowie in Südaustralien vor. Die Weine passen zu Taube, Wildgeflügel, kräftigen Fleischgerichten von Rind und Lamm, ideal zum T-Bone-Steak.
- **Barbera** und **Nebbiolo** sind die bestimmenden Trauben in den piemontischen Gebieten Alba, Barolo und Barbaresco. Typische Begleiter von geschmorten Fleischgerichten wie Ossobucco.

- **Montepulciano** und **Sangiovese** aus der Toscana liefern gefällige Weine, die hervorragend mit der mediterranen Küche harmonieren.
- Aus **Tempranillo** wird der in Deutschland immer beliebtere Rioja hergestellt. Er harmoniert gut mit Grillgerichten von Rind und Lamm.

Extra-Tipp

Karl-Heinz Schopf empfiehlt: Nützen Sie die Zweitweine der großen Châteaus des Bordelais. Sie sind qualitativ hoch stehend und bieten ein hervorragendes Preis-Leistungs-Verhältnis.

Weiße Trauben

Rotweinproduktion und Rotweinverbrauch nehmen auch in Deutschland zu. Dennoch ist Deutschland – wie seit alters her – Weißweinland. Viele der genannten Rebsorten stammen von hier.

- Der **Riesling** ist Deutschlands bekannteste – und für viele die größte – Rebsorte, ausgewogen, blumig, mit betonter Säure. Wird außerdem in Frankreich angebaut, vor allem im Elsass. Trinken Sie Riesling zu Spargel, pochiertem Fisch mit Rieslingsauce, Kalb und Kaninchen.
- **Müller-Thurgau/Rivaner** ist die erste belegte Reben-Kreuzung, sie wurde von Herrn Müller aus dem Kanton Thurgau in Geisenheim (Rheingau) ausgeführt. Lange Zeit hielt man ihn für eine Kreuzung Riesling X Silvaner, dann für die Kreuzung Riesling X Riesling. Auch wenn die Genforschung erwiesen hat, dass es sich um die Kreuzung von Riesling X Gutedel handelt, behält er in der Ostschweiz seinen alten Namen »X Silvaner« bei. In Deutschland weit verbreitet; süffig, fruchtig bis feinwürzig mit feiner Muskatnote. Passt zu Brotzeit und Geratenem vom Schwein.
- **Weißburgunder:** Vollmundig, vornehm, extraktreich, mit walnussartigem Geschmack, eignet er sich auch zum Ausbau

im Barrique-Fass. Wichtigste Anbauregionen: Deutschland, Elsass (als Pinot Blanc), Italien (als Pinot Bianco). Trinken Sie ihn zu Fisch, Kalb, Kaninchen und Geflügel.

- **Grauburgunder:** Synonym für einen trockenen, rassigen, elegant ausgebauten Ruländer. Die französische Rebsorte Pinot Gris zählt zu den deutschen Spitzengewächsen. Wichtigste Anbauregionen: Deutschland, Frankreich (Pinot Gris), Italien (Pinot Grigio). Gut zu Fisch, von gekocht bis gebraten, Kalb, Geflügel, Kaninchen.
- **Chardonnay** ist nussig, rassig, duftig, nuancenreich und wird heute weltweit angebaut. Wird oft im Holzfass oder gar im kleineren Barrique (immer aus Eiche) ausgebaut. Passt zu Meeresfrüchten, pochiertem und gebratenem Fisch, Geflügel und Kalb je nach Zubereitung.
- **Sauvignon blanc** ist die weiße Haupt-Rebsorte an der Loire. Seine Weine sind aromatisch, leicht bis alkoholschwer mit Stachelbeer-Geschmack und lebhafter Säure. An der Loire werden aus der Sauvignonrebe der Sancerre und der Pouilly-Fumé erzeugt. Im Bordeaux wird er mit Semillon verschnitten und zu trockenen weißen Entre-deux-mers und Graves gekeltert. Gut als Apéritif, zu Pasta mit Meeresfrüchten und Ziegenkäse. Die edelsüßen Weine Sauternes und Barsac trinken Sie zu Gänse- und Entenleber.
- **Gewürztraminer:** würzig, ausdrucksvoll, kräftig mit gelegentlichem Grapefruit- oder Rosenduft. Wichtigste Anbauregionen sind Deutschland, Elsass, Kalifornien Australien. Zu Gänseleber, Blauschimmelkäse und Desserts.

Extra-Tipp

Machen Sie ruhig einmal die Probe aufs Exempel und trinken Sie bewusst gegen den Strich. Und sei es nur, um anschließend bewusst und überzeugt zu den klassischen Kombinationen zurückzukehren.

Anders herum gedacht: Von der Speise zum Wein

Mögen Sie roten Bordeaux zum Lachscarpaccio? Macht es Ihnen nichts aus, wenn der Spätburgunder von den Bitterstoffen Ihres von Spargelgerichts übertönt wird? Wollen Sie Ihre liebe Gewohnheit, zum Abendessen Riesling zu trinken, auch beim Rinderfilet nicht brechen? Solange Sie für sich allein entscheiden, trinken Sie, was Ihnen schmeckt.

Sobald Sie jedoch Verantwortung für Gäste übernehmen, sind Sie besser beraten, wenn Sie auf bewährte Geschmackskombinationen zurückgreifen. Sie brauchen nur die naturwissenschaftliche Erkenntnis umzusetzen, dass das Gehirn einen schwachen Reiz nach einem starken Reiz nicht so gut verarbeiten kann wie umgekehrt. Dann steigern Sie die Eindrücke, die Sie Ihren Geschmacksnerven sukzessive bieten und trinken

- stark gekühlte vor weniger kühlen Weinen,
- weiße Weine vor roten Weinen,
- junge Weine vor alten Weinen,
- leichte Weine vor kräftigen Weinen.

Des Weiteren

- mildern Sie Schärfe und Bitterkeit von Speisen (Peperoni, Oliven, Artischocken usw.) mit süßen (weißen) Weinen;
- trinken Sie tanninbetonte Weine (Barolo, Bordeaux) zu eiweißreichen Speisen (Käse, Lamm), weil diese die adstringierende Wirkung der Gerbsäure nehmen;
- lassen Sie einem säuregeprägten Wein (Riesling) mit einer fetten Speise (Schweinebraten) die Spitze nehmen und nehmen dem Fett seine Schwere durch die Säure des Weins.

Treue Partner, echte Klassiker

Die Anregung, zu hellem Fleisch und Fisch weißen Wein zu trinken und zu dunklem Fleisch roten Wein, ist längst als unzulässige Vereinfachung enttarnt. Der Genießer weiß: Der zu einem Gericht korrespondierende Wein ist mit der intensivsten Geschmackskomponente einer Speise abzustimmen (siehe

Menüzusammenstellung, Kapitel 6). Die wiederum entsteht durch verschiedene Elemente:

- die Zubereitungsart – ob ein Fisch oder Fleisch gebraten, gekocht, gedünstet oder unter der Kräuterkruste gebacken wird, verändert den Geschmack sehr stark.
- die Beilage – vergleichen Sie nur Kartoffelkroketten und Kartoffelpüree allein nach ihrer Intensität.
- die Sauce – mit oder ohne Schalotten, mit oder ohne Knoblauch – vergleichen Sie einmal!

Empfehlungen von Weinkellnern beruhen auf Erfahrungswerten. Diese Angaben sind aufgrund der Vielfalt der Möglichkeiten, Grundprodukte zuzubereiten, reine Anregungen – keine Dogmen.

Wenn Sie dies essen ...	***... können Sie das trinken***
Austern	Muscadet, frisch und gut gekühlt und in großen Schlucken
Dessert	Champagner nur in der Demi-sec-Version; zu Schokoladen-Desserts nur hochkonzentrierte süße Weine wie Banuyls und Maury oder Orangenlikör; oder gleich beim Bordeaux bleiben
Fisch, pochiert	im Idealfall den in der Sauce enthaltenen Wein
Fisch, gebraten	leichte Rotweine ohne viel Tannin, z.B. einen kellerfrischen Burgunder, einen Spätburgunder Kabinett, einen Weißburgunder, Grauburgunder oder Chardonnay mit leichtem Barrique-Ton

Wenn Sie dies essen ...	*... können Sie das trinken*
Fisch, geräuchert	trotz des Fettgehalts von Aal und Lachs ein Weißer mit wenig Säure, z.B. ein kraftvoller Weißburgunder oder Grauburgunder
Gans und Ente	je nach Zubereitungsart von gebraten bis geschmort: gehaltvolle Weiße aus der Pfalz oder Grands Crus aus dem Elsass bis hin zu Roten aus dem Rhône-Tal, dem Burgund oder Bordeaux; im Verbund mit Orangen: Sauternes oder Riesling-Auslesen
Gänseleber	zur Terrine edelsüße Weine: Sauternes, Beerenauslesen, gebraten: Gewürztraminer, Spätlese
Huhn	gekocht: Riesling und Silvaner gebraten: Chardonnay, Weiß- und Grauburgunder, ein leichter Rosé – deutscher Weißherbst, Rosé d'Anjou von der Loire oder Rosé de Provence
Käse	am besten ein Wein aus der Region, aus der der Käse kommt. Ziegenkäse, Frischkäse und würzige Hartkäse kommen gut mit Weißweinen; das Eiweiß von Brie und Camembert mildert die Gerbsäure von Roten, z.B. Bordeaux; die Engländer trinken zum Stilton Portwein und wissen, warum
Kalb	je nach Zubereitungsart Weiß- oder Grauburgunder, ein leichter Roter

Wenn Sie dies essen ...	*... können Sie das trinken*
Kaviar	ein körperhaltiger Weißer wie ein Weißburgunder; Jahrgangschampagner
Krustentiere	zum süßlichen Fleisch von Hummer, Languste, Flusskrebs weiße Weine mit wenig Säure; vor allem gereifte Grauburgunder
Lamm, Rind	je nach Zubereitungsart und persönlicher Vorliebe mehr oder wenige kräftige Rote, von Barolo über Bordeaux und Rioja bis in die Neue Welt
Suppe	eigentlich gar nichts, bleiben Sie beim bereits servierten Wein – oder kehren Sie zu der alten Tradition zurück, zu einem Consommé einen Oloroso-Sherry zu reichen
Wild und Wildgeflügel	kräftige Weine von Grau- bis Spätburgunder

Extra-Tipp

Bei einem Blick auf die Weinkarte im Restaurant stellen Sie fest: In Weinregionen finden Sie die Weine der Region an erster Stelle. Darauf folgen die übrigen Weinbauregionen des Landes, dann geht es über Europa in die Neue Welt. Manchmal ist die Rebsorte angegeben, manchmal nicht. Immer finden Sie gemäß gesetzlicher Vorschrift Angaben zu Region, Qualitätsstufe, Füllmenge und Preis. Alle übrigen Angaben sind fakultativ.

Zu Käse und Dessert

Meist werden Sie es bei einem Geschäftsessen bei der klassischen Getränkefolge bewenden lassen:

- Aperitif
- Weißwein
- Rotwein
- Digestif

Bei großen Diners ist durchaus daran zu denken, verschiedene Weiße und/oder mehrere Rote zu kredenzen. In einem solchen Fall kommt dann auch ein Dessertwein zum Tragen.

Dass zum Käse nicht unbedingt ein Rotwein passt, wurde bereits erläutert (»Von der Speise zum Wein«). Dass vor allem Beeren- und Trockenbeerenauslesen eine süße Speise ideal begleiten, wurde ebenfalls erklärt (»Die wichtigsten Rebsorten«).

In Großbritannien interessiert das alles nicht, dort und auch in skandinavischen Ländern wird zum Abschluss eines Dinners ein Portwein gereicht.

Portwein

Ein Vintage Port ist der größte ausgereifte Port eines Jahrgangs – nicht jeder Jahrgang hat das Zeug dazu. Er wird nach zwei Jahren Lagerung abgefüllt und zählt zu den besten Weinen der Welt. Alle anderen Portweine durchlaufen ein Verschnittverfahren und liefern Weine gleich bleibender Qualität – die ausgesprochen hoch sein kann. Lagerzeiten von 3 bis 50 Jahren sind möglich.

Ein Tawny wurde in Holz gelagert, ist nicht sehr dunkel und nicht sehr schwer. Kürzer gelagert, dunkler und herber: der Ruby. Der trockene White Port – aus weißen Trauben – wird eher als Aperitif getrunken.

Cream

Ebenfalls von der iberischen Halbinsel auf die britischen Inseln exportiert: der Cream Sherry. Er entsteht aus dem Verschnitt eines Oloroso Sherry mit einem (»süßen«) Dulce und verdankt seinen Namen seiner glatten, geradzu fett anmutenden Struktur. Mit seiner dunklen Farbe, seinem pikanten und sanften Aroma und Körperreichtum ist er für den Nachtisch und die Kaffeestunde am Nachmittag bestens geeignet. Der Pedro Ximénez ist ein Begleiter für Blauschimmelkäse und alle Nachspeisen. Er wird aus der Pedro-Ximénez-Traube gekeltert; die Trauben werden vor dem Keltern der Sonneneinstrahlung ausgesetzt und verlieren so einen Teil ihrer Feuchtigkeit. Die feine Fruchtschale beschleunigt diesen Vorgang. Dunkel und mahagonifarben, hat er das nachhaltige Aroma von Rosinen.

Die Sprache des Etiketts

Was fast wie ein Geheimcode anmutet, ist für Kenner leicht zu entschlüsseln. Ein Etikett macht immer – mehr oder weniger genaue – Angaben über Sorte, Herkunft und Klasse eines Weines. Die Bezeichnungen und Sortierungen sind nicht nur national unterschiedlich, sie können sogar innerhalb der Regionen eines Landes variieren, zum Beispiel zwischen Bordeaux und Burgund. Eines ist jedoch sicher: Die Qualitätsstufe ist immer erwähnt.

Da die Rebsorten Basis des Geschmacks sind, auf dem Etikett aber keine Erwähnung finden (müssen), lohnt sich das Gespräch mit dem Experten umso mehr. Zumal die Informationen vor allem auf Flaschen aus der Neuen Welt oft sehr sparsam sind.

Die Klassifizierung deutscher Weine

Deutsche Weine sind im Weingesetz nach steigender Qualität klassifiziert in:

- Deutscher Tafelwein
- Landwein
- Qualitätswein bestimmter Anbaugebiete (QbA)
- Qualitätswein mit Prädikat (QmP)

Je nach natürlichem Zuckergehalt tragen diese Weine in aufsteigender Reihenfolge weitere Zusätze:

- **Kabinett** – trocken bis lieblich mit ausgeprägter, oft sehr feiner Eigenart und Leichtigkeit
- **Spätlese** – körperreich, alkoholreicher und mit mehr Süße als der Kabinett
- **Auslese** – intensiv und nachhaltig, oft mit Honigaroma, mehr Süße und Alkoholgehalt als die Spätlese
- **Beerenauslese** – intensiv, reich an Süße und Alkohol
- **Trockenbeerenauslese** – aromatisch und süß, aber oft wenig alkoholreich
- **Eiswein**

Aktuelle Informationen zu Prädikatsweinen bietet der Verband der Prädikatsweingüter VDP auf www.vdp.de.

1 Erzeuger
2 Rebsorte
3 Qualitätsstufe
4 Geschmack
5 Anbaugebiet
6 Lesejahr
7 Qualitätsstufe
8 Menge
9 Lage
10 Alkohlgehalt
11 Amtliche Prüf-Nr.

Die Klassifizierung französischer Weine

Die Bezeichnungen ähneln den deutschen, ohne ihnen hundertprozentig zu entsprechen. Dem Genuss tut das keinen Abbruch.

- Vin de Table
- Vin de Pays
- Vin Délimité de Qualité Supérieure (VDQS)
- Appellation d´Origine Contrôlée (AC, AOC)

Nur bei einem Wein »Bezeichnung geprüfter Herkunft« stammt der Wein wirklich hundertprozentig aus der auf dem Etikett angegebenen Region. Sie kann die Größe mehrerer Departements umfassen oder auf ein einziges Areal innerhalb einer Gemeinde limitiert sein. Das AC-Reglement ist von Region zu Region unterschiedlich.

1 Erzeugerabfüllung
2 Herkunft
3 Spitzenwein
4 Anbaugebiet
5 Erzeuger
6 Menge
7 Alkohlgehalt.

1 Weingut
2 Spitzenwein
3 Anbaugebiet, Herkunft
4 Lesejahr
5 Erzeugerabfüllung
6 Erzeuger
7 Land
8 Menge
9 Alkohlgehalt
10 Prüfnummer

Extra-Tipp

Wenn Sie niemals eine Unterrichtsstunde in Französisch genossen haben, ist das Verständnis der Details gerade bei französischen Weinen schwer; da hilft die Beratung durch den Fachmann. Expertise zeigt sich zudem in der korrekten Aussprache, und die liegt im Französischen oft weit vom Schriftbild entfernt. Machen Sie sich nicht mit einer falschen Sprechweise lächerlich! Zeigen Sie Flagge: Fragen Sie den Fachmann nach der korrekten Aussprache oder greifen Sie auf die Zeichensprache zurück.

Die Klassifizierung italienischer Weine

Die Deutschen verdanken es der Italien-Sehnsucht der Nachkriegsgeneration, dass italienische Speisen und die dazugehörigen Weine auf den Esstischen nördlich der Alpen Platz fanden. Was er da im Glas hat, ist dem deutschen Konsumenten meist gar nicht so klar. In steigender Qualität ist das:

- Vino da Tavola
- Vino da Tavola con Indicazione Geografica
- Vino Tipico
- Denominazione di Origine Controllata (DOC)
- Denominazione Controllata e Garantita (DOCG)

Ein DOCG-Wein ist vom Erzeuger oder einer anderen haftbaren Person abgefüllt und mit einem staatlichen Siegel verschlossen.

Die Klassifizierung spanischer Weine

Spanischer Wein gerade gehobener Qualität ist in Deutschland auf dem Vormarsch. Für den bewussten Genießer ist da schon ein wenig Warenkunde angesagt. Die Qualitätsstufen sind:

- Vino Corriente, Vino de Pasto, Vino de Mesa
- Vino de la Tierra
- Denominación de Origen (DO)

Das Prädikat DO entspricht der französischen AOC oder der italienischen DOC, bedeutet jedoch keine Qualitätsgarantie.

- Denominación de Origen Calificada (DOCa)
  Die DOCa-Weine dürfen nur als Erzeugerabfüllungen in den Verkehr gebracht werden.

1 hohe Qualitätsangabe
2 Erzeuger
3 hohe Qualitätsstufe
4 Menge
5 Alkohlgehalt
6 Prüfnummer

Extra-Tipp

Der Zusatz »Reserva« weist bei spanischen Weinen auf mindestens ein Jahr Fassreife und zwei Jahre Flaschenreife hin. »Gran Reserva«-Weine sind zwei Jahre im Fass und drei Jahre in der Flasche gereift. Vorsicht: Sie sind vielfach aufgrund schlechter Lagerung fehlerhaft. Kaufen Sie diese Weine deshalb nur im guten Fachgeschäft.

Die richtige Temperatur

Die Temperatur	*Der Wein*
16 bis 18 Grad	gehaltvoller Rotwein: großer Burgunder, Grand Cru aus Bordeaux, Barolo, Cabernet Sauvignon aus Übersee
15 bis 16 Grad	gereifter Rotwein: Roter Burgunder, Côte du Rhône, Chianti classico, Vino nobile di Montepulciano
12 bis 15 Grad	Sherry Oloroso und Cream, Portwein
10 bis 12 Grad	weißer Burgunder, großer Chardonnay, leichter Rotwein: Vin de Pays, Beaujolais, einfacher Chianti, Rioja Crianza
8 bis 10 Grad	Sherry fino, Rosé, weiße Spätlese, edelsüßer Dessertwein, Jahrgangschampagner
6 bis 8 Grad	Schaumwein, leichter, trockener, säurebetonter Weißwein

Extra-Tipp
Ist der Weißwein zu warm, kühlen Sie ihn so schnell auf seine Trinktemperatur herunter: Sie geben in den Weinkübel Eis, Wasser und Salz, darin drehen Sie die Flasche mit sehr schnellen Bewegungen. Das Salz lässt das Eis schmelzen, die Kälte wandert in den Wein. Der Fachmann nennt das Frappieren. Nur für den Notfall gedacht. Vergessen Sie nicht, die Flasche zuerst kopfüber zu stellen, die meisten Eiseimer sind nämlich zu kurz!

Welcher Wein in welches Glas?

Ein gutes Glas kann zwar keinen schlechten Wein in einen guten Wein verwandeln, es kann aber den Genuss eines guten Weines steigern. Das war Weinkennern immer schon bekannt. Und woran ist ein gutes Glas zu erkennen? Ganz leicht! Es

- ist dünnwandig, damit der Wein auf dem Weg vom Glas in den Mund keine unnötigen Widerstand überwinden muss;
- ist farblos und klar, damit die Farbe unverfälscht zur Geltung kommt;
- hat einen nach oben zulaufenden Kelch, damit die Aromastoffe selbst beim Drehen des Glases nicht entweichen;
- hat einen ausreichend langen Stiel, damit die Hand den Wein nicht erwärmt;
- ist so großzügig bemessen, dass es genügend Wein enthält, wenn Sie bis zur breitesten Stelle einschenken.

Burgunder, Bordeaux, Weißwein, Dessertwein

Rund 800 Aromastoffe sind im Wein messbar – herrliche Botschaften für Ihr Gehirn. Damit ein Glas den jeweiligen Weintyp ins rechte Licht rücken kann, bedenken Sie bei der Anschaffung:

- Je »kleiner«, also weniger körperreich der Wein, desto kleiner sollte das Glas sein.

- Rosé trinken Sie aus Weißweingläsern, da er gekühlt gereicht wird.
- Je dunkler der Wein, desto größer darf das Glas sein.
- Die in der Region typischen Glasformen sind für die regionalen Weine die besten. So kommt der Bordeaux am besten im sich nach oben verjüngenden Bordeaux-Glas, der Burgunder hingegen im bauchigen »Pariser Gobelet«.

Extra-Tipp

Stellen Sie Ihre Gläser niemals zum Schutz vor Schmutz umgedreht in den Schrank, der Kelch würde den Geruch von Holz und/oder Putzmittel annehmen. Fürchten Sie nach längerer Abstinenz Staub? Dann wischen Sie die Gläser vor dem Gebrauch mit einem trockenen Geschirrtuch aus.

Für alle Weine: das bauchige Ei

Eine Untersuchung der TH Dresden bestätigte Ende 2003 die Erfahrung, dass Geruch und Aroma des Weins sich entsprechend der Glasform verändern, mit wissenschaftlichen Mitteln: Hunderten von Probanden wurde jeweils der gleiche Wein in drei gleich großen Gläsern mit gleichem Öffnungsdurchmesser, jedoch unterschiedlicher Kelchform gereicht. Eindeutiger Favorit war die bauchige Eiform. Tulpenform und Becherform schnitten weit schlechter ab.

Wollen Sie sich also für einen kleinen Haushalt ein Mehrzweckglas zulegen: Wählen Sie immer die bauchige Eiform mit der Öffnungsweite von sechs bis sieben Zentimetern, für den Weißwein in der kleineren, für den Rotwein in der größeren Variante.

Die ganze Vielfalt der Gläser erleben Sie in einem hervorragenden Fachgeschäft und im Internet zum Beispiel bei www.riedelcrystal.com und www.spiegelau.com. Um zu Hause das richtige Glas zu Ihren Weinen zu wählen, machen Sie eine

Glas-Weinprobe: Sie schenken den gleichen Wein in verschiedene Gläser ein und vergleichen – in einem davon wird er Ihnen am besten munden.

Wie viel Wein ins Glas: Mengenangaben

Eine Weinflasche füllt ungefähr sechs Weingläser. Zum Mittagessen mag ein Glas pro Gast reichen, für einen langen Abend sehen Sie je nach Gästekreis eine halbe bis eine ganze Flasche Wein pro Person vor. Stellen Sie lieber eine Flasche zu viel als eine halbe zu wenig bereit: Großzügigkeit im Angebot, keine Nötigung – das ist die Devise. Wollen Sie einem Gast signalisieren, dass Sie auf seine Anwesenheit weiterhin Wert legen, schenken Sie durchgängig nach.

Beim Ein- oder Nachschenken bleibt ein Glas auf dem Tisch stehen. Müssen Sie es im kleinen Kreis zum Beispiel Ihrem Tischherrn reichen, stellen Sie es so ab, dass er leichten Zugang zu ihm hat. Rotwein wird in große Gläser vom Sommelier hinter Ihrer Schulter eingeschenkt.

Extra-Tipp

Es muss nicht immer Wein sein. Zum Spanferkel am Lagerfeuer sehen Sie ein Fässchen Bier und später einen Korn vor und zum scharfen indischen Gemüse das ablöschende Joghurtgetränk Lassi. Zu einem eleganten Menü jedoch wird immer Wein als passend empfunden und daneben oder als Alternative Wasser. Verzichten Sie auf gesüßte alkoholfreie Getränke, sie würden Ihre Geschmacksempfindung für die Speisen beeinträchtigen und den Genuss schmälern.

Dekantieren

Es war kein Geringerer als Louis Pasteur, der als Erster die Auswirkungen der Luft auf den Wein erforschte. Um diese positiv zu nutzen, haben die Wein-Nasen zwischen die Flasche und das

Glas die Karaffe gesetzt. Hier kann der Wein bis zum Servieren atmen.
Lange wurden nur alte Bordeaux aus ihrer Flasche in eine Karaffe umgefüllt: So wurde verhindert, dass das Depot – die bei der Reifung entstandenen Ablagerungen – ins Glas geriet und Anblick und Trinkgenuss schmälerte. Um die Bewegung des Sediments genau zu verfolgen, wurde die Flaschenschulter über eine Kerze gehalten.

Heute weiß man: Das Umfüllen des Weines setzt nicht nur bei alten Bordeaux Aromen frei, die dem Genießer gefallen. Deshalb gehen immer mehr Kenner dazu über, jüngere Burgunderweine und sogar gehaltreiche Weiße zu dekantieren. Die haben zwar kein Depot, aber Aromen, die durch diesen Vorgang eine Chance gegenüber dem oft herben Barrique-Geschmack erhalten. Dem preisgünstigen Landwein sollten Sie den Dekantier-Vorgang ersparen: Den trinken Sie lieber, ohne dass Sie hundertprozentig schmecken, was er denn sonst noch so alles enthält.

Extra-Tipp

Tragen Sie einen wertvollen Wein in einem Dekantierkorb vom Keller auf den Tisch. So hat er die Ruhe, die er zur vollen Entfaltung braucht, und das Depot bleibt, wo es ist. Der über die Jahre angesammelte Staub ist ein gutes Zeichen; nur ja nicht abwischen!

Der Digestif

Ob Sie zum Abschluss eines exquisiten Menüs Ihren Vedauungstrakt eher mit oder ohne Alkohol bei der Arbeit unterstützen sollten – darüber streiten sich die Geister. Die einen schwören auf einen Eisenkrauttee als Schluss- und Schlummertrunk, für andere muss ein guter Brand ein gutes Essen krönen.

Weinbrände

Ein guter Cognac hat den gleichen Nuancenreichtum, die gleiche Ausdrucksfülle wie ein großer Wein, ohne jedoch aus einem großen Wein hervorzugehen. Die Appellation contrôlée Cognac umfasst fast zwei Départements nördlich der Gironde-Mündung, in ihrem Herzen liegt die Stadt Cognac.

Damit ein Cognac sich so nennen darf, müssen alle Herstellungsschritte, vom Anbau der Trauben bis zur Abfüllung in Flaschen, im genannten Gebiet stattfinden und ausschließlich Weine der weißen Rebsorten Folle blanche, Colombard oder Ugni blanche verwendet werden. Die Trauben werden im Oktober geerntet und mit Blättern, Strunk und Stiel in die Presse gegeben.

Frisch destillierter Cognac schmeckt herb, überstark, rau. Er muss schon mindestens zwei Jahre in einem weißen Eichenholzfass aus dem Limousin (Gegend um Limoges) lagern, bevor er auf seinem Etikett bis zu fünf Sterne tragen darf. Gute Sorten lagern drei Jahre, das Etikett trägt für die unterste der obersten Kategorie die Buchstaben V.S. (very special). Ein V.S.O.P. (very special old pale), auch »Réserve« genannt, ist mindestens vier Jahre gelagert, ein V.V.S.O.P. oder »Grande Réserve« mindestens fünf.

»Hors d'âge« (jenseits jeden Alters) ist der Napoléon oder X.O. (extra old); er hat mindestens sechs Fass-Jahre hinter sich. Darüber hinaus gehende Altersangaben werden nicht kontrolliert, der Hersteller haftet mit seinem Namen. Wertvollste Cognacs können gut und gern 25 Jahre alt sein, die Aufenthaltsgrenze im Fass liegt bei 60 Jahren.

Das Trinkverhalten beim Cognac ist Schwankungen unterworfen. Bevorzugte man in der 80er Jahren den V.S.O.P. und den Three Star, ist heute der X.O. gefragt. Besonders im Trend liegen die speziell kreierten Cigar Cognacs mit ihrer gewissen Süße. Informationen zu Cognacs aus biologischem Anbau bietet www.naturkost.de/info/cognac.

Armagnac

Der einzige Brand, der dem Cognac die Stirn bieten kann, ist der Armagnac. Geografisch mit ihm verwandt, aus dem Südwesten Frankreichs stammend, unterscheidet er sich von Cognac im Brennverfahren und in der Holzart des Fasses für die Lagerung: Hier kommt Schwarzeiche aus der Gegend östlich der Landes zum Einsatz. Große Firmen wie Hennessy, Martell und Rémy Martin gibt es im Armagnac nicht.

Alternativen zu Traubenbränden

Rum hatte bis vor wenigen Jahren keine gute Presse. Heller und wenig aromatischer Rum wurde vorwiegend für Mischgetränke verwendet, war Basis von Omas Rumtopf und half mit heißem Wasser und viel Zucker als Grog gegen Erkältungen. Ähnlich ging es dem Whisky – vereinfacht gesagt ein destilliertes Bier ohne Hopfenzusatz und darum als wenig elegant erachtet. Erst vor wenigen Jahrzehnten ist der Whisky neben Erdöl und Mikrochips zur wichtigsten Einnahmequelle des britischen Nordens geworden.

Von hoher Qualität: Malt Whisky

Wahren Whisky-Gourmets gilt der schottische Single Malt als das Nonplusultra einer über 500-jährigen Tradition. »Mit jedem Schluck lässt er sein Ursprungsland lebendig werden: Torfmoore, die Sonne über den Lochs, den Regen in den Bergen, weiße Strände und salzige Gischt« – leicht geraten sie ins Schwärmen.

Jede Region in Schottland trägt zum Geschmack des dort hergestellten Whiskys bei. Das Spektrum reicht

- von leichten floralen, grasig frischen Lowland Malts
- über sherrysüße, schokoladige Speyside Whiskys
- bis hin zu den rauchigen, torfigen, nach Seetang schmeckenden Destillaten von der Insel Islay.

Immer ist es die Harmonie von einer eiweißreichen Gerste, einem weichen Wasser, einem aromatischen Brenntorf und einem alten Sherry-Fass, die zum weltweit guten Ruf des »Scotch« beigetragen hat. Am wichtigsten ist das Alter: Drei Jahre ist das gesetzliche Minimum, seinen Höhepunkt erreicht ein Scotch nach zehn Jahren. Der Genießer trinkt ihn mit Raumtemperatur aus einem – der Copita ähnlichen – Glas und verzichtet auf Wasser und Eis.

Einen gleich bleibenden Charakter erhält das »Lebenswasser« – das heißt der gälische »Whisky« – als Verschnitt. Blended Scotch einer bestimmten Marke schmeckt immer gleich, was für viele – neben dem günstigeren Preis – einen echten Vorteil darstellt.

Extra-Tipp

Vorsicht Schreibweise: Der aus den USA stammende Brand ist ein Bourbon, enthält mehr Mais als Gerste und schreibt sich »Whiskey«. Japanische Whiskys sind im Kommen.

Rum

Die Heimat von Rum/Rhum/Ron ist die Region, in der die Spanier im 16. Jahrhundert das aus China nach Europa importierte Zuckerrohr anpflanzten, ihre Kolonie Santo Domingo. Gesellschaftsfähig wird er erst jetzt, Schritt für Schritt – wie der Malt Whisky in einer qualitativ hochwertigen Form. Es gibt Rums, die wie Cognac jahrelang in Eichenholzfässern lagern.

Die besten Sorten zeichnen sich durch einen leichten, eleganten Körper aus. Feine, aromareiche Rums kommen aus Kuba, Haiti, Martinique und Gouadeloupe und inzwischen sogar aus Australien. Der Cachaça ist die brasilianische Antwort auf den Rum. Er wird aus dem Saft des Zuckerrohrs destilliert.

Aus Obst

Der bekannteste Apfelbrand der Welt ist der Calvados. Er trägt den Namen des Départements, in dem der Apfelbaum die Landschaft prägt und der aus Äpfeln gewonnene Cidre den Wein ersetzt. Einem begrenzten Gebiet und einem bestimmten Brennverfahren wurde eine Appellation contrôlée zuerkannt: Der Calvados du Pays d'Auge kommt frühestens nach einjähriger Lagerung im Eichenfass zum Verzehr. Ein guter Calvados erinnert an Weinbrand und zeichnet sich durch ein feines Apfelaroma aus. Er ist aus der Küche der Normandie nicht wegzudenken – nicht nur als Digestif: Nach Vorspeise und Zwischengängen wird hier ein »trou normand« (normannisches Loch) gereicht, um Platz für Hauptgang, Käse und Dessert zu schaffen.

Der Osten und Süden der Vogesen ist, wie die Weinwerbung sagt, »von der Sonne verwöhnt«. Kein Wunder, dass in Baden, im Elsass und in der Nordschweiz das richtige Obst für hervorragende Branntweine gedeiht: Aprikosen, Birnen, Kirschen, Mirabellen, Pflaumen, Schlehen, Vogelbeeren und Zwetschgen. Sie alle werden zu »Wässern« verarbeitet, die bei der Lagerung in Glas- oder Steingutbehältern – nicht in Holz – klar und farblos bleiben.

Extra-Tipp

Aus Getreide oder Kartoffeln hergestellte farblose Spirituosen wie Aquavit, Korn und Wodka werden gekühlt getrunken – im Gegensatz zu einem guten »Geist«.

Liköre

Parfümierte Liköre hat es schon im alten Ägypten gegeben, die mittelalterlichen Mönche nutzten die Heilkräfte von Kräutern für so manchen alkoholhaltigen Trank. 1605 taucht im Kartäuserkloster von Vauvert in Paris ein Manuskript auf, das die Rezeptur eines »Elixirs für Langlebigkeit« enthält. Da gab es schon längst bekannte Klosterliköre, ob im bayrischen Ettal, im Kartäuserkloster im Vercors oder in den vielen Klöstern in Italien. Seither heißt es zum Espresso nach einem gelungenen Mahl: Nicht nur »wer Sorgen hat, hat auch Likör«!

Rauchzeichen

In puncto Zigaretten sind Gäste Selbstversorger, eine gute Zigarre hat jedoch nicht jeder Freund des Blauen Dunstes dabei. Wollen Sie Rauchzeichen setzen und sich einen privaten Humidor anlegen? Dann wollen Sie der Empfehlung des Tabakzars Zino Davidoff, sich einen Vorrat von 400 bis 1000 Zigarren anzulegen, wahrscheinlich nicht nachkommen. Ein gutes Sortiment bis 50 Stück, bei 60 bis 80 Prozent Luftfeuchtigkeit und 20 Grad Celsius im Humidor aufbewahrt, dürfte reichen. Das ist aber nur sinnvoll, wenn Sie sich regelmäßig einen Smoke gönnen: der Humidor sollte täglich kurz geöffnet werden.

Zigarren aus Kuba gelten als die Königinnen unter den Tabakrollen, auch die Erzeugnisse der Dominikanischen Republik und anderer Gebiete der Karibik sind von hervorragender Qualität. Wobei in Deutschland die milden Sumatras – die nicht unbedingt aus Sumatra kommen müssen – mindestens genauso beliebt sind, und das nicht nur bei den Damen. Kleine ovale Formate sind im Kommen, eiligen Genießern reicht oft ein Zigarillo.

Der oder die Profi schneidet die Zigarre an, fasst sie – anders als die Zigarette – zwischen Daumen und Zeigefinger, zündet sie mit einem langen Streichholz an, wartet, bis die Asche sich von selbst löst und lässt sie spätestens ab dem zweiten Drittel erlöschen.

Extra-Tipp

Gästen aus den USA machen Sie eine besondere Freude mit kubanischen Zigarren, sind sie doch in den USA immer noch politisch nicht korrekt und daher schlichtweg verboten.

9 Veranstaltungen für Kontakte

Maßnahmen zur Kundenbindung ergreifen, Netzwerke knüpfen oder Lobbying betreiben – das heißt nichts anderes, als seine Startposition beim Run auf den – am besten finanzkräftigen – Kunden zu sichern. Bei Informations- und gesellschaftlichen Veranstaltungen werden Fremde auf persönlicher Ebene angesprochen, Kunden akquiriert und die Beziehung zu Geschäftspartnern gefestigt. Dort wo der Kontakt auf die weichen, rein persönlich fundierten Komponenten der Interaktion konzentriert bleibt, greifen reine Verkaufstechniken zu kurz. Hier kommt die soziale Kompetenz der Repräsentanten eines Unternehmens zum Einsatz. Ob bei Kongress oder Fachmesse, Vortrag oder Vernissage, Konzert oder geselligem Empfang, Firmenjubiläum oder Geburtstag – nutzen Sie die Gelegenheit, durch Ihre Präsenz Flagge zu zeigen und auf wirkungsvolle Weise im Gespräch zu bleiben.

Veranstaltungsmanagement

- Welche Ziele verfolgen Sie, welchen Nutzen versprechen Sie sich?
- Welche Wege zu diesen Zielen haben Sie bereits erfolgreich erprobt, welche setzen Sie hier in neuer Form wieder ein?
- Wer sind Ihre Adressaten mit ihren spezifischen Eigenschaften, Interessen und Erfahrungen?
- Welchen Nutzen können Sie ihnen bieten?

Diese Fragen harren einer Antwort, wenn Sie beabsichtigen, eine Veranstaltung zur Imagepflege, Kundengewinnung oder Kundenbindung durchzuführen. Nur ein erkennbares Ziel kann erreicht, nur auf ein abgestecktes Ziel hin ein erfolgversprechender Weg beschritten werden. Dessen Teile bestimmen Sie mit der Beantwortung weiterer Fragen:

- Wie verankern Sie den Kundennutzen so, dass er zum Nutzen für Ihr Unternehmen wird?
- Welche Referenten, Künstler, Prominenten sind Ihnen dabei dienlich?
- Wie groß ist Ihre Zielgruppe?
- Welche Ihrer Mitarbeiter sind aufgrund ihrer kommunikativen Kompetenz besonders geeignet, eine Veranstaltung zu organisieren und zu betreuen?
- Welcher Zeitraum, welcher Zeitpunkt dient Ihrem Zweck?
- Welches räumliche Umfeld sendet die geeignete Botschaft?

Danach können Sie bei Ihrem Brainstorming im Kreis der Verantwortlichen konkreter werden.

Benchmarking – von den Besten lernen – hilft Ihnen auch bei Wahl, Organisation und Durchführung eines Events. Besuchen Sie Veranstaltungen Ihrer Wettbewerber und Orte, an denen sich Ihr Zielpublikum vorwiegend aufhält. Wollen Sie nicht gesehen werden, schicken Sie eine Vertrauensperson; statten Sie sie vorher mit einem Beobachtungsbogen aus, damit Sie die für Sie relevanten Informationen möglichst komplett bekommen. Gestalten Sie entsprechend ein Event, das den Ansprüchen Ihres Zielpublikums genügt und seine Erwartungen übertrifft.

Welche Veranstaltung zu welchem Zweck?

Es gibt vielerlei Veranstaltungsarten, sie alle haben ihre Vorteile. Prüfen Sie möglichst unvoreingenommen, wie zweckdienlich ein ins Auge gefasster Modus ist und wie Sie in Ihrem speziellen Fall einzelne Modalitäten kombinieren können. Ihr Zweck entscheidet auch darüber, ob Sie für Ihre Gäste Namensschilder vorbereiten. Bei reinen Informationsveranstaltungen sind sie überflüssig, bei eleganten Diners deplatziert. Bereiten Sie bei einem Kochkurs für jeden Teilnehmer eine Kochmütze mit seinem Namen vor, empfindet er das als schlüssig. Und ein Diskussionsteilnehmer ist dankbar für die Gedächtnisstütze, die ein – gut lesbares! – Namensschild darstellt.

Die Informationsveranstaltung

- Wollen Sie eine größere Zielgruppe über ein neues Produkt, eine Neuheit aus Ihrem Unternehmen, Hintergründe zur Entscheidung für eines Ihrer Produkte informieren?
- Suchen Sie Gesprächsanlässe für Akquisitions- beziehungsweise Beratungsgespräche?
- Ist dabei die Bewirtung sekundär?
- Reichen Ihnen kurze öffentliche Kontakte für Terminvereinbarungen?

Dann ist eine Informationsveranstaltung der Modus der Wahl. Ob Sie dann die Öffentlichkeit zum Tag der Offenen Tür mit Vorträgen in Ihr Haus einladen, ob Sie ein ausgewähltes Publikum zu einem Referat in ein Hotel bitten oder ob Sie am Messestand einen Themenpark einrichten, hängt von Ziel, Inhalt und Praktikabilität ab.

Extra-Tipp

Um bei großem Andrang die Selbstbedienung am Getränkebüfett zu beschleunigen, richten Sie mehrere Stationen ein. Um Staus im Eingangsbereich aufzulösen, platzieren Sie Servicekräfte mit Tabletts oder Getränkestationen im hinteren Teil des Raumes.

Der Empfang

Ein Empfang ermöglicht ein unkompliziertes Get-together von vielen Menschen, im Idealfall um Stehtische herum. Der Anlass ist gesellig, zentrales Element ist die Kommunikation. Wie intensiv der einzelne Gast die Kontaktmöglichkeiten zu nutzen versteht, ist seine Sache.

Es ist ein Kommen und Gehen, Kommunikationsfähigkeit wird vorausgesetzt. Die Bewirtung sollte unproblematisch sein. Bestellen Sie ausschließlich Häppchen, die auch ohne Besuch eines Akrobatik-Kurses gefahrlos verzehrt werden können.

Erhoffen Sie sich eine Anwesenheit von über einer halben Stunde und sind ältere Personen eingeladen, sollten Sie einige Sitzgruppen vorsehen.

Das Diner

Wollen Sie einem begrenzten Kreis seine Wertigkeit für Ihr Unternehmen signalisieren, bitten Sie zu einem abendlichen Essen. Vier Gänge werden dann mindestens erwartet. Der gemeinsame Genuss begleitet einen intensiven Austausch auch der Gäste untereinander.

Erstellen Sie eine Tischordnung und prüfen Sie während des Aperitifs, ob alle Zusagen eingehalten wurden (siehe Tischordnung, Kapitel 6).

Extra-Tipp

Wählen Sie ein Essen vom Büfett, kommt Bewegung in die Gruppe. Bei großen Empfängen ist ein spiegelbildlicher oder gar sternförmiger Aufbau sinnvoll, so dass die Gäste an mehreren Seiten gleichzeitig an das Essen herantreten können. Möglich sind mehrere Büfettstationen, auch in verschiedenen Räumen.

Das Event

Sollen Ihre Gäste nicht nur konsumieren? Sollen sie aktiv sein und beim Tun en passant ins Gespräch kommen? Dann bieten sich für eine Informationsveranstaltung interaktiv gestaltete Infostände an. Gemäß der Wertigkeit Ihres Zielpublikums und dem verfügbaren Budget besuchen Sie mit (potenziellen) Kunden ein Golfturnier oder einen Kochkurs beim Sternekoch mit anschließender Küchenparty. Oder Sie machen eine Abendwanderung mit rustikaler Brotzeit.

- »Ich höre – ich vergesse. Ich sehe – ich erinnere mich. Ich mache – ich verstehe.« Diese pädagogische Erkenntnis kommt bei einem echten Event zum Tragen.
- Wenn Sie sich von Mensch zu Mensch über Aktivitäten begegnen und kennen lernen, wissen Sie, womit Sie diesen Menschen nutzen können.
- Der Erlebnischarakter unterstützt Sie bei dem Unterfangen, in Erinnerung zu bleiben. Fotografieren und die Bilder anschließend vorbeibringen nicht vergessen!
- So mancher Gast dankt es Ihnen, dass Sie ihn beim Netzwerken unterstützt haben. Auf jeden Fall kommt er gern wieder zu Ihnen.

Übrigens: Gehen Sie nicht hungrig zu einer Veranstaltung. Ihr Ziel ist der Kontakt zu Ihren Gästen, nicht die Befriedigung Ihrer Grundbedürfnisse. Wie stehen Sie da, wenn Sie mit einer Zigarette in der Hand Besucher begrüßen und mit vollem Mund Fragen beantworten sollen? Und zügeln Sie Ihren Alkoholkonsum: Sie brauchen bis zum Schluss einen klaren Kopf.

Den Überblick behalten

Sind diese Fragen geklärt, kann das Organisationsteam mit der konkreten Planung einer Veranstaltung beginnen. Um einen mühelosen Ablauf zu ermöglichen und sich unliebsame Überraschungen zu ersparen, erstellt es aufgrund bisheriger Erfahrungen Checklisten zu diversen Aspekten. Diese Listen werden von Event zu Event aktualisiert und verfeinert und liefern eine konkrete Basis für die Manöverkritik nach einer Veranstaltung. Die Verantwortlichen brauchen sie nur mit dem Organisationsteam Stück für Stück durchzugehen und können entsprechend ihr Lob verteilen.

Der Zeitplan

Name und Tag der Veranstaltung

Tätigkeit	Vorlauf
Zuständigkeiten Organisation definieren Termin festlegen Thema bestimmen Referent/Talkgäste/Künstler buchen Zielgruppe definieren Raum buchen	6 Monate
Ablauf klären Verpflegung: Angebote einholen und Auftrag erteilen interne Moderatoren bestimmen	zirka 3 Monate
Aufgaben im Detail verteilen Logistik klären und bestellen Bestuhlung, Dekoration bestellen Einladungen konzipieren, drucken	2 Monate
Einladungen versenden Rücklaufliste pflegen Details mit externem Personal besprechen	zirka 6 Wochen
Gästeliste zusammenstellen evtl. nachtelefonieren	zirka 1 Woche
Mitarbeiter motivieren Umfeld, Räume, Technik prüfen letzte Absprachen mit Hausmeister usw. treffen Referent empfangen	wenige Stunden

Das Budget

Eine Veranstaltung kann der Gewinnung von neuen Kunden, der Umsatzsteigerung bei Bestandskunden oder der reinen Imagepflege dienen.

Auf Heller und Pfennig wird sich die Kosten-Nutzen-Relation zwar nicht errechnen lassen. Je detailgetreuer Sie Kosten und Nutzen definieren, desto präziser können Sie Ihre Investition managen und desto eindeutiger Ihren Erfolg definieren.

Name und Tag der Veranstaltung

Thema	Aspekte	Preis in Euro
Einladung	Grafik Papier Druck Handling Porto	
Honorare	Referent Moderator Künstler	
Weiteres für diese Personen	Übernachtung Reise Präsente	
Logistik	Raummiete Technik: Personal und Geräte Reinigung Garderobe Security Sanitäter Trinkgelder	
Verpflegung und Unterhaltung	Servicekräfte Speisen/Getränke Dekoration GEMA-Gebühren Fotograf Trinkgelder	
Programm/ Menükarten/ Tagungsunterlagen und Broschuren	Grafik Papier Druck Handling	
PR	Anzeigen Pressearbeit Handling	
Nacharbeit	Telefongebühren Papier Handling Porto	

Die Referenten

Über die verbindliche Vereinbarung mit Referenten, Moderatoren, Talkgästen hinaus sind außer dem Honorar weitere harte Fakten festzuhalten.

Name und Tag der Veranstaltung

Name:
Thema:
Form: Vortrag, Präsentation, Dialog?

Vita:
Bild:
Pressetext:

Ort:

Datum:
Uhrzeit:
Dauer:

Ankunft:
Anreisemodalität: Flug/Zug/PKW
Anfahrtsskizze? Abholen?
Übernachtung? Wünsche?

Technik:
Büchertisch:
Interview mit Presse: ja ? wann?
Verpflegung/Raum: besondere Wünsche?

Absprachen mit Künstlern sind entsprechend zu gestalten.

Extra-Tipp

Je offener Sie Referenten, Moderatoren, Talkgäste über Ihr Ziel informieren und Ihr Zielpublikum definieren, desto leichter gelingt es ihnen, die Brücke zu den Zuhörern zu schlagen. Scheuen Sie sich nicht, Klartext zu sprechen. Es ist Ihre Veranstaltung!

Zuständigkeit vor Ort

Name und Tag der Veranstaltung

Was ist zu tun?	Wer ist zuständig?
betreuen: – Referent – Moderator – Künstler – Presse – evtl. Gastgeber	
Anwesenheit prüfen: – Servicepersonal – Hostessen – Fotograf – Techniker, Hausmeister – Security – Sanitäter – Fahrer	
kontrollieren: – Einhaltung aller zeitlichen und inhaltlichen Absprachen mit den externen Verantwortlichen und denen vor Ort – Räumlichkeiten – Bestuhlung – Technik – Catering – Dekoration – Programm, Unterlagen – Parkplatz, Auschilderung	

Externe Hostessen – ja oder nein?

Bei kleineren Events reichen Servicemitarbeiter und Techniker aus, um Sie von technischen Aufgaben zu entlasten. Bei größeren Veranstaltungen brauchen Sie weitere Unterstützung bei der Ausübung Ihrer Gastgeberrolle. Hier wie auch am Messestand bieten sich uniformierte Hostessen an. Wollen Sie dafür Mitarbeiterinnen mit ausgeprägtem Teamgeist auswählen, die über eine hohe Standfestigkeit, Stressresistenz und Frustrationstoleranz

verfügen? Oder buchen Sie nach strengen Kriterien ausgewählte professionelle Hostessen bei einer Agentur? Jenseits der Kostenfrage haben beide Varianten ihre Vorteile:
Externe Hostessen

- geben im Team ein einheitliches, von Ihnen klar definiertes Bild;
- sind in ihrem Tätigkeitsfeld geschult und erfahren;
- entsprechen daher den Anforderungen dieser Aufgabe;
- können sich auf ihre Hostessenrolle begrenzen.

Hostessen aus Ihren Reihen

- kennen viele Kunden;
- haben die Möglichkeit, sich den Gästen in einer anderen als der gewohnten Rolle zu zeigen;
- können inhaltlich reagieren und Termine veranlassen.

Entsprechend den Vorteilen, die Sie nutzen wollen, und entsprechend Ihren Möglichkeiten, Kolleginnen in diesen Aufgaben zu schulen, entscheiden Sie sich für die eine oder andere Variante.

Übrigens: Wenn ein VIP mit Sicherheitsleuten vorfährt, öffnen dessen Bodyguards ihm die Autotür, nicht Ihre Mitarbeiter!

Extra-Tipp

Als Geschäftsführerin, Berater, Moderator sind Sie nicht für Service zuständig. Es gäbe ein eigenartiges Bild ab, wenn Sie ein Tablett voller Sektgläser durch den Saal jonglierten. Jedoch steht es auch einem Unternehmensvertreter gut zu Gesicht, wenn er einem Gast ein Glas reicht oder einen sauberen Aschenbecher vom Tresen holt.

Sonderfall Bankett

Ein Bankett ist streng genommen ein Festmahl, wird heute aber gern als mehr oder weniger elegantes Essen im Rahmen einer großen Veranstaltung angeboten. Der größte Stolperstein ist im Geschäftsleben die Unverbindlichkeit, mit der einige Gäste diese Veranstaltungsart betrachten: Der eine steht trotz Absage vor Ihnen, der andere bringt unerwartet eine Begleitung mit; da müssen Sie fast froh sein, wenn der dritte trotz Zusage nicht erscheint und der vierte erst zum Hauptgang erscheint, vor dessen Beginn der fünfte sich schon verabschiedet hat. Ärgern bringt nichts, bauen Sie lieber ein Sicherheitspolster ein und das ist der Aperitif:

- Er findet im Stehen statt, nicht bei Tisch; so haben Sie einen Puffer, um die Anwesenheit Ihrer Gäste zu sondieren und gegebenenfalls Gedecke einfügen oder entfernen zu lassen.
- Er findet vor den verschlossenen Türen des Speisesaals statt; so verhindern Sie, dass Gäste Tischkarten zu ihren vermeintlichen Gunsten vertauschen.
- Auf einer im Empfangsraum aufgestellten Tafel – dem Placement – ersehen die Gäste, an welchen Tischen sie Platz und wo sie ihren Tisch im Raum finden werden. Das erhöht die Sicherheit und in Kombination mit dem vorigen Aspekt die Verbindlichkeit.
- Während des Empfangs machen Sie und Ihre Kollegen die Personen, die jeweils zusammensitzen werden, miteinander bekannt beziehungsweise vertraut und halten sie so gut wie möglich zusammen.
- Sobald sich die Türen des Speisesaals öffnen, begibt sich jeder für einen Tisch verantwortliche Mitarbeiter mit seiner Gruppe an den jeweiligen Tisch (siehe Gäste begrüßen, vernetzen …, Kapitel 1).

Mit oder ohne Tischordnung?

Der Vorteil eines Banketts ohne Tischordnung ist zum einen Ihre Flexibilität bei unsicheren Gästezahlen. Zum anderen schätzen manche Gäste die Freiheit der Platzwahl, sie korreliert leider mit einer gewissen Verunsicherung bei manchen anderen.

Bei einer festen Tischordnung können Sie gezielt Regie führen und Kontakte und Gespräche steuern. Mancher Gast schätzt das – zumal wenn er sich via Sitzordnung als Ehrengast fühlen darf –, ein anderer hätte gern mehr Spielraum oder auch nur einen besseren Platz.

Sie können beide Varianten verknüpfen und Ihren Gästen Tische zuweisen, die Plätze dort aber frei wählen lassen. Wenn Sie als Gastgeber gemeinsam mit Ihren Gästen an den Tisch gehen, können Sie dort geschickt Plätze anbieten. Für alle Fälle wählen Sie den Platz, der Ihnen Blickkontakt zu Ihren Kollegen ermöglicht. Markieren Sie diesen Platz vorher, wissen alle Servicemitarbeiter, dass Sie ihr Ansprechpartner an diesem Tisch sind.

Extra-Tipp

Möchten Sie Tischkarten beschriften?

- Befleißigen Sie sich Ihrer schönsten Handschrift. Notfalls beauftragen Sie einen Kollegen aus der Grafikabteilung.
- Beschreiben Sie die Karten beidseitig, damit jedes Gegenüber und jeder Nachbar sie lesen können.
- Verschiedene Formulierungen haben unterschiedliche Wirkungen: »Frau Böhme« wirkt förmlich, »Ruth Böhme« persönlich.
- Besorgen Sie sich den Namen jeden Gastes. Die Nennung »zu Frau Böhme« liest Frau Böhmes Begleiter sicherlich nicht gern.

Die Einladung

Verschiedene Veranstaltungen verlangen verschiedene Stile und verschiedene Worte. Zwanglose Zusammenkünfte können geschwind per E-Mail oder SMS anberaumt werden, im gehobenen Business ist eine schriftliche Einladung per Post unumgänglich, der Faxweg wird nicht als ebenbürtig empfunden. Sie können ihn höchstens kurzfristig nutzen, wenn Sie erfahren, dass Ihre postalische Einladung verloren ging.

Die höchste Aufmerksamkeit erreichen Sie durch eine gedruckte Karte mit handschriftlichem Eintrag der Namen. Die dadurch geweckten Erwartungen müssen Sie mit einem hohen Standard der Veranstaltung erfüllen. Besonders wichtige Gäste oder solche, denen Sie den Eindruck geben wollen, dass sie für Sie von größter Bedeutung sind, informieren Sie mündlich, bevor Sie eine Einladung abschicken.

Eine handschriftliche Adresse und eine Sonderbriefmarke erhöhen die Aufmerksamkeit und die Erwartung des Empfängers. Keine Frankiermaschine, keine Adressaufkleber bei exklusiven Veranstaltungen!

Der Text

- Was findet statt?
- Wann genau findet es statt?
- Wo genau findet es statt?
- Zu welchem Anlass findet es statt?
- Wer ist eingeladen – ich allein oder mit Begleitung?
- Wie soll ich mich kleiden?
- Bekomme ich etwas zu essen?

Bekommt ein Adressat eine klare Antwort auf diese Fragen, kann er ohne Not entscheiden: Ich sage zu, ich sage ab.

Das erscheint selbstverständlich. Unterziehen Sie jedoch einmal eingegangene Einladungen einem kritischen Blick, stellen Sie ein beträchtliches Ausmaß an Betriebsblindheit fest.

Lassen Sie deshalb vor der Druckfreigabe mehrere unbeteiligte Personen Ihre Einladungen unter der Fragestellung prüfen:
- Was wissen sie nach der Lektüre?
- Was erwarten sie jetzt?

Wählen Sie eine Form und eine Sprache, die der Corporate Identity und dem Corporate Design Ihres Unternehmens entspricht. Klopfen Sie Sinnsprüche und Illustrationen unter diesem Aspekt ab. Und rufen Sie sich den Rat in Erinnerung: »Wenn du auf eine Idee besonders stolz bist – verwirf sie.«

Extra-Tipp

Verzichten Sie auf Detailangaben zu künstlerischen Darbietungen und den Sprechern von Grußworten. Der Hauptredner, Interpret, Schirmherr oder prominente Moderator sollte hinreichend attraktiv für eine Zusage sein.

Unzulänglichkeiten vermeiden
- Wollen Sie sich »beehren« oder »die Ehre geben«? Vielleicht ist es eher in Ihrem Sinne, wenn Sie sich zeitgemäß schlank und hinreichend auf die schlichten Wörter »einladen«, »begrüßen« und »feiern« beschränken.
- Werden Ihre Gäste »R.s.v.p.« (répondez s'il vous plaît) verstehen? Möglicherweise ist es eher adressatengerecht, wenn Sie sich auf ein unspektakuläres »U.A.w.g.« beschränken und die Formel ausschreiben: »Um Antwort wird gebeten«.
- Haben Sie ein klares Bild der Eleganz im Kopf? Machen Sie einen eindeutigen Kleidervermerk. Dessen Fehlen bedeutet: »Bitte in Geschäftskleidung erscheinen«.

Als Fehlerquelle erweist sich häufig genug die Grammatik.
- Wer lädt ein? »Wir« oder »ich«? Bleiben Sie konsequent. Sie können beispielsweise »im Namen meines Teams« einladen.

- »Du« oder »Sie« bei verschiedener Anrede? Unterscheiden Sie hier wie in der persönlichen Begegnung: »Sie, verehrte Frau Meier, und du, lieber August«.
- Sprechen Sie nicht über Ihre Gäste, sondern mit ihnen: »... würde gern Sie beide, sehr geehrte Frau Meier, sehr geehrter Herr Meier, persönlich begrüßen« (siehe Anrede, Kapitel 3, sowie Anschrift und Formulieren, Kapitel 4).

Die Antwort

Außer bei einer Massenabfertigung, bei der es Ihnen auf 100 Besucher mehr oder weniger nicht ankommt, geben Sie Ihren Gästen bekannt, bis wann und auf welchem Weg Sie die Antwort auf Ihre Einladung wünschen: »Um Antwort wird gebeten bis 20. März 2005 per E-Mail abc@xyz.de«.

Bei gesellschaftlichen, geschäftlichen oder akademischen Anlässen, zu denen Sie per Karte oder Brief einladen, gestalten Sie einen Antwortbogen, der per Fax oder Post an Sie zurückkommen soll. Sie können darum bitten, nur bei Zusage zu antworten. Der Nachteil: Sie haben keine Kontrolle, ob die Einladung den Adressaten erreicht hat. Der Vorteil: Sie können vorbehaltlos nachtelefonieren.

Lesen Sie eingehende Antwortbögen genau? Dann stellen Sie fest, wie oft die Sprache den Verfassern ein Schnippchen schlägt.

- Da ist von »Rückantwort« die Rede. Dieses Wort existiert im Deutschen nicht, »Antwort« genügt. Notieren Sie alle harten Fakten wie Thema, Datum, Ort und Anschrift auf dem Bogen.
- Da ist vorgegeben: »Ich komme gern« beziehungsweise »Ich kann leider nicht kommen«. Gefühlsäußerungen sollten Sie fairerweise den Eingeladenen überlassen. Wer sagt Ihnen, dass sie ihre Verhinderung wirklich bedauern? Also bitte, emotionslos: »Ich nehme teil«. »Ich nehme nicht teil«.
- Da wird angegeben »Ich komme mit ... Personen«. Grammatikalisch korrekt bedeutet das: der Adressat plus x Perso-

nen. Doch nicht jeder Empfänger liest das so. Verschaffen Sie sich doch Klarheit über Anzahl und Identität des Gästekreises! »Ich nehme teil mit Frau/Herrn« (bitte den Namen einsetzen). Bei VIPs den Chauffeur nicht vergessen!

Extra-Tipp
Bei besonderen Anlässen bestätigen Sie den Eingang der Zusage, indem Sie eine Anfahrtsskizze schicken. Fügen Sie eine Liste der Hotels bei, in denen Sie ein Kontingent reserviert haben, heißt das zwischen den Zeilen, dass die Gäste die Übernachtung selbst zahlen.

Veranstaltungskommunikation

»Wie gut, dass ich hier gewesen bin!« Wenn jeder Ihrer Gäste mit diesem Gedanken Ihre Veranstaltung verlässt, war sie gut. Das haben Sie in mehreren Schritten erreicht:

- Sie haben mit einem Getränk, einem Snack, einem Menü seine Grundbedürfnisse gestillt.
- Sie haben ihm mit Informationen, Begleitung und Platzierung die Sicherheit gegeben, von Ihnen umsorgt zu werden.
- Sie haben durch Vernetzung den Eindruck vermittelt, mit den richtigen Menschen zusammen zu sein.
- Sie haben ihm mit einer individuellen Begrüßung und Betreuung Wertschätzung entgegengebracht.
- Sie haben ihm die Freiheit gelassen, sich zu öffnen oder sich zurückzuhalten, und ihm damit die Chance zu seiner Selbstverwirklichung gegeben.

Klingen Ihnen da die Begriffe der Maslow'schen Bedürfnispyramide im Ohr? Tatsächlich – Sie können sie als Raster für die Organisation Ihrer Veranstaltung nutzen. Vernachlässigten Sie nämlich nur ein einziges Bedürfnis Ihres Publikums, wären Irritationen nicht auszuschließen.

Die Begrüßungsrede

Zur Befriedigung der Bedürfnisse nach Sicherheit, Zugehörigkeit, Wertschätzung tragen Sie mit einer gekonnten offiziellen Begrüßungsrede entscheidend bei. Grund genug, sie umsichtig vorzubereiten und ansprechend vorzutragen. Grund genug, es sich dabei nicht allzu schwer zu machen. Der Einfachheit halber nähern Sie sich Ihrem Ziel in fünf Schritten.

1. Schritt: Nonverbal Kontakt aufnehmen
2. Schritt: Verbal Kontakt aufnehmen
3. Schritt: Begrüßen und vorstellen
4. Schritt: Informieren
5. Schritt: Beschließen

Zur Stütze Ihres Gedächtnisses zählen Sie an den Fingern einer Hand ab, an welchem der Punkte Sie gerade stehen und welchen Schritt Sie als nächsten gehen sollen (siehe Kontaktaufnahme bei Veranstaltungen, Smalltalk, Kapitel 5).

1. Schritt: Nonverbal Kontakt aufnehmen

Ob sie mehrere Hundert Menschen von einem Podium aus begrüßen oder fünfzehn Gäste bei einer Ausstellung, es ist immer das Gleiche: Sie erzeugen Präsenz nicht durch Sprechen, sondern durch Schweigen.

Nehmen Sie eine Position ein, von der alle Gäste Sie sehen und hören können. Nehmen Sie eine gerade, offene Haltung an. Blicken Sie ermunternd, doch schweigend in die Gesichter. Ein Lächeln kann Ihr Türöffner sein, muss aber zu Ihnen, zum Anlass und zu Ihrem Thema passen. Minimalanforderung: ein gelassener Blick, ein entspannter Mund.

Ungeübte Redner nesteln jetzt an ihrem Jackett. Dann verschaffen sie sich Gehör, indem sie mit einem Metallgegenstand an ein Glas oder mit dem Zeigefinger auf das Mikrofon klopfen.

Sie haben das nicht nötig! Machen Sie einen entschiedenen Schritt nach vorn und beginnen Sie zu sprechen. Ihr Publikum reguliert sich nun von selbst: Wer noch spricht, wird von anderen zum Schweigen gebracht. Wer Ihre ersten Worte versäumt hat, wird sich ärgern und künftig zuhören.

Extra-Tipp
In einem unübersichtlichen Raum beauftragen Sie Kollegen oder Freunde, in ihrem jeweiligen Umfeld für Aufmerksamkeit zu sorgen. Wenn denen nichts anderes einfällt, als mit dem Kugelschreiber an ein Glas zu klopfen, ist das Ihre Sache nicht.

2. Schritt: Verbal Kontakt aufnehmen
»Sehr geehrte Damen und Herren, im Namen der Geschäftsleitung der XYZ GmbH heiße ich Sie herzlich willkommen.« Wie oft haben Sie diese Formulierung schon gehört? Wahrscheinlich in 95 Prozent aller Begrüßungsreden. Welche Reden sind Ihnen in Erinnerung geblieben? Die anderen 5 Prozent!

Investieren Sie ein paar Minuten in den Aufmacher, Ihr Publikum dankt Ihnen das mit erhöhter Aufmerksamkeit. Ob Sie mit einer Frage beginnen, einem Appell, einem Zitat, Ihrer persönlichen Einschätzung der Gemütslage Ihrer Zuhörer – das alles ist Ihrer Entscheidung überlassen. Die Grenze Ihrer Kreativität liegt in der Sinnhaftigkeit Ihrer Einfälle: Nur wenn Ihre ersten Sätze einen schlüssigen Bezug zum Thema der Veranstaltung beinhalten, sind sie gut. Der Vorteil der zeitlichen Investition: Sie haben mit dem Einstieg meist auch schon einen passenden Ausstieg gefunden!

Ungeübte Redner sprechen, bevor sie stehen, und beziehen sich auf sich selbst, anstatt sich auf die Adressaten einzustellen. »Ich« darf nicht das Subjekt Ihres ersten Satzes sein! Und bitte prüfen Sie gut, ob Ihre Brücke vom Aufmacher zum Thema tragfähig ist (siehe Kapitel 4).

3. Schritt: Begrüßen

Böse Zungen behaupten, was Rednern an Inhalt fehle, ersetzten sie durch Länge. Halten Sie Ihre Begrüßungsrede kurz. Sie ist schließlich nicht die Hauptsache und oft nicht die Hauptrede einer Veranstaltung. »Sehr geehrte Damen und Herren«, »Liebe Kolleginnen und Kollegen«, das ist meist ausreichend.

Ehrengäste sind in zeitökonomischem Rahmen pfleglich zu behandeln. Achtung Reihenfolge! (Siehe Reihenfolge Ehrengäste, Kapitel 3.)

Vorsicht auch beim Wechsel der Adjektive: »Verehrte Damen, sehr geehrte Herren« mag aus dem Mund eines gesetzten Redners schlüssig klingen. Doch einen Ehrengast »lieb« zu nennen, den anderen »verehrt«, das kann schon Fragen aufwerfen.

Frauen, die die Emanzipation auf ihre Fahne geschrieben haben, hören Sie hin und wieder das andere Geschlecht zuerst nennen: »Meine Herren und Damen …« Das wird in der Wirtschaft als gewöhnungsbedürftig empfunden, ist aber konsequent.

Extra-Tipp

Danken Sie Ihren Besuchern für »vollständiges Erscheinen«, dürfen Sie sich über schallendes Gelächter nicht wundern. Wenn Sie schon auf solche Floskeln zurückgreifen, dann bitte wenigstens »vollzählig!«

4. Schritt: Informieren

Ihre Zuhörer brauchen, um sich bei Ihnen wohl zu fühlen, eine Antwort auf diese Fragen:

- Wer spricht da an so prominenter Stelle? Stellen Sie sich mit Bezug auf die Veranstaltung vor; Selbstdarstellung ist deplatziert. Nur wenn Sie eindeutig und allen bekannt sind, fällt dieser Punkt weg.
- Was kommt auf mich zu? Ihre Gäste haben die Einladung gelesen, sonst wären sie nicht da. Gehen Sie dennoch nicht

davon aus, dass sie sich an Details erinnern. Und scheuen Sie sich nicht, den Namen Ihres Unternehmens hin und wieder zu erwähnen.

- Wann kommt was wo auf mich zu? Teilen Sie die Reihenfolge der Programmpunkte mit und die Orte, an denen sie stattfinden. Den Weg zur Toilette brauchen Sie nicht zu weisen.
- Wer kommt auf mich zu? Stellen Sie Redner, Musiker, Referenten in Bezug auf diesen speziellen Anlass vor (siehe Referenten anmoderieren, Seite 278).

Ungeübte Redner sprechen von sich als »Ich für meine Person«, statt den Mut zum schlanken »Ich« aufzubringen: Ihr Publikum will mit einer Persönlichkeit zu tun haben, die sich nicht hinter Floskeln versteckt. Unerfahrene Veranstalter machen an dieser Stelle detaillierte Zeitangaben, an die sich niemand halten wird. Sie verlieren sich in verqueren Aussagen wie »Nach dem Referat lade ich Sie zu einem Imbiss ein«, wobei sie ja jetzt schon einladen.

5. Schritt: Beschließen

Ihr Publikum erwartet zum Abschluss, dass Sie ihm sagen, was es tun soll: dem Vortrag lauschen, das Büfett genießen, in den Konzertsaal eintreten. Verstecken Sie sich nicht hinter falscher Höflichkeit, sprechen Sie Klartext. Wenn Sie den Einstieg geschickt gewählt haben, brauchen Sie jetzt nur noch darauf Bezug zu nehmen. Nonverbal spielt sich das Ende in umgekehrter Reihenfolge wie der Anfang ab: Sie sprechen mit klarer Stimme den Schlusssatz. Sie blicken in die Runde. Sie bleiben stehen, bis der Applaus verhallt.

Ungeübte Redner verlieren sich in Weichspülern wie »Ich möchte Sie begrüßen«, »Nun darf ich Ihnen vorstellen«. »Na dann tun Sie's doch endlich!«, möchte man ihnen zurufen. Und sie verzetteln sich in der Reihung nichts sagender Adjektive, die im schlimmsten Fall nach Selbstlob riechen: »Einen schönen guten Abend«, »… hier in diesem wunderbaren Ambiente«. Wünschen Sie lieber einen spannenden/aufschlussreichen/harmonischen Verlauf. Die sachliche Erwähnung des Veranstaltungsorts ist Reklame genug. Steht der Ort in inhaltlicher Verbindung zur Sache, führen Sie das aus: »… zum letzten Mal in der alten Kundenhalle, bevor wir unser neues Areal beziehen« oder ähnlich.

Extra-Tipp

Folgen Grußworte auf Ihre Begrüßungsrede, können diese in hierarchisch fallender oder steigender Folge anberaumt werden. Der Vorteil der fallenden Folge ist, dass sie dem Protokoll entspricht, nach dem Sie die Ehrengäste begrüßt haben. Der Vorteil der steigenden Folge ist der steigende Spannungsbogen.

Moderation und Abschluss

Bei allen öffentlichen Aussagen behalten Sie im Auge, was Ihr Publikum braucht.

Anmoderation

Das ist bei der Anmoderation eines Referenten die Antwort auf eine einzige Frage: Warum spricht

- ausgerechnet diese Person,
- ausgerechnet hier,
- ausgerechnet jetzt,
- ausgerechnet zu diesem Thema?

So verzichten Sie darauf,

- umfassend aus Lebensläufen zu zitieren;
- langatmig Veröffentlichungen und Meisterstücke aufzuzählen;
- Inhalte aus dem Vortrag vorwegzunehmen.

Spitzen Sie alle Ihnen zur Verfügung stehenden Informationen auf diese Veranstaltung und den Nutzen dieses besonderen Publikums zu.

Sprechen Sie über anwesende Personen nicht in der dritten grammatikalischen Person. Es ist für einen Referenten genauso wie für einen nur mit zwei Sätzen erwähnten Ehrengast erheblich angenehmer, wenn Sie als Moderator ihn direkt ansprechen, auch wenn Sie mit ihm nicht wirklich vor dem Publikum in einen Dialog treten. Beobachten Sie einmal, wie unangenehm es Menschen ist, sich vor einem starrenden Publikum schweigend ihre eigenen Heldentaten anhören zu müssen!

Zwischenmoderationen

Bei Zwischenmoderationen ist es nicht Ihre Aufgabe, Ausführungen eines Vorredners zusammenzufassen oder zu ergänzen. Dies könnte den Eindruck hinterlassen, Sie hätten sie nicht für allgemein verständlich gehalten. Es ist vielmehr Ihre Aufgabe, einem Redner freundlich zu danken und einen weiteren zu seiner Rede aufzufordern. Haben Sie einen sehr hohen Status bei der Veranstaltung und eine zündende Idee für eine persönliche Würdigung, können Sie entsprechend kommentieren. Doch Vorsicht: Bei mehreren Reden müssen Ihre Worte dann jeweils speziell, doch immer gleich positiv sein, wenn Sie eine Priorisierung zwischen den Zeilen ausschließen wollen. Moderieren Sie Fragerunden, ist es Ihre Pflicht,

- sich zurückzunehmen,
- keine inhaltlichen Fragen zu beantworten,
- fair zu den Fragestellern zu sein,
- objektiv Fragen an Adressaten weiterzuleiten,
- Ihre eventuellen subjektiven Einschätzungen als solche und als aus einer anderen als der Moderatorenrolle kommend zu kennzeichnen (siehe »Meetings leiten« Kapitel 10).

Schlussmoderation

Zum Ende einer Veranstaltung dürfen Ihre Gäste mit Fug und Recht erwarten, dass Sie noch einmal das Wort ergreifen. Bei dieser Gelegenheit können Sie

- Ihren Gästen für ihr Interesse danken;

- die Veranstaltung kurz und prägnant resümieren;
- einen Ausblick auf weitere Veranstaltungen geben;
- bei Kundenveranstaltungen an die Tatsache erinnern, dass Ihre Mitarbeiter als Ansprechpartner zur Verfügung stehen;
- einen guten Heimweg wünschen.

Sind Sie konsequent, lassen Sie zeitgleich den Getränkeservice einstellen und geben das Zeichen zum Aufbruch (siehe Gäste verabschieden, Kapitel 6).

Extra-Tipp
Ein Gast soll korrekterweise bei förmlichen Zusammenkünften nicht vor dem Gastgeber sprechen. Bei informellen Treffen kommen Gastgeber manchmal nicht auf die Idee, eine Rede zu halten – leider. Das braucht einen Gast nicht davon abzuhalten, bei Kaffee und Digestif einen offiziellen Dank im Namen der Gäste zu formulieren.

Verhalten als Besucher

Sie wissen es: Wenn Sie einladen, freuen Sie sich über jeden Gast, der Ihnen mit seiner Zusage Interesse und Wertschätzung signalisiert. Entsprechend wird ein Gastgeber Ihre Anwesenheit bei seinem Event, seinem Fest schätzen. Und wenn Sie nicht seinetwegen hingehen: Tun Sie's für sich selbst. Der freundliche Mitbewerber hat vielleicht schon längst seine Zusage abgeschickt!

Logistik

Als Veranstalter sind Sie den eingeladenen Personen dankbar, wenn diese sich an Ihre Spielregeln halten. Als Gast verhalten Sie sich einfach so, wie Sie es sich von Ihren Gästen im Idealfall wünschen.

Auf Einladungen antworten

Möchten Sie Ihre Chance erhöhen, wieder einmal eingeladen zu werden? Dann

- beantworten Sie jede persönlich an Sie adressierte Einladung; Massenaufrufe zu Produktpräsentationen sind ausgenommen;
- sagen Sie innerhalb des angegebenen Rahmens zu beziehungsweise ab; können Sie sich noch nicht festlegen, geben Sie einen Zwischenbescheid;
- antworten Sie auf dem in der Einladung vorgegebenen Weg: per Telefon, Antwortfax, Antwortkarte; so helfen Sie bei der Organisation;
- mildern Sie eine Absage mit dem Ausdruck Ihres Bedauerns; bei wichtigen und persönlichen Anlässen geben Sie – möglichst handschriftlich und leserlich – den Grund an;
- fragen Sie, wenn Sie zeitlich eingeschränkt sind, ob es akzeptabel ist, wenn Sie nur einem Teil der Veranstaltung beiwohnen; melden Sie sich jedoch bitte nicht zum Vortrag ab, aber zum Essen an!

Extra-Tipp

Müssen Sie eine private Einladung auch im geschäftlichen Rahmen absagen, sprechen Sie danach bald selbst eine Einladung aus. So verhindern Sie, dass der abgewiesene Gastgeber Ihnen mangelndes Interesse unterstellt.

Zeiten bei verschiedenen Anlässen

Typische Zeitangaben sind

- 11 Uhr zu einem Jubiläumsempfang
- 12 Uhr zu einem Mittagessen
- 18 Uhr zu einer After Work Party oder zu einem Empfang
- 19 Uhr zu einem Vortrag oder einem Abendessen

Gängige Zeitangaben geben Hinweis auf die Erwartungen der Gastgeber:

- 19 Uhr: Je kleiner der Rahmen, desto pünktlicher Ihr Erscheinen. In einem privaten Rahmen sollten Sie keinesfalls vorher eintreffen, zirka fünf Minuten Spiel sind erlaubt. Bei einem größeren Empfang, zum Beispiel in einem Restaurant, haben Sie ein paar Minuten mehr Spielraum. Kalkulieren Sie Wartezeiten im Parkhaus und an der Garderobe ein.
- 11 Uhr c.t.: »cum tempore/mit Zeit« bedeutet, dass Sie exakt 15 Minuten nach 11 Uhr auf Ihren Plätzen sitzen, diese Angabe ist einem akademischen Rahmen vorbehalten.
- 11 Uhr s.t.: »sine tempore/ohne Zeit« heißt, dass Sie vor 11 Uhr Platz zu nehmen haben.
- von 11 bis 13 Uhr /zwischen 17 und 19 Uhr: Hier wird erwartet, dass Sie irgendwann innerhalb dieser Zeit eintreffen. Planen Sie eine Verweildauer zwischen einer halben und einer ganzen Stunde ein. Wählen Sie die Kernzeit, bekommen Sie gegebenenfalls eine Ansprache mit; zu den Randzeiten haben die Gastgeber mehr Zeit für Sie.

Sie sind nicht eingeladen

Sie wissen, es gibt zu einem Ehrentag ein Fest, zu dem Sie aber nicht eingeladen sind. Da können Sie schriftlich gratulieren oder ein Präsent schicken oder bringen lassen. Wollen Sie es am Vortag persönlich abgeben, rufen Sie an, welcher Zeitpunkt passt. Platzen Sie nicht in das Fest.

Ein Geschäftspartner gibt einen Vormittagsempfang in einem Lokal. Zeigen Sie Flagge!

Eine Kundin Ihres Kreditinstituts feiert ihren 80. Geburtstag. Sie wissen aus Kenntnis der lokalen Gepflogenheiten, dass Familie und Nachbarschaft zum Kaffee kommen: Gehen Sie nach Geschäftsschluss vorbei. Jubilarin wie Gäste empfinden das als Auszeichnung. Das »Schnäpschen in Ehren« können Sie ablehnen, ein Glas Wasser nicht. Setzen Sie sich für zirka eine halbe Stunde zu der Runde.

Eine Veranstaltung verlassen

Streng genommen verlässt kein Gast eine Veranstaltung, solange der Ehrengast anwesend ist. Wenn Gesellschaftliches und Geschäftliches sich mischen, ist diese Regel in großen Gruppen außer Kraft. Zumal bei Empfängen eine gewisse Fluktuation üblich ist. Ob Sie sich beim Gastgeber verabschieden oder nicht, hängt von Ihrer Rolle ab: Als wichtiger Gast sollten Sie ihm ersparen, dass er Sie später vergeblich sucht.

Von einem gesetzten Essen sollten Sie sich erst verabschieden, wenn der Kaffee ausgetrunken ist. Sie können

- offiziell Abschied nehmen und damit andere Gäste motivieren, sich Ihnen anzuschließen;
- sich inoffiziell davonstehlen, wie Gäste das bei einer Gala nach einem Tanz tun dürfen, wenn Sie kein Aufhebens machen wollen und alle Verabredungen schon getroffen sind;
- Ihre direkten Tischnachbarn informieren und sie bitten, Sie im weiteren Verlauf zu entschuldigen;
- sich diskret beim Gastgeber abmelden, ihm ordnungsgemäß danken und höflich einen schönen weiteren Verlauf der Veranstaltung wünschen.

Danken

Je feierlicher der von Ihnen besuchte Anlass war, desto eher dürfen die Gastgeber mit Ihrem schriftlichen Dank rechnen. Sie können Ihren Dank mit einem Blumengruß verbinden. Bütten oder Faxpapier? Orientieren Sie sich an der Form der Einladung. Wollen Sie dem Gastgeber echte Wertschätzung entgegenbringen, formulieren Sie individuell.

»Was nicht erwähnt ist, hat nicht stattgefunden.« Erwähnen Sie deshalb alles, was stattgefunden hat:

- das Umfeld
- die Speisen
- die Getränke
- die Gespräche
- die Gäste

Vermeiden Sie nichts sagende Wörter wie »nett«, »interessant«, »toll«. Diese würden zwischen den Zeilen nur aussagen: So viel Mühe wie die Gastgeber machen Sie sich nicht! Der Thesaurus Ihres PC wirft aussagekräftigere Adjektive aus, zum Beispiel diese:

- außergewöhnlich
- behaglich
- beispiellos
- bezaubernd
- charmant
- erlesen
- gemütlich
- herzlich
- köstlich
- unübertroffen
- vertraut
- vortrefflich
- vorzüglich

(Siehe auch Formulieren, Kapitel 4.)

Mit Geschenken Bande knüpfen

»Wir schenken, weil wir den anderen brauchen«, sagt der Evolutionsbiologe Wulf Schiefenhövel. Von wegen altruistisch dargebrachte Gaben! Er interpretiert das jedoch nicht als infame Berechnung, sondern als Äußerung der sozialen Natur des Menschen. Und wird ein Präsent an Geschäftspartner und Kunden nicht tatsächlich auch unter dem Gesichtspunkt gemacht, dass »Gaben verpflichten« ?

Ob Sie selbstlos danken oder gut in Erinnerung bleiben wollen – suchen Sie ein Geschenk nicht nach Ihren individuellen Vorlieben aus. Stellen Sie sich immer die Frage: »Was macht dem Beschenkten Freude?«

- Eine Flasche Champagner, ein Strauß Blumen – das ist unverfänglich und ideal bei Personen, zu denen Sie nur einen minimalen Zugang haben.

- Präsente mit Firmenlogo halten Sie länger in Erinnerung. Ob es sich dann um eine Flasche Haussekt handelt, deren Etikett der Name Ihres Unternehmens schmückt, oder ein edler Füllfederhalter – der Beschenkte liest am Wert des Objekts ab, wie Sie ihn einordnen: Hatte der Kollege nicht eine Nappaledermappe bekommen?
- Eine Münze oder ein antiquarisches Buch aus dem Gründungsjahr des Unternehmens, eine Zeitung von dem Tag der Geburt des Jubilars, das sind Präsente mit historischem Verweis, die beweisen: Sie haben Ihr Gehirn bemüht. Vorsicht jedoch mit Stichen oder Bildern, die die Adressaten an die Wand hängen sollten.
- Bittet ein Jubilar um Ihre Spende für einen wohltätigen Zweck, ist dem zu entsprechen. Da reicht dann ein Hinweis auf Ihrer Glückwunschkarte. Im Regelfall erhält der Initiator der Spendenaktion eine Liste der Spender, manchmal nur mit den Namen und der Gesamtsumme, manchmal mit der Angabe des jeweiligen Betrags. Seien Sie großherzig, nennen Sie in Ihrem Grußwort nicht die Summe, die Sie überwiesen haben. Auch die Kopie der Überweisung behalten Sie für sich. Sie würden schließlich auch ein Geschenk nicht mit Preisschild überreichen.
- Wollen Sie als jemand im Gedächtnis bleiben, der sich über den Adressaten Gedanken macht, finden Sie ein persönliches Geschenk. Was wird den in den Ruhestand verabschiedeten Kollegen mehr erfreuen: ein Liegestuhl, Gartenwerkzeug oder ein Theater-Abonnement? Seine Ehefrau weiß es, Ihre Sekretärin findet es heraus!

Geschenke überreichen

Bei kleinen Feiern haben Sie die Gelegenheit, Ihr Geschenk bei der Übergabe zu erläutern. Vermeiden Sie die Gefahr, sich selbst dabei ins rechte Licht zu rücken. Sprechen Sie ausschließlich über den Bezug des Gegenstands zum Adressaten; er ist der Fokus des Anlasses, nicht Sie.

Sammeln Mitarbeiter des Jubilars Geschenke am Präsentetisch, deponieren Sie Ihr Geschenk dort und gratulieren mit Handschlag. Wie praktisch, dass Sie eine Karte zur Vorbeugung von Verwechslungen an dem Paket fixiert haben.

»Wenn Sie im Smoking gehen, bringen Sie keine Geschenke mit« – die Faustregel bedarf einer Erweiterung. Bei hochoffiziellen Anlässen wie einer akademischen Ehrung oder der Verabschiedung eines Geschäftsführers tragen Sie zwar »nur« einen dunklen Anzug, kommen aber auch mit leeren Händen (siehe »Gratulieren«, Kapitel 4).

Extra-Tipp

Wollen Sie Ihrem Gastgeber ersparen, Geschenke zu verstauen und zu transportieren? Schicken Sie Ihr Präsent im Vorfeld an seine Privatadresse. Dann kommen Sie zwar in den Augen der übrigen Gäste mit leeren Händen, doch der Gastgeber kann sich schon bei der Begrüßung dafür bedanken.

Die andere Seite: Geschenke annehmen

Als Gastgeber haben Sie geschickterweise einen Stapel Post-its in der Tasche, um Geschenke und Sträuße, die ungeschickterweise ohne Karte überreicht wurden, später zu identifizieren.

Bei Feiern im kleinen Kreis erwarten die Gäste, dass Sie die Geschenke vor ihren Augen auspacken: Sie wollen das Strahlen in Ihren Augen sehen! Da das Zeit kostet, machen Sie aus der Not eine Tugend, inszenieren Sie das Auspacken zum Beispiel zwischen Hauptgang und Dessert. Der Präsentetisch wird an einen zentralen Platz im Raum gerückt, Sie wickeln die Pakete aus und kommentieren jedes mit einem individuellen und ausschließlich positiven Satz. Der Geber wird es Ihnen gern gleich tun. Beginnt einer zu applaudieren, werden die übrigen Gäste folgen. Sogar das können Sie mit einem Briefing an Ihren besten Freund/einen guten Kollegen vorbereiten.

Blumen sprechen lassen

Blumen senden Signale, das weiß jeder; wie dumm nur, dass diese nicht immer eindeutig sind. Rote Rosen sind unmissverständlich das Symbol der Liebe; beim Vergissmeinnicht spricht der Name für sich; und dass die als kühl reputierte Assistentin sich über den stachligen Kaktus nur freut, wenn sie als Kakteensammlerin bekannt ist, liegt auf der Hand.

Bei anderen Farben und Blumen klaffen die von der Fachliteratur gestützte Zuschreibung und das persönliche Empfinden Einzelner hin und wieder auseinander. Weiße Rosen beispielsweise sind für manche völlig unproblematisch oder sogar als Symbol der Reinheit besonders elegant, gelten aber bei vielen als Totenblumen. Rote Nelken verraten für die einen heiße Liebe, für die anderen sind sie altmodisch, für wieder andere in Reminiszenz an die Fünzigerjahre schlicht Kult. Die Mimose trägt unterschiedliche Bedeutungen von zärtlicher Freundschaft bis hin zu der Botschaft, der Empfänger sei mimosenhaft empfindlich. Um Fettnäpfchen weiträumig zu umgehen,

- lassen Sie bei wenig vertrauten Personen Vorsicht walten;
- hören Sie zu, über welche Blumen sich der potenzielle Empfänger positiv äußert;
- schauen Sie sich bei einem Besuch im Büro oder Zuhause des Adressaten nach seiner Lieblingsfarbe um;
- lassen Sie Sträuße aus verschiedenen Sorten in verschiedenen Farben binden;
- orientieren Sie sich saisonal: Weihnachtsstern und Christrose werden nicht als Farbträger, sondern als Zeichen der Festlichkeit interpretiert; und ein bunter Heckenrosenstrauß im Sommer kann als weniger distanzlos interpretiert werden als eine einzelne langstielige Rose im tiefen Winter;
- schenken Sie Männern Blumen eher in kräftigen Herbstfarben als in Rosa und Hellblau;
- verzichten Sie außer bei Geschäftseröffnungen und Firmenjubiläen auf Topfpflanzen: Das Vergängliche der Schnittblume macht einen Teil ihrer Schönheit aus.

Die Anzahl

Als Ikebana und ähnlich subtile Binde- und Stecktechniken in Deutschland noch unbekannt waren, wurden Blumen in kleinen Mengen aus ästhetischen Gründen nur in ungerader Anzahl zu Sträußen gebunden. Die alte – zumal fälschlich ins Unendliche verallgemeinerte – Regel »Blumen nur in ungerader Zahl« ist also passé.

Es könnte aber sein, dass ältere Personen sie verinnerlicht haben und irritiert nachzählen. Mit Bezug zum Anlass – vielleicht 20 Jahre Bestehen der Geschäftsbeziehung – können Sie wiederum jede Zahl legitimieren.

Blumen überreichen

Das Blumenpapier vor dem Überreichen eines Straußes zu entfernen ist vorwiegend in Deutschland üblich. Das Papier lassen Sie im Auto oder in der Manteltasche. In der Folie dürfen Sie den Strauß überreichen, sie sollte umweltfreundlich sein. Eine Manschette ist ein gutes Mittelding.

Heute darf jeder jedem einen Strauß überreichen. Besucht ein Paar ein anderes, wird es sich wohl an die traditionelle Rollenverteilung halten: Der Gast überreicht der Gastgeberin den Strauß. Doch warum nicht zum Beispiel den Gastgeber beglücken, wenn der bekanntlich für Vorbereitung und Durchführung des Abendessens zuständig ist?

Entscheiden Sie sich aus praktischen Erwägungen – zum Beispiel bei einer Einladung in ein Restaurant –, Blumen vorher zu schicken, bedarf es der Anmerkung, dass Sie sich auf die Begegnung freuen. Müssten Sie nämlich kurzfristig absagen, wäre ebenfalls ein Strauß fällig – nach Ihrem Anruf und mit dem Ausdruck Ihres größten Bedauerns versehen.

Sie können auch einen Strauß mit einem Dankeskärtchen versehen nach dem Anlass schicken. Ein Schelm, wer dabei denkt, Sie hätten zuerst einmal die Wertigkeit des Anlasses abgewartet.

Extra-Tipp
Eine Visitenkarte an den Strauß stecken zu lassen, ist zwar informativ, doch reichlich knapp. Achten Sie bei der Bestellung von Sträußen im Internet darauf, dass Ihr Gruß handschriftlich auf eine Karte übertragen wird.

Besuch am Krankenbett
Im privaten Umfeld kann jeder, der einem Patienten einen guten Verlauf seiner Genesung wünscht, einen Besuch anbieten. Im geschäftlichen Rahmen wird eher Distanz erwartet: Ein Strauß, ein schriftlicher Wunsch – das genügt. Ist Ihre Geschäftsbeziehung jedoch von größerer Nähe geprägt, wird ein Besuch am Krankenbett nicht als distanzlos aufgefasst werden.

Aus hygienischen Gründen vermeiden Sie es grundsätzlich, sich auf ein Krankenbett zu setzen und Topfblumen mitzubringen; aus Sicherheitsgründen schalten Sie im Krankenhaus Ihr Mobiltelefon aus; und aus Gründen der Höflichkeit reagieren Sie sensibel auf die Bedürfnisse des Patienten. Wollen Sie auf Nummer sicher gehen,

- wählen Sie eher das neutrale Umfeld des Krankenhauses als das häusliche Krankenzimmer. Ein Besuch im Schlafzimmer könnte von Personen, die sich sonst nur in dunklen Anzügen in den Zentren der Macht begegnen, als zu intim empfunden werden.
- fragen Sie telefonisch – beim Patienten selbst, bei den Angehörigen, auf der Station –, ob und wann Ihr Besuch gewünscht wird. Kompensieren Sie eine Ablehnung mit einem Präsent.
- beraten Sie sich als Beteiligter an einem Unfall mit Ihrem Anwalt. Ihre menschliche Geste sollte Ihnen nicht als Schuldeingeständnis ausgelegt werden können.
- halten Sie sich auch in Kliniken ohne feste Besuchszeiten an die üblichen Nachmittagsstunden.

- wählen Sie krankenhaustaugliche Blumen. Sie sollen nicht stark duften und für das eher triste Umfeld bunt sein, zumal weiße (Toten-)Blumen als böses Omen interpretiert werden könnten.
- beschränken Sie übrige Präsente auf Dinge, die der Patient am Krankenbett verwenden kann. Erkundigen Sie sich nach Essgewohnheiten und Vorlieben für Lektüre.
- fragen Sie »Wie fühlen Sie sich heute?« und nach dem Genesungsverlauf. Sprechen Sie von sich aus nicht von der Krankheit, sondern von der Hoffnung auf Gesundheit.
- bieten Sie ein Thema aus dem gemeinsamen beruflichen Umfeld an und hören aufmerksam, ob der Patient sich lieber auf sich konzentriert oder nach dem Motto »Das Leben draußen geht weiter und bald wieder mit mir« ein Gespräch bevorzugt (siehe Zuhören, Fragetechnik, Smalltalk, Kapitel 5).

Extra-Tipp

Verzichten Sie darauf, in den letzten Tagen vor dem Entlassdatum Blumen an ein Krankenhausbett zu bringen. Der Aberglaube sagt: Nimmt ein Krankenhauspatient Blumen mit nach Hause, kommt er bald wieder!

Trauerfall

Wer einen lieben Menschen verloren hat, kann eines nicht gebrauchen: dass Mitmenschen ängstlich Abstand nehmen. Wie viel Nähe ist beim Umgang mit hinterbliebenen Kunden und Geschäftspartnern nun aber erwünscht, wie viel Zurückhaltung erforderlich? Lassen Sie sich bei der Antwort auf diese Frage von den Hinterbliebenen leiten. Gehen Sie auf sie zu: Bieten Sie schriftlich oder mündlich Ihre Hilfe an, warten Sie auf die Reaktion. Nur bei sehr nahe stehenden Personen bitten Sie darum, einen Kondolenzbesuch abstatten zu dürfen. Dezente Kleidung ist hier angemessen, mitbringen müssen Sie nichts, das Thema Geschäft bleibt tabu, solange die besuchte Person nicht von sich aus – zum Beispiel auf dringende Bankgeschäfte – zu sprechen kommt.

Beim Ausdruck Ihrer Anteilnahme ist der Rückblick auf die guten Seiten des Verstorbenen und die guten gemeinsamen Zeiten angebracht (siehe »Kondolieren«, Kapitel 4).

Bei der Trauerfeier

Zur Trauerfeier respektieren Sie die regionalen Gegebenheiten. In Städten ist schwarze Kleidung, wenn überhaupt, den nahen Angehörigen vorbehalten; andere Besucher tragen gedeckte Stadtkleidung. Kein heller Regenmantel, kein bunter Schirm. Kein auffälliger Schmuck. Dezentes Make-up.

Neuerdings ist hin und wieder von einer »Abschieds-« statt von einer »Trauerfeier« die Rede und die Hinterbliebenen bitten um farbige Kleidung. Dieser Bitte ist nachzukommen, Ihr persönliches Empfinden hat in einer Extremsituation wie dieser vor dem der Betroffenen zurückzustehen.

Sie erscheinen zu einer Trauerfeier so zeitig, dass Sie zu dem angegebenen Termin bereits auf Ihrem Platz in der Kapelle oder der Trauerhalle sitzen. Ein Gesteck oder einen Kranz lassen Sie anliefern. Wurde in der Traueranzeige auf ein Spendenkonto verwiesen, überweisen Sie den Betrag, den Sie vorhatten, für Blumen auszugeben.

Der Bitte, von Beileidsbezeigungen am Grab Abstand zu nehmen, ist zu entsprechen. Sie entbindet Sie nicht der Pflicht, anwesend zu sein und bei Erdbestattungen den Verstorbenen an das Grab zu geleiten.

Sind Sie zur Zeit der Trauerfeier verhindert, teilen Sie dies den Hinterbliebenen mit dem Ausdruck Ihres Bedauerns mit.

10 Organisierte Kommunikation

Arbeitnehmerinnen und Arbeitnehmer verbringen den größten Teil ihrer Zeit am Arbeitsplatz, acht Stunden und oft mehr; Grund genug, sich über dessen Gestaltung auch in kommunikativer Sicht Gedanken zu machen. Schließlich ist der Grat zwischen notwendiger Kooperation und erstickender Nähe gerade hier, wo viele Menschen oftmals wenig Raum teilen, schmal und unkomfortabel.

Allzu leicht – und reichlich ineffektiv – wird die Verantwortung für Kommunikationsprobleme anderen in die Schuhe geschoben. Ergiebiger wäre es, sich explizit auf Spielregeln des alltäglichen Miteinanders zu einigen, Ansatzpunkte gibt es genug: Wie soll die Meldeformel am Telefon lauten? Wie halten wir es mit dem Du vor Kunden? In welcher Kleidung wollen wir das Unternehmen vertreten? Welchen Standard setzen wir für das Betreten fremder Räume und das Benutzen fremder Gegenstände?

Alles Verhandlungssache. Doch verhandeln kann nur, wer sein eigenes Verhalten und seine Denkmuster zu prüfen bereit ist. Davon abgesehen, dass dies eine elegante Vorgehensweise ist: Der effektivste Lösungsbeitrag ist es sowieso.

Führen mit Köpfchen

Nach Professor Dr. Joachim Bauer, Oberarzt für therapeutische Medizin am Universitätsklinikum Freiburg, zeigt »die moderne Hirn- und Stressforschung, dass eine fordernde, gleichwohl aber berechenbare und unterstützende Beziehungskultur erheblichen Einfluss auf die Leistung der Mitarbeiter hat«.

Das Gehirn verarbeitet Situationen laufend und bewertet sie durch einen kontinuierlichen Abgleich mit gespeicherten früheren Erfahrungen. Sinn der Sache ist, potenzielle Gefahrenlagen zu erkennen. Als Gefahr stuft das Gehirn aber nicht nur lebensgefährdende Bedrohungen ein, sondern auch Gefährdungen in zwischenmenschlichen Beziehungen: Kränkungen, Konflikte, Imageverlust. Gefahr ist für das Gehirn auch jeder drohende Verlust von Kontrolle und Sicherheit.

Schon eine nicht offene Kommunikation registriere das Gehirn als Gefahr, sagt Bauer: »Alles, was klar und für beide Seiten berechenbar abläuft, löst keine Alarmsignale aus. Sich als Führungskraft im neurobiologischen Sinne richtig zu verhalten, erlaubt es deshalb durchaus, Mitarbeitern offen und klar zu sagen, welches die Ziele und wie die Erwartungen sind. Es ist nicht nötig, Mitarbeiter in Watte zu packen. Man sollte sie aber bei der Erreichung der vorgegebenen Ziele unterstützen und ihnen Freiräume lassen.«

Die Vorgänge laufen bei allen Menschen gleich ab. Ob allerdings eine bestimmte Situation »inneren Alarm« auslöst oder nicht, ist von Person zu Person verschieden. Maßgeblich ist die persönliche Erfahrungsgeschichte.

Wichtig auch: das soziale Umfeld. Die Botschaft an Führungskräfte lautet daher: »Maßnahmen, die Mitarbeitern soziale Unterstützung entziehen, sind leistungsfeindlich.« Bauer weiter: »Im betrieblichen Geschehen ist die regelmäßige Kommunikation darüber, was als gute Leistung angesehen und erwartet wird, der erste Baustein einer guten Beziehungs- und Leistungskultur.«

Feedback geben

Ob Sie im Rahmen der Regelkommunikation zum Mitarbeitergespräch einladen oder ob Sie aufgrund eines Fehlverhaltens zum Kritikgespräch bitten – nehmen Sie sich Zeit und garantieren Sie einen ungestörten Rahmen. Den Mitarbeiter im Vorfeld über Thema und Zeitpunkt zu informieren ist fair; ihn am Freitagnachmittag mit gerunzelten Brauen auf Montag einzubestellen, ist es nicht.

»Was macht die Frau, wie geht's den Kindern? Das ist ja reizend. Nun aber zum Anlass unseres Gesprächs.« So bitte nicht! Es ist kein guter Stil, einen Mitarbeiter mit Smalltalk und Lob einzustimmen und dann mit einem großen »Aber« zum Sündenregister überzugehen. Teilen Sie dem Betreffenden mit, was Sie an ihm schätzen – und sei es nur die Tatsache, dass er pünktlich zu dieser Unterredung erschienen ist. Setzen Sie die erste Sequenz nicht in die Opposition zu dem Hauptgrund des Gesprächs, im Gegenteil, hier ist ein Kausalzusammenhang angebracht: »Ich schätze Sie als verlässliches/erfahrenes/gewissenhaftes Mitglied unseres Teams. Deshalb ist es mir ein Anliegen, mit Ihnen über eine Beobachtung zu sprechen, die ich in den letzten Tagen gemacht habe ...«

Fünf Phasen

Ob Inhalt eines Kritikgesprächs eine Kleinigkeit oder ein grober Verstoß gegen Anstand, Unternehmensphilosophie oder Gesetz ist – das Fünf-Phasen-Gespräch gibt Struktur.

Phase 1: Beschreiben Sie konkret das unerwünschte Verhalten.

- Beschränken Sie sich auf das Beschreiben von Handlungen.
- Beziehen Sie sich auf konkrete Anlässe zu bestimmten Zeitpunkten.
- Beginnen Sie Ihre Sätze mit »Ich sehe ...«.

Vermeiden Sie dabei diese Fehlerquellen:

- den Charakter bewerten
- verallgemeinern
- Vermutungen in den Raum stellen
- Vorhaltungen machen
- auf andere verweisen, die »das auch so sehen«

Phase 2: Geben Sie dem Mitarbeiter die Gelegenheit, Stellung zu beziehen.

- »Wie sehen Sie das?«
- »Wie stehen Sie dazu?«
- »Wie erklären Sie sich das?«

Phase 3: Thematisieren Sie mögliche negative Folgen des Verhaltens.

- Keine Drohung, keine Erpressung.
- Dramatisieren Sie nicht, Ihr Mitarbeiter wird ein Gespür für die Realität haben.
- Scheuen Sie sich aber nicht, Klartext zu reden und Gefahren für andere, Risiken für das Unternehmen und Konsequenzen für ihn selbst aufzuzeigen.

Phase 4: Treffen Sie Vereinbarungen.

- Legen Sie Ihre Erwartungen auf den Tisch. Geben Sie ihm die Gelegenheit, auch hierzu Stellung zu nehmen.
- Vereinbaren Sie Inhalte und Zeiträume für die Umsetzung der guten Absichten.
- Notieren Sie das. Lassen Sie sich das im Extremfall vom Mitarbeiter unterschreiben.

Phase 5: Geben Sie positive Aussichten.

- Appellieren Sie an die Änderungsfähigkeit Ihres Mitarbeiters.
- Sprechen Sie Ihre Hoffnung und Ihr Vertrauen aus.
- Danken Sie für das Gespräch.

Extra-Tipp

Sie brauchen mit Ihren Gefühlen nicht hinter dem Berg zu halten. Sind Sie enttäuscht, sagen Sie das. Übertreiben Sie dabei nicht. Nutzen Sie Gefühle nicht, um andere unter Druck zu setzen.

Die andere Seite: Feedback nehmen

Selten sind Mitarbeiter für negatives Feedback gerüstet, selbst wenn sie mit Rückfragen, Kritik oder gar einem Angriff rechnen sollten. Legen Sie sich einfache Techniken parat, um im Fall des Falles nicht sprachlos dazustehen.

Es ist immer sinnvoll, bei – berechtigten oder unberechtigten – Fragen, Kritik und Angriffen

- kontrolliert zu reagieren,
- Zeit zu gewinnen,
- den guten Willen zu demonstrieren.

Werden Sie auf Fehler in einer Vorlage angesprochen, bitten Sie um Entschuldigung und verbessern Sie sie. Weist eine Vorgesetzte Sie darauf hin, dass Sie sich unangemessen kleiden, im Großraumbüro zu laut telefonieren oder hin und wieder nicht gut riechen, danken Sie für die Rückmeldung und erwägen Sie, wie Sie Abhilfe schaffen können.

Sagen wir, Ihre Vorgesetzte oder auch ein Kollege wiese Sie darauf hin, dass Sie täglich zu spät kommen und zu früh den Arbeitsplatz verlassen. Wie reagieren Sie geschickt?

1. Eine positive Haltung äußert sich nonverbal in einer aufrechten, offenen Körperhaltung, einer ruhigen Atmung und einer gelassenen Sprechweise. Der Gedanke dahinter lautet: »Irgendeinen Anlass für die Kritik wird es geben. Schaun wir mal.« Wer so denkt, fragt nach: »Was genau haben Sie beobachtet?« Er differenziert: »Es mag sein, dass das diese Woche so war.« Er nennt Gründe: »Die Öffnungszeiten des Kindergartens haben sich geändert ...« Er bietet Lösungen: »Darf ich die fehlende Zeit nacharbeiten?«
2. Eine defensive Haltung zeigt sich nonverbal durch eine weiche, manchmal inkongruent schnelle Sprechweise. Sie wird von dem Gedanken getragen: »Lieber keinen Streit!« Wer so denkt, schiebt die Verantwortung anderen zu: »Ich werde mit meiner Schwiegermutter reden .../Das haben Ihnen bestimmt die Kolleginnen gesagt.« Er verspricht Bes-

serung, ohne nach Details zu fragen: »Ich werde alles tun, damit ...« Er legt sich nicht auf eine Verhaltensänderung fest: »Ich hoffe/versuche/glaube, diese Sache in den Griff zu bekommen.«

3. Die offensive Haltung bringt nonverbal eine erhöhte Muskelspannung mit sich und basiert auf der Überzeugung: »Du nimmst mir nicht das Heft aus der Hand!« Wer so denkt, übertreibt, um das Gegenüber zu einer realistischen Abwägung zu motivieren: »Das ist natürlich ganz schrecklich, und ich weiß, wie sehr Sie sich über derartige Dinge ärgern ...«) Er widersetzt sich: »Tut mir Leid, im Moment geht das nicht anders, weil ...« Er fordert den anderen heraus: »Was schlagen Sie nun vor?«

Eine ideale Replik auf jede Situation gibt es nicht. Welche Sprech-Haltung Sie einnehmen, hängt von Ihrer Persönlichkeit, von Ihrer Haltung zu Ihrem Gegenüber und von Ihrer Verfassung in dieser Situation ab. Wenn Sie sich die drei Merksätze einprägen, finden Sie im realen Fall leichter zu einer angemessenen Haltung, als wenn Sie sich diffus Ihren Gefühlen hingäben.

Extra-Tipp

»Bild sticht Ton«, heißt es in der TV-Welt: Ihr Gegenüber glaubt mehr dem Ausdruck Ihres Körpers als Ihren Worten. Achten Sie daher darauf, dass Sie sogar als Kritisierter eine offene und aufrechte Haltung einnehmen. Das wirkt sich nicht nur auf den Eindruck aus, den Ihr Gesprächspartner von Ihnen gewinnt; sondern hilft Ihnen auch, ruhig zu atmen und somit Gelassenheit in Ihr Denken einkehren zu lassen.

Umgang mit dem Chef

Ihr Vorgesetzter weiß so gut wie Sie: Für seinen Erfolg sind nicht nur sein Know-how, seine Beziehung zu der darüber liegenden Hierarchieebene und seine Führungsqualitäten verantwortlich. Sein Erfolg hängt wesentlich von Ihrer Kompetenz, Ihrem Engagement und Ihrer Motivation ab. Ihm das im Konfliktfall aufs Butterbrot zu streichen wäre unklug. Doch ihm die Augen für das zu öffnen, was Sie für Ihre erfolgreiche Arbeit von ihm brauchen, gehört zu Ihren Aufgaben.

Den Vorgesetzten führen

Sagen wir, Ihr Vorgesetzter hätte Ihnen ohne Ankündigung die Verantwortung für ein Projekt entzogen. Warten Sie nicht ab, bis sich Ihr Unmut anstaut. Reagieren Sie auch nicht im Eifer der Betroffenheit. Bitten Sie am Tag danach um »eine Viertelstunde«, »ein paar Minuten«, Ihr Chef hat noch weniger Zeit als Sie. Halten Sie die Zeit ein. Wenden Sie die Elemente des Fünf-Phasen-Gesprächs sinngemäß auf Ihre Situation an.

- Phase 1: Beschreiben Sie konkret das Verhalten, das Sie verletzt hat: »Sie haben mir die Verantwortung für das Projekt entzogen, das hat mich sehr überrascht.«
- Phase 2: Bitten Sie ihn um eine Stellungnahme: »Sie müssen einen triftigen Grund haben, der mir nicht bekannt ist. Würden Sie ihn mir bitte im Detail erklären?«
- Phase 3: Thematisieren Sie die negativen Folgen für Sie: »Ich bin sehr betroffen darüber, denn ...«
- Phase 4: Bitten Sie um eine Vereinbarung für die Zukunft: »Wäre es Ihnen möglich, mich künftig frühzeitig in Kenntnis zu setzen, wenn Sie mit einem Aspekt meiner Arbeit unzufrieden sind?« Oder: »Darf ich Sie künftig häufiger über Ihre Einschätzung zu meiner Leistung befragen?«
- Phase 5: Beschließen Sie die Begegnung positiv: Danken Sie für Offenheit/Klarheit/Geduld – und wenigstens für die Zeit, die er sich für Ihr Anliegen genommen hat.

Extra-Tipp
Respektieren Sie die Rollenverteilung im Unternehmen und akzeptieren Sie die Sensibilitäten aller Beteiligten, auch Ihre eigenen. Sorgen Sie für sich im Rahmen des großen Ganzen.

Umgang im Kollegenkreis

Betriebspsychologen wissen: Wer sich an seinem Arbeitsplatz gut aufgehoben fühlt, bleibt auch unaufgefordert ein Stündchen länger. Wer Wertschätzung erfährt, legt sich gern ins Zeug für »die Firma«. Wer glücklich ist, leistet mehr.

Da ist es kein Zufall, dass in modernen Bürogebäuden statt der früher üblichen Kaffeeküche von sechs Quadratmetern Grundfläche (»Räucherkammer«) Kommunikationszonen auf den Gängen eingerichtet sind. Hier treffen sich die Mitglieder verschiedener Teams zum kleinen Plausch zwischendurch. Werden Arbeitsunterbrechungen nicht geplant und Begegnungen nicht erzwungen, sind Arbeitszeiten erfolg- und Begegnungen ertragreicher. Nehmen wir die Ergebnisse von Umfragen ernst, ist sogar der Büroklatsch rehabilitiert: Hauptsache es menschelt, ... doch bitte nicht zu sehr.

Liebe im Büro

Etwa 10 Prozent der deutschen Ehen werden am Schreibtisch geschlossen, Tendenz steigend. In gemischten Gruppen herrscht das beste Klima: Dort lohnt es sich, mit Charme und nicht nur mit Leistung zu punkten. Wo ist es leichter möglich, das Objekt seines Interesses zu beobachten und sich vor ihm ins rechte Licht zu setzen?

Der Arbeitsplatz wird zum Kontakthof; Unternehmen, die früher das Techtelmechtel im Büro per Betriebsvereinbarung untersagten, sehen heute davon ab.

Natürlich birgt eine Liebesbeziehung unter Kollegen Risiken. Häuslicher Streit wird ins Büro getragen. Berufliche Abhängigkeitsverhältnisse (Chef und Sekretärinnen) sind genauso zu bedenken. Wem der Himmel voller Geigen hängt, der überhört leicht Misstöne aus dem Kollegenkreis. Im Ernstfall ist doch die Variante »gleiche Firma, andere Abteilung« die sicherere.

Extra-Tipp
Nicht immer trifft Amors Pfeil gleich zwei. Sind Annäherungsversuche von Kollegenseite Ihnen unangenehm, blocken Sie diese umgehend humorvoll, aber deutlich ab. Zögern und Mitleid wecken falsche Hoffnungen. »Wehret den Anfängen!«, sagten die Römer – ein paar tausend Jahre bevor es Liebesschwüre per E-Mail gab.

Mobbing ist mörderisch
Psychoterror am Arbeitsplatz ist kein Kavaliersdelikt: Er kann tödlich enden. Er ist leider auch keine Seltenheit, laut DGB erleben ihn schätzungsweise 1,5 Millionen Menschen in der Bundesrepublik täglich. In den letzten Jahren hat sich hierfür im Deutschen der Begriff Mobbing eingebürgert, mit Bezug auf die ersten Veröffentlichungen des schwedischen Psychologen Heinz Leymann. Es geht wohlgemerkt nicht um die kleinen Steitereien und einmaligen Konflikte, die mit gutem Willen und/oder dem Eingreifen einer Führungskraft beendet sind. Mobbing ist nach der in der Fachwelt gebräuchlichen Definition

- »eine konfliktbelastete Kommunikation am Arbeitsplatz
- unter Kollegen oder zwischen Vorgesetzten und Untergebenen,
- bei der die angegriffene Person unterlegen ist
- und von einer oder mehreren anderen Personen systematisch
- und während längerer Zeit
- direkt oder indirekt angegriffen wird

- mit dem Ziel und/oder dem Effekt des Ausstoßes
- und die angegriffene Person dies als Diskriminierung erlebt.«

Heinz Leymann hat in seinen Forschungen insgesamt 45 verschiedene Mobbing-Handlungen gefunden und sie in fünf Bereiche untergliedert:
- Angriffe auf die Möglichkeiten, sich mitzuteilen
- Angriffe auf die sozialen Beziehungen/das soziale Ansehen
- Angriffe auf die Qualität der Berufs- und Lebenssituation
- Angriffe auf die Gesundheit

Manche dieser Handlungen sind für sich genommen harmlos. Kritik an der Arbeit oder ein Kollegenstreich kann weh tun, doch eine einmalige Verletzung ist kein Mobbing. Erst die Systematik macht das Verhalten gefährlich.

Höflichkeit, Freundlichkeit und Empathie greifen in einem Mobbing-Kontext zu kurz. Mobbing geschieht immer dort, wo Mobbing geduldet wird, und Mobbing weitet sich aus. Sollten Sie also Zeuge oder gar Opfer von Mobbing sein, wenden Sie sich bitte umgehend an einen Experten – im Interesse des Opfers, des Unternehmens und Ihres eigenen Wohlergehens.

Extra-Tipp
Das Internet hilft weiter, zum Beispiel auf www.dgb.de/themen/mobbing/mobbing.htm und www.sfs-mobbing-report.de/mobbing800/index.htm.

Neuer Job, neues Glück

»Um dich machen wir uns keine Sorgen, du findest ja überall Anschluss«, sagten die Freunde, als Herr Alt seinen neuen Job antrat. Nach ein paar Wochen hielt er frustriert nach einer neuen

Stelle Ausschau. Warum das? Gerade kontaktfreudige Menschen leiden unter Fremdheitsgefühlen am neuen Arbeitsplatz. Sie sind gewohnt, sich im Dienst auszutauschen, mit Kollegen privat Kontakte zu pflegen. Introvertierte Menschen klagen seltener über mangelnde Kontakte im neuen Job. Und doch geht es labilen Introvertierten schlecht, wenn sich die Hoffnung auf einen neuen Anfang nicht erfüllt.

Der Alltag

Bedenken Sie als »new kid on the block«: Sie betreten ein Spielfeld, auf dem nach – vielleicht nicht immer klaren – Regeln gespielt wird. Wollen Sie auf Dauer mitspielen, respektieren Sie sie zuerst einmal. Machen Sie sich als »die Kleine«, »der Einsteiger«, »das Greenhorn« ein Bild von den Gegebenheiten vor Ort. Beobachten Sie genau:

- die Hierarchien: Sie sind der Letzte, der das Du anbieten kann – es sei denn, Sie seien als Führungskraft eingestellt. Doch gerade dann: Vorsicht!
- die Arbeitsabläufe und den Umgang mit der Zeit: Wer darf wen warten lassen, wer früher gehen? (Sie nicht!)
- die Sicherung von Terrain: Türen offen stehen lassen, anklopfen, am PC der Kollegin arbeiten usw.
- Erwartungen an Ihre Kleidung.

Und dann halten Sie sich an diese sechs Gebote:

1. Fragen Sie, wenn Ihnen etwas nicht klar ist. Und vergessen Sie nicht: Fragen heißt nicht werten!
2. Halten Sie sich mit Kommentaren zurück. Auch wenn Sie bersten vor kreativen Tipps, akzeptieren Sie die Dinge zuerst einmal, wie sie sind. Welcher alte Hase hört schon gern: »Ich kenne das aber anders ...« oder »Bei uns machte man das so...« Sie haben noch Zeit genug, Ihre Duftmarke zu setzen.
3. Übernehmen Sie Verantwortung, bitten Sie wenn nötig um Hilfe. Ist Ihnen eine Panne unterlaufen: keine Rechtfertigung, sofort eingestehen! Noch haben Sie eine Schonzeit.

4. Entspricht der Job nicht Ihren Erwartungen, sprechen Sie das bei Ihrem Vorgesetzten offen an. Vielleicht gibt es eine Alternative in dem Unternehmen. Vielleicht stellt er Ihnen einen Mentor zur Seite.
5. Hüten Sie sich vor spontanen Allianzangeboten, bauen Sie zuerst einmal mit mehreren Kollegen einen losen Kontakt auf.
6. Bitten Sie nach einem Monat – und nicht erst nach Ablauf der Probezeit – Ihren direkten Vorgesetzten um eine Zwischenbilanz.

Extra-Tipp
Beschränken Sie in den ersten Wochen Ihre Motivation und Ihren Elan auf ein realistisches Maß. »Streber« sind schon in der Schule weder beliebt noch geachtet. Protzen Sie nicht mit Heldentaten. Angeber haben auch kein gutes Image.

Der Einstand
Die erfolgreiche Beendigung der Probezeit ist ein idealer Augenblick, das Team zu einem kleinen Umtrunk zu bitten. Tun Sie das aber nur, wenn das in Ihrer Abteilung üblich ist, und wahren Sie die dort übliche Form: Welche Tageszeit ist günstig? Welche Ausgaben machen andere? Vielleicht teilen Sie sich mit anderen Neuen die Rechnung. Welche Getränke sind möglich, welche (Alkohol!) erlaubt? Gibt es sonst Kekse oder Kaviar? Und seien Sie nicht blauäugig: Der gesellige Einstand sagt nichts über das Arbeitsklima im Alltag aus!

Meetings leiten

»Langweilig!« »Ineffektiv!« »Reine Zeitverschwendung!« Interne Besprechungen, Arbeitstreffen, Meetings werden selten mit positiven Kommentaren bedacht. Mit ein wenig Disziplin seitens der Teilnehmer und mit sanfter Steuerung durch die Leitung kann das schnell anders werden. Öffnen Sie die Werkzeugkiste der Führungskommunikation und bedienen Sie sich!

Organisieren

Zum Handwerkszeug für das Kommunizieren in Besprechungen gehören klare organisatorische Garantien:

- Beginn, Ende und Tagesordnung sind im Vorfeld kommuniziert, deren Einhaltung werden vom Leiter überwacht.
- Die Bedingungen für die Teilnahme der betroffenen Personen sind geschaffen.
- Für einen störungsfreien Ablauf ist gesorgt.
- Die Logistik sowie Unterlagen sind gerichtet, eventuell steht eine Assistenz zur besonderen Verfügung parat.
- Protokollführung und Abstimmungsmodalitäten sind geklärt.
- Bei längeren Sitzungen stehen ausreichend Getränke und Verpflegung zur Verfügung.
- Rauch- und Pausenregelungen werden eingehalten.

So sieht ein idealtypischer Ablauf aus: Sie beginnen pünktlich. Sie begrüßen Sie die Teilnehmer, nennen den Zeitrahmen, die Tagesordnungspunkte und das Ziel. Sie notieren die Reihenfolge der Wortmeldungen und erteilen das Wort. Sie setzen zur Stütze Ihrer Worte visuelle Hilfsmittel ein. Sie fassen Zwischenergebnisse zusammen. Sie fassen am Ende Beschlüsse zusammen, legen den Termin für die nächste Besprechung fest und verteilen verbindliche Aufgaben. Sie beenden das Meeting in einem freundlichen Ton und mit Ihrem Dank an alle.

Extra-Tipp

Investieren Sie den ersten Teil der nächsten Sitzung, um die Spielregeln für Ihre künftigen Meetings zu verfassen und hängen Sie sie an eine Wand im Besprechungsraum.

Die Rollen klar trennen

Zum Handwerkszeug für das Leiten in Besprechungen gehören Tugenden, die in jedem Gespräch von Nutzen sind, hier aber stringent eingesetzt eine besondere Wirksamkeit entfalten:

- ungeteilt und konzentriert zuhören
- Aussagen paraphrasieren
- mit Fragen führen
- Visionen eröffnen

Darüber hinaus bedienen Sie sich dieser fünf Tools:

- Behalten Sie den roten Faden im Blick, gestalten Sie die Zeit.
- Steuern Sie den Gesprächsprozess, greifen Sie aber nur ein, wenn Abweichungen die Zielerreichung in Gefahr bringen.
- Unterstützen Sie den Meinungsaustausch, motivieren Sie zur Teilnahme.
- Halten Sie den guten Draht zu allen Beteiligten, bringen Sie ihnen auch bei Meinungsunterschieden Wertschätzung entgegen.
- Arbeiten Sie auf ein gemeinsames Ergebnis hin.

Damit Ihre Aussagen nachvollziehbar und überzeugend wirken, sorgen Sie dafür, dass die Beteiligten stets unterscheiden können, ob ein Beitrag in Ihrer Rolle als Teilnehmer oder als Leiter formuliert ist. Dazu tragen Sie bei, indem Sie zum Beispiel bei Ihren Äußerungen als Leiter stehen und als Teilnehmer sitzen.

Motivieren und Grenzen setzen

Menschen nehmen an Besprechungen nicht nur teil, um Informationen zu sammeln, viele sind da, um ihre Interessen durchzusetzen, manche tun dies auf inadäquate Weise. Da brauchen Sie neben Ihrer Werkzeugkiste einen Erste-Hilfe-Koffer.
Was tun Sie, wenn …

1. … Störungen überhand nehmen? – Erinnern Sie an die vereinbarten Regeln. Beginnen und enden Sie zur angegebenen Zeit ohne Rücksicht auf fehlende Personen.

2. … auf unerheblichen Details herumgeritten wird? – Weisen Sie ohne Tadel auf den roten Faden hin, vertagen Sie Einzelaspekte auf später/die Arbeit in Kleingruppen.
3. … ein Schweiger nichts sagt? – Sprechen Sie ihn nicht auf das Schweigen an. Nennen Sie ihn beim Namen und stellen Sie ihm eine Motivationsfrage. »Sie, Herr Meier, haben Erfahrung mit ABC. Wie schätzen Sie XYZ ein?« Ist eine schweigende Mehrheit die Regel, erheben Sie das Meinungsbild schriftlich und rufen die Einzelnen namentlich auf.
4. … eine Plaudertasche am Stück redet? – Nicht das Viel-Sprechen thematisieren. Sprechen Sie die Person mit dem Namen an, heben Sie Ihre rechte Hand, übernehmen Sie eines ihrer Schlüsselwörter. Nicken Sie: Zustimmung macht froh. Schon haben Sie das Wort: »Ersparnis ist das Thema, wie Sie sagen. Dazu stelle ich dem Plenum die Frage, wie ...«
5. … (absichtlich?) vom Thema abgewichen wird? – Nicht tadeln. Machen Sie eine kurze Pause, geben Sie dann einen Überblick: »Unser Ziel ist dies, wir stehen hier, darum ist als nächster Punkt ... wichtig.«
6. … Sie angegriffen werden? – Je nach Rolle, Situation und Charakter gehen Sie vor wie im Abschnitt »Feedback nehmen« beschrieben:
   - Filtern Sie in einer positiven Haltung einen sachlichen Aspekt heraus, wiederholen Sie ihn und fahren Sie damit fort. Ignorieren Sie die persönliche Ebene: »Danke für die Anregung. In der Sache stellt sich das so dar … «
   - Aus der defensiven Haltung heraus verzichten Sie auf momentane Klärung und schieben auf: »Darauf möchte ich später/ unter vier Augen eingehen.«
   - Offensiv wiederholen Sie die Position des Angreifers überspitzt und destabilisieren ihn dann: »Sie stellen ausschließlich negative Entwicklungen heraus. Das sehe ich aus Kenntnis der Sachlage anders«. Oder Sie kitzeln mit einer (Gegen-)Frage den negativen Beziehungsaspekt heraus: »Was exakt macht Sie so aggressiv?«

7. … andere angegriffen werden? – Geben Sie dem Opfer die Gelegenheit, selbst die Verteidigung zu übernehmen. Dann entkräften Sie den Angriff auf der Sachebene. Vermeiden Sie Tadel oder Belehrungen.

Spielregeln für die Teilnehmer

Die Experten sind sich einig: Für den Status eines Gruppenmitglieds ist die Menge seiner Diskussionsbeiträge entscheidender als deren Qualität: Wer häufig redet, wird für kompetent und fähig gehalten, eine Führungsposition zu erfüllen.

Attributionspsychologische Ansätze bieten eine einfache Erklärung: Aus der Quantität der Sprechbeiträge ziehen die Mitglieder Schlüsse auf das Engagement des Sprechers für die Gruppe. Die stärkste Ablehnung erfährt jemand, der zwar fähig ist, aber an der Gruppe nicht interessiert zu sein scheint.

Statements abgeben

Wer sich häufig zu Wort meldet, muss nicht ausgiebig sprechen. Im Gegenteil: Statements kurz und bündig platzieren führt zu hoher Aufmerksamkeit in einer Besprechung. Spontaneität ist gut, sie ersetzt nicht eine saubere Vorarbeit.

Grundsätze

Zwei allgemeine Prinzipien gelten auch in der Argumentation:

1. Einfach sticht schwierig:
   - Kleine Schritte werden leichter akzeptiert als große.
   - Ein einfaches Statement hebelt eine komplexe Argumentationskette aus.
   - Eine Demonstration hebelt jede Argumentationskette aus.
2. Gefühl sticht Sache. Sie haben keinesfalls die besten Aussichten, sich mit Ihren Wünschen und Forderungen verständlich zu machen, wenn Sie mit einem Pokerface sprechen. Stellen Sie sich als Persönlichkeit nicht in den Hintergrund.

Ihre Gefühle gehören Ihnen und können von niemandem bestritten werden. Machen Sie Ihre persönlichen Einschätzungen nachvollziehbar.

Extra-Tipp

Fairplay lohnt immer. Geben Sie Ihren Gesprächspartnern die Gelegenheit zu sagen, was die aktuelle Situation für ihn emotional bedeutet.

Argumentieren in fünf Schritten

Wichtige Statements bereiten Sie bitte nicht während, sondern vor dem Meeting vor. Sprechen Sie sie laut. Bessern Sie, wenn nötig, nach. Bei Ihren Hausaufgaben gehen Sie in fünf Schritten vor:

1. Beleuchten Sie
   - die Situation,
   - Ihre Gesprächspartner,
   - Ihr Ziel,
   - Ihre Argumente.
2. Analysieren Sie, ob alle Argumente einer Prüfung auf Mark und Bein standhalten. Sortieren Sie notfalls aus. Ein Bluff ist schnell enttarnt!
3. Sortieren Sie die übrig gebliebenen Argumente, priorisieren Sie sie:
   - Stellen Sie Ihr zweitbestes Argument an den Anfang, um Ihrer Überzeugungskraft Tür und Tor zu öffnen.
   - Platzieren Sie danach Ihr schwächstes Argument: Es beeindruckt wenig, kann aber von Belang sein.
   - Stellen Sie die übrigen Argumente in eine logische Reihe.
   - Behalten Sie sich Ihr bestes Argument für das eindrückliche Finale Ihrer Argumentationskette auf.
4. Entscheiden Sie über die logische Abfolge: Ist es im Sinne Ihrer Sache sinnvoll, deduktiv vorzugehen, von der Auffor-

derung zur Begründung? Deduktive Ketten sind für das Publikum leicht nachzuvollziehen. Oder ist der induktive Weg – von den Gegebenheiten zur Aufforderung – hier der bessere? Induktive Ketten nehmen eine (anfangs vielleicht feindliche) Zuhörerschaft mit auf den Weg!

5. Formulieren Sie wörtlich:
   - Ihren ersten Satz, das Warming up
   - Ihren Abschluss/Ihren Appell/Ihre Vision
   - Ihre Kernsätze und Schlüsselbegriffe

Probleme lösen

Richtig oder falsch? Darum geht es bei der Lösung von Problemen nicht immer. Es stehen Ihnen effektive und weniger effektive Strategien zur Problemlösung zur Verfügung.

Schlechte Problemlöser ...

- setzen alles daran, ohne Rücksicht ihr Recht durchzusetzen. Sie vermischen die persönliche und die sachliche Ebene einer Botschaft und schreiben anderen die Schuld an Problemen zu. Ihre Sätze beginnen häufig mit »Sie haben/du hast ...«.
- haben mehr Antworten als Fragen. Wenn sie Fragen stellen, dienen diese dazu, das Gegenüber festzunageln: »Warum machen Sie das so?«
- stellen Gegensätze in den Vordergrund und picken ausschließlich negative Aspekte in der Argumentation des Gegenübers heraus. »Schwarz oder weiß?« Das ist ihre Frage. Sie verwenden gern allgemeine und absolute Begriffe, die keinen Raum für Alternativen lassen: »immer, ständig, man, alle, restlos, müssen, ausschließlich, entweder – oder«.

Gute Problemlöser ...

- differenzieren ihre Strategien und ihre Ziele sowie Beziehungs- und Sachaspekte. Sie übernehmen die Verantwortung für ihre Gefühle und beginnen Sätze mit »Ich empfinde ...«.
- setzen ihre Interessen durch, stellen aber auch in problematischen Kontexten positive Aspekte heraus und betonen

Gemeinsamkeiten. Sie stellen die Hauptrichtung und Bedingungen klar, lassen aber Nebenrichtungen und Alternativen zu.

– stellen offene Fragen, hören den Antworten zu, lassen andere ausreden und belegen ihre eigenen Antworten mit konkreten Beispielen. Sie sind am häufigen Gebrauch von Wörtern zu erkennen, die Spielräume eröffnen: »häufig, viele, manche, einzelne, denkbar, können, außerdem, einerseits – andererseits«.

Sie haben die Wahl!

Extra-Tipp

Möchten Sie Ihre Sensibilität für die rhetorischen Problemlöse-Strategien erhöhen? Beobachten Sie Wortwahl und Satzbau von Rednern in Talk-Shows, Kommentatoren und Diskutanten in Ihrer Umgebung. Sie finden dann leicht Ihre eigenen Sprachmuster heraus, die Sie stärken oder verändern möchten. Und bitten Sie Ihre Kollegen und/oder Familienmitglieder um ein Feedback. Es muss ja nicht gerade mitten in einem Streitgespräch mit ihnen sein.

Sein Recht durchsetzen

Die Kommunikationstrainer Rüdiger Hinsch und Simone Wittmann unterscheiden Situationen nach den Zielen »um Sympathie werben«, »Beziehungen« und »Recht durchsetzen«. Sie bringen diese in einer Metapher auf den Punkt:

- Werben Sie um Sympathie, schreiben Sie »du« groß und »ich« klein.
- Pflegen Sie Beziehungen, schreiben Sie »du« und »ich« gleich groß.
- Setzen Sie Ihr Recht durch, schreiben Sie »ich« groß und »du« klein.

Für jede Strategie gibt es Anlässe und gute Gründe. Es ist klug, sich darüber im Klaren zu sein, in welcher Situation Sie sich aktuell befinden. Sind Sie nicht sehr selbstsicher, wird es Ihnen schwer fallen, Ihr Recht konsequent durchzusetzen.

Stärken Sie sich deshalb schon im Vorfeld mit Selbst-Instruktionen. Sagen Sie wie ein Mantra positive Sätze vor sich hin, zum Beispiel »Ich schaffe das« oder »Es ist mein gutes Recht«.

In der Situation tun Sie alles, was unter Argumentieren beschrieben ist. Darüber hinaus nehmen Sie eine entspannte Körperhaltung ein. Äußern Sie Ihre Forderungen, Wünsche und Gefühle in der Ich-Form. Sagen Sie zuerst, was Sie wollen, dann den Grund. Keine Rechtfertigung. Keine Abwertung.

Nach der Situation lassen Sie Ihr Auftreten Revue passieren. Freuen Sie sich über jeden kleinen Fortschritt. Jeder Lernprozess benötigt Zeit und Übung: keine Selbstkritik, keine Ungeduld.

Extra-Tipp

Werden Sie häufig übergangen oder unterbrochen? Machen Sie mehrere Anläufe, Ihr Anliegen vorzutragen. Sagen Sie laut und deutlich, was Sie möchten. Reden Sie kurz. Halten Sie Augenkontakt. Bleiben Sie freundlich.

Mit dem Körper aus der Sackgasse

In schwierigen Situationen flüchten wir uns vorzugsweise – und unbewusst – in eine der Rollen, die den von der amerikanischen Systemikerin Virginia Satir entwickelten Stress-Typen entsprechen. Der Ausdruck des Körpers als Einheit weist darauf hin, in welche Rolle eine Person sich gerade begibt.

- Die Strategie »Beschwichtigen« entspricht der Überzeugung »Du bist o.k., ich bin nicht o.k.« Beschwichtiger machen sich klein, schlagen die Augen nieder, sprechen mit weicher, leiser Stimme. Rhetorische Weichspüler wie »vielleicht, etwas, mal kurz« begleiten die nonverbale Aussage.

- Beim »Rationalisieren« lehnen sich die Personen zurück, gemäß dem Gedanken »Was o.k. ist, weiß ich am besten.« Sie beobachten ohne sichtbare Reaktion und bewegen sich wenig. Ihre Stimme ist trocken und monoton. Sie argumentieren mit intellektuellen Begriffen, Fachwörtern, Abstraktionen.
- Die Methode »Ablenken« ist an häufigen Stellungs- und Haltungswechseln und an spontaner Gestik zu erkennen: »Was bitte heißt überhaupt o.k.?« Dazu passen Späße, eine oft schwer nachvollziehbare Logik und häufige Unterbrechungen. Manchmal widerspricht die Stimme den Aussagen.
- Zum Stil »Anklagen« passen eine hohe Körperspannung, ein ernster Gesichtsausdruck, ein prüfender Blick und schnelle Fingerzeige auf Menschen und Gegenstände. Die Überzeugung: »Ich bin o.k., du bist nicht o.k.« Mit harter Stimme werden kurze und trockene Antworten gegeben, Fehler enttarnt und Fehlverhalten generalisiert.

Beim Aufeinandertreffen der Typen entstehen komplementäre Beziehungen, die unendliche Schleifen nach sich ziehen können. Daher ist es gut, wenn Sie
- einer Komplementarität durch eine gerade, offene Haltung und konsequente Atmung vorbeugen;
- die Gefahr der Komplementarität bei sich und anderen schnell erkennen;
- generell symmetrische Beziehungen und spontan symmetrische Situationen herstellen.

Extra-Tipp

Um eine Sackgasse, in die Ihr Gegenüber und Sie sich verrannt haben, zu verlassen, verändern Sie langsam und sehr sicher Ihre Körperhaltung.

Miteinander feiern

Der Smalltalk auf dem Flur führt zusammen, der Büroklatsch schweißt zusammen, für eine weitere Förderung der Interaktion muss, so sehen das manche Führungskräfte und Mitarbeiter, ein Betriebsfest her. Ob sommers am Barbecue oder vorweihnachtlich im Gemeindesaal – Feste sollen und können helfen, Mitarbeiter zu motivieren und zu integrieren. Wenn Führungskräfte jedoch im Alltag im Team Konkurrenzdenken fördern, dürfen sie beim Fest nicht kollektiven Frohsinn erwarten.

Spaß lässt sich nicht erzwingen, schon gar nicht, wenn im Alltag kein gutes Klima im Team herrscht. Daher ist rechtlich festgelegt: Die Teilnahme am Betriebsfest kann nicht erzwungen werden; doch wer bei Festen während der Arbeitszeit nicht mit von der Partie ist, muss arbeiten.

Heiße Party, kühler Kopf

Bei allem Frohsinn hilft ein kühler Kopf, im geselligen Rahmen den Stil zu wahren und den Kollegen auch am Tag danach offen ins Gesicht zu sehen.

- Erzählen Sie nichts, was Sie nicht im Geschäft sagen würden. Das gilt auch für schmutzige Witze.
- Geben Sie sich weder in der Kleidung noch im Verhalten eine Blöße.
- Alkohol reduziert Hemmungen; trinken Sie in Maßen, fallen Sie nicht aus der Rolle. Ein kleiner Flirt unter nicht gebundenen Kollegen vor aller Augen ist sicherlich sehr spaßig; es muss aber vielleicht nicht jeder Zeuge sein, dass Sie sich auf eine gemeinsame Nacht vorbereiten.
- Ziehen Sie nicht über Kollegen her, schon gar nicht über Untergebene.
- Bleiben Sie konsequent: Sie machen sich unglaubwürdig, wenn Sie im Alltag Distanz betonen und beim Feiern auf Kumpel machen, erst recht als Vorgesetzter (siehe »Duzen und Siezen«, Kapitel 1).

- Wahren Sie die Rollen. Sie müssen wirklich nicht der Erste sein, der das Büfett stürmt. Warten Sie, bis es offiziell eröffnet ist, und lassen Sie Ihren Vorgesetzten den Vortritt.
- Haben Sie keine Lust, bleiben Sie der Feier lieber fern, als sich zu ärgern. Oder Sie gehen vorurteilsfrei hin und schauen sich nach guten Gesprächsgelegenheiten um.

Entscheiden Sie sich für eine Absage, wahren Sie die Form, die Sie einem Gastgeber im Bekanntenkreis gegenüber an den Tag legen. Gestalten Sie sie persönlich, schriftlich oder mündlich, und bringen Sie folgende Elemente ein:
- Dank, Bedauern, Grund für die Verhinderung
- Wünsche für eine gelungene Feier
- Aussicht auf Teilnahme beim nächsten Mal

Extra-Tipp
Sagen mehrere Ihrer Mitarbeiter ihre Teilnahme ab, lässt das auf ein ungutes Betriebsklima schließen. Das zu ignorieren wäre unklug. Sprechen Sie darüber nicht mit denen, die kommen; fragen Sie die, die wegbleiben wollen.

Übergriffe stoppen
Nicht jeder ist so diszipliniert, dass er zwischendurch das WC aufsucht und sich fragt, ob er noch stolz auf sein Spiegelbild sein kann. Wird ein Kollege allzu zutraulich, müssen Sie handeln. Denken Sie lösungsorientiert. Wenn Sie sich an Omas Warnung festbeißen: »Mit einem so kurzen Rock bist du selbst schuld«, sind Sie handlungsunfähig. Ein aufreizendes Kleidungsstück wird vielleicht als Einladung interpretiert, stellt aber keine Erlaubnis für Berührungen dar.
- Sie können ihm und sich selbst eine Szene ersparen und ihm ins Ohr flüstern: »Finger weg! Oder ich schreie.« Allein die Nähe wird ihn überrumpeln.

- Sie können diskret eine Kollegin herbeirufen und sich dann mit ihr entfernen.
- Sie können eine Show inszenieren, dem Kollegen eine schallende Ohrfeige verpassen und ihn so für alle (Büro-) Zeiten an den Pranger stellen. Doch wollen Sie das wirklich?

Geschäftlich unterwegs

»Irgendeiner kennt dich immer.« Was Großmütter ihren Enkelinnen noch in den 60er Jahren des 20. Jahrhunderts zur Untermauerung ihres Appells zu sittlichem Verhalten einbläuten, wurde bald darauf belächelt: Sich im öffentlichen Raum privat verhalten, das Natürliche zur Norm machen – das wurde zum Leitmotiv der 70er Jahre. Nun galt das romantische Ideal vom Menschen im naturbelassenen Zustand als fortschrittlich.

Das änderte sich in den 80er Jahren. Heute richteten sich Powerfrau und Powermann an einem Idealbild aus, das die Zugehörigkeit zu der Gruppe derer symbolisierte, die öffentlich das Sagen hatten. Ohne Styling, ohne Reflexion über die expressive Seite eines Auftritts geht, wenn es um Geld und Einfluss geht, seither nichts.

Durch Kleidung, Verhalten und Sprache Zugehörigkeit zu einer gesellschaftlichen Gruppe demonstrieren – das gilt im Mikrokosmos des beruflichen Alltags als selbstverständlich. Auf Reisen sollten Sie auf diese Signalsprache nicht verzichten, zumal auf den Kreuzwegen durch das globale Dorf ganz leicht Omas Prophezeiung eintrifft: Dass irgendeiner einen kennt. »Impression Management« ist angesagt – ob Großmutter der Begriff gefallen hätte?

Der Begriff von Öffentlichkeit im Wandel der Zeiten

Das öffentliche Erscheinungsbild hat eine bürgerliche Tradition: Die »tenue de ville«, die »Straßen- beziehungsweise Stadtkleidung« war im 19. Jahrhundert von der Kleidung, die hinter verschlossenen Türen getragen wurde, scharf unterschieden. Wie es in bürgerlichen Kreisen Besuchszeiten für private Haushalte gab, so gab es eine »korrekte« Kleidung für den öffentlichen Auftritt. (Und öffentlich war alles, was jenseits der Haustür lag.) Diese hatte eine doppelte Funktion: Zum einen stand sie für die Rolle, die die Trägerin, der Träger im »theatrum mundi« spielte. Zum andern schuf sie Distanz zu Trägern anderer Rollen und damit Schutz vor Grenzüberschreitung und Verwechslung.

Ende des 19. Jahrhunderts trat eine Vermischung ein: Wenn im privaten Rahmen Besuch erwartet wurde, die Öffentlichkeit also ins Haus kam, wurde die bequeme »robe d'intérieur« angelegt. Sie war vom Négligé genauso viele Meilen weit entfernt wie vom heutigen Jogginganzug.

Der Verbindung von Stil und Komfort, von Eleganz und Lässigkeit begegnen wir auch heute – vielleicht nicht gerade beim Jogginganzug. Denn wenn auch die 90er des letzten und die ersten Jahre des neuen Jahrtausends dem Körperkult huldigen – sie stehen ein wenig in der Tradition des »Zurück zur Natur« der 70er Jahre und auch nicht im Widerspruch zum Erfolgsdenken der 80er. Im Gegenteil: Wer erfolgreich ist, ist es auch im Umgang mit sich selbst: treibt Sport, ernährt sich gesund, hält sich fit, vital, jung und schön. Die soziale Kontrolle ist auf Tuchfühlung gegangen.

Dem entspricht die Mode: Der Schnitt des Anzugs darf ein wenig legerer sein, der Rock kürzer – in Kombination mit blickdichtem Strumpf und flachem Schuh. Das Twinset hat Einzug in die Business-Etagen gehalten, neue, in der Freizeitmode erprobte Materialien machen die Kleidung pflegefreundlich und die Bewegungen fließend. »Carefully careless« – das ist kein Paradox, sondern Zeichen unserer Zeit. Dabei werden die Räume des Privaten, des Intimen, des nicht der Formgebung Unterworfenen immer kleiner. Wer auf sich hält, steuert auch sein privates Verhalten mit Blick auf den, der einen Blick darauf werfen könnte.

Ihr Erscheinungsbild auf Reisen

Wer sich präsentiert, repräsentiert sein Unternehmen, auch unterwegs. Wer seine Rolle konsequent spielt, trägt den fleckigen Regenmantel in die Reinigung, den angerissenen Schirm zur Reparatur und den speckigen Reisekoffer zum Müllcontainer. Er weitet das Image Styling auf die Familie aus und lässt sich von Partnerin und Kind nur vom Zug abholen, wenn der verschlissene Anorak zu Hause bleibt. Das ist seine Familie ihm und dem Unternehmen, das sie ernährt, schuldig.

Bei längeren Flugreisen bedenken Sie bei der Zusammenstellung Ihres Handgepäcks nicht nur klimatische Unterschiede, sondern auch die Trageeigenschaften Ihrer Kleidungsstücke. Ein Abholer zollt Ihnen Respekt, wenn Sie wie aus dem Ei gepellt aus der Maschine steigen; mit einem verschwitzten T-Shirt machen Sie ihm das schwer.

Wollen Sie Ihr Gepäck nicht mit einem von diesen ultraleichten Dampfbügeleisen belasten, bleiben Ihnen allerbeste Stoffqualität, eine ausgefeilte Pack- und Falt-Technik, der Dampf der Dusche, in den Sie Ihre Anzüge hängen und der Bügelservice Ihres Hotels. Knautschige Sakkos sind keine Alternative.

Essen auf der Straße

Die moderne Esskultur wird hin und wieder mit der des Steinzeitmenschen verglichen. Wurden damals Beeren und Insekten im Vorübergehen verspeist, stopfen wir heute auf dem Weg zur Bahn Hamburger und Döner in den Mund. Natürlich hinkt der Vergleich: Der Steinzeitmensch hatte keine Alternative, wir haben sie. Imbiss-Stände gab es zwar schon im antiken Griechenland und die Regensburger Wurstküche darf als mittelalterliche Würstchenbude bezeichnet werden. Dennoch wird das Essen im Gehen weiterhin von vielen als nicht ganz »comme il faut« betrachtet. Ärzte weisen auf die Gefahr des Verschluckens hin, Mütter auf die des Kleckerns. Wie leicht wäre es, sich an einen Bistrotisch zu stellen und dort in freier Natur, doch unbehelligt und ohne irgendwen zu behelligen, seine Pizza oder Currywurst zu vertilgen! So viel Zeit sollte nun doch wirklich sein. Hand aufs Herz: Was dächten Sie über eine öffentliche Person, die mit wehenden Mantelschößen kauend über die Straße eilte?

Extra-Tipp

Seit dem Jahrhundertsommer 2003 scheint es schick zu sein, Plastikflaschen mit französischem stillem Wasser in der Hand durch die Städte zu tragen. Ihre Flasche hat hoffentlich in Ihrer Aktentasche Platz.

Zeit und Raum teilen

Wir müssen nicht die Loriot'schen Sketche betrachten, um die Kuriositäten zu erkennen, denen Menschen in öffentlichen Verkehrsmitteln ausgesetzt sind.

Grüßen Sie, wenn Sie ein Zugabteil betreten und bevor Sie in Bus und Flugzeug Platz nehmen. Erhalten Sie keine Antwort, ist das keine Aufforderung, künftig auf dieses Mindestmaß an Höflichkeit zu verzichten. Wer fälschlich auf Ihrem reservierten Platz sitzt, ist kein Übeltäter: Weisen Sie die Person auf ihren Irrtum hin.

Ein Taxifahrer hat Anspruch auf Tagesgruß, Dank und Abschied. Reisen Sie allein, ist der beste Platz für Sie rechts hinten oder vorn neben ihm. Bei mehreren Passagieren ist der Platz neben ihm der schlechteste: Wer dort sitzt, zahlt. Sie müssen sich mit Taxifahrern nicht unterhalten. Da sie zu den am besten informierten Personen einer Stadt zählen, können Sie jedoch so einiges von ihnen erfahren, womit Sie bei Ihren Geschäftskontakten punkten können.

Ob in Bus, Zug oder Flugzeug: Halten Sie Ihre Ellbogen nahe am Körper. Tauschen Sie als Linkshänder vor einer Bordmahlzeit den Platz, um Ihre Bewegungsfreiheit und die Ihrer Nachbarschaft auf ein Normalmaß zu bringen.

Halten Sie sich im direkten Gespräch, am Telefon und beim Lesen und Schreiben mit Vertraulichkeiten zurück. Selbst verschlüsselte Namen können kundigen Mitreisenden Hinweise auf Interna geben.

Das Benutzen von Mobiltelefonen ist im Flugzeug aus Sicherheitsgründen verboten und in anderen Verkehrsmitteln aus Gründen der Höflichkeit in reduzierter Lautstärke sinnvoll. Müssen Sie viel telefonieren, reservieren Sie im ICE einen Platz in einem für Telefonierer präparierten Waggon (siehe Telefonieren, Kapitel 1).

Extra-Tipp

Telefoniert ein Mitreisender im Zug unangenehm stimmkräftig, weisen Sie ihn freundlich darauf hin, dass Sie seine Gesprächsinhalte mithören und dass es Ihnen lieber wäre, das nicht tun zu müssen. Laut schnarchende Mitreisende wecken Sie durch leichtes Tippen an den Arm.

Umgang mit Behinderten

Wer zu Hause oder im Geschäft Umgang mit Behinderten hat, weiß sich auch unterwegs adäquat zu verhalten. Andere Menschen tun sich hin und wieder schwer in der Einschätzung, was eine behinderte Person braucht und was nicht. Gehen Sie generell davon aus, dass

- eine behinderte Person in erster Linie ihrer beruflichen oder gesellschaftlichen Rolle gemäß behandelt werden möchte und nicht als behindert;
- eine behinderte Person gelernt hat, für sich zu sorgen, und Ihnen bei Bedarf einen Wunsch nach Unterstützung mitteilt;
- behinderte genauso wie nicht behinderte Menschen Ihre Umsicht schätzen: Halten Sie Türen auf, lassen Sie den Vortritt, machen Sie in der Straßenbahn Ihren Platz frei, bieten Sie Hilfe verbal an, bevor Sie zupacken.

Werden Sie Zeuge, wenn eine Person einen Behinderten behindert oder sich über ihn lustig macht, weisen Sie sie möglichst ohne Emotionen auf das Fehlverhalten hin. Beweisen Sie Zivilcourage.

Im Hotel

Halten Sie Ihre Souvenir-Gelüste im Zaum. Schokoladengrüße auf dem Nacht- oder Schreibtisch sind zum sofortigen Verzehr oder zum Mitnehmen gedacht; was im Umfeld und in der Minibar platziert ist, kostet Geld. Toilettenartikel wie Shampoo, Körperlotion und Duschgel sowie Giveaways wie Streichhölzer und Notizblöckchen dürfen Sie gern einstecken, Bademantel, Schirm und Briefmappe nicht. Gefallen sie Ihnen, können Sie sie in einem guten Haus im Neuzustand erwerben.

Halten Sie sich zurück. Zimmerlautstärke ist wörtlich zu nehmen; halten sich andere Gäste nicht an die Regel, bitten Sie die Rezeption um Abhilfe. Verhalten Sie sich freundlich. Ob Sie den Frühstücksraum betreten oder die Sauna: Wo Ihnen ein Blick entgegenkommt, grüßen Sie.

Ist Geiz geil? Die Trinkgeld-Frage

Die Meldungen widersprechen einander: Mal wird ein Verfall der Trinkgeld-Moral seit der Einführung des Euro beklagt, mal von einer – durch die wachsende internationale Mobilität bedingten – gestiegenen Großzügigkeit berichtet. Aber wer erwartet nun tatsächlich was?

- Ein Page/Wagenmeister bekommt für jeden Handgriff zirka 1 Euro, zum Beispiel wenn er Ihnen ein Taxi ruft oder Ihnen einen Hotelschirm ausleiht. Beim Transport Ihres Gepäcks fällt 1 Euro pro Stück an, für das Parken und Holen Ihres Wagens dürfen Sie tiefer in die Tasche greifen, 2,50 Euro für jeden Weg sollten es schon sein.
- Für den Concierge/Portier gilt: Bei Routineleistungen wie das Aushändigen Ihres Zimmerschlüssels gibt es nichts, für das Besorgen von Theaterkarten und andere Extras umso

mehr. Wenn Sie in einem ausverkauften Haus Plätze in der ersten Reihe bekommen, darf Ihnen das schon einen Geldschein wert sein.

- Das Zimmermädchen/Housekeeping erwartet zirka 1 Euro pro Nacht und Sonderwunsch. Sind Sie mehrere Tage zu Gast, können Sie das Trinkgeld splitten und nach den ersten Tagen schon etwas im Zimmer hinterlegen.
- Die Rezeption erwartet wie alle übrigen Mitarbeiter, die in dunklen Kostümen und Anzügen arbeiten, von Ihnen kein Trinkgeld. Eine Kaffeekasse hat sie aber auch. Die Höhe des Betrags liegt in Ihrem Ermessen; bedenken Sie, wie viele Mitarbeiter daran beteiligt sind.
- Servicekräfte im Hotel bedenken Sie wie solche im Restaurant mit 5 bis 10 Prozent des Rechnungsbetrags. Room Service und Frühstücksservice sollten mit mindestens 1 Euro rechnen dürfen.

Extra-Tipp

Sie können das Trinkgeld bündeln und in einem Umschlag »für alle« an der Rezeption hinterlassen. Aufsplitten für die verschiedenen Abteilungen wird schwierig. Als Beitrag für das nächste Betriebsfest macht sich ein größerer Betrag jedoch gut.

11 Kein bloßes Schlagwort: Andere Länder, andere Sitten

»Im internationalen Business gibt es zwei eiserne Regeln: 1. Vom Anbieter wird erwartet, dass er sich dem Kunden anpasst. 2. Vom Besucher wird erwartet, dass er sich den Sitten des Gastlandes anpasst.« Der dänische Autor Richard R. Gesteland weiß, wovon er spricht. War er doch Jahrzehnte lang in 55 Ländern der Erde tätig und hat in den vergangenen zehn Jahren Tausende in internationalen Märkten tätige Manager beraten und trainiert.

Etwas weniger kommerziell geprägt, dafür nicht weniger eindrücklich beschreibt Jawaharlal Nehru (indischer Ministerpräsident nach der Unabhängigkeit von Großbritannien) die Notwendigkeit, sich auf andere Kulturen einzulassen: »Um jemanden zu überzeugen, musst du seine Sprache sprechen.« Schließlich ist die Sprache die Landkarte, die die Weltsicht eines Kulturkreises abbildet.

Interkulturelle Kompetenz erwerben

Um sich souverän im globalen Dorf bewegen zu können, erfüllen Sie als Erstes die Grundvoraussetzung: Werden Sie sich Ihrer eigenen kulturellen Vor-Annahmen bewusst. Auch Sie blicken durch die Brille Ihrer Kultur auf die Welt! Der zweite Schritt: Machen Sie ausgiebige Lernerfahrungen bei der Erschließung fremder Kulturen. Gehen Sie in verschiedene Milieus, sprechen Sie mit deren Repräsentanten. Verlassen Sie sich nicht auf die Erzählungen von Touristen und Gastarbeitern.

Allmählich können Sie nun Spielregeln erkennen und sie authentisch und natürlich anwenden. Mit einem gerüttelten Maß an Erfahrung in unterschiedlichen Kulturen können Sie sogar in bis dato unbekannten Gesellschaften kommunikativ kompetent auftreten. Gelingt Ihnen das, dürfen Sie sich mit Fug und Recht als interkulturell kompetent betrachten.

Man sieht nur, was man weiß:
Wie Sie Spielregeln erkennen

Als strukturelle Merkmale kommen bei internationalen Begegnungen zuerst einmal Zeit, Raum und die Beziehung der Menschen untereinander zum Tragen.

Zeit

Ist die strikte Einhaltung von Terminen und Tagesordnungen ein Wert an sich? Oder liegt der Fokus auf der Beziehung der Menschen und dem gelassenen Austausch mit ihnen?

In monochronen Kulturen – Deutschland und die deutschsprachige Schweiz gelten als Extremfälle – werden Pünktlichkeit und die Einhaltung von Fristen groß geschrieben. In polychronen Gesellschaften – ausgeprägt die arabische Welt und Lateinamerika – gilt »Eile mit Weile«.

Daneben kann die unterschiedliche Orientierung an der Vergangenheit (Traditionen) oder an der Zukunft (Pläne, Optimismus, Innovationen) relevant werden. Machen Sie sich schlau.

Raum

Wer ist bei einem Treffen anwesend, wer bleibt abwesend? Wie viel Nähe ist opportun, wie viel Distanz nötig? Welche Berührungen sind unter welchen Menschen gestattet? Was bedeutet eine Geste? Das alles sollten Sie wissen. Der Fingerkreis zum Beispiel kann sowohl »O.K.« (in den USA) als auch Geld (in Japan) und sogar eine Obszönität (in Frankreich) bedeuten.

Beziehung

Ist die jeweilige Gesellschaft, der bestimmte Markt eher beziehungs- oder eher sachorientiert? Die Prägung der meisten Märkte dieser Erde steht der deutschen Sachorientierung diametral gegenüber. Das ist Ihren Verhandlungspartnern bekannt, seien Sie sich sogar dessen bewusst.

Der Grad der Förmlichkeit kann eine Rolle spielen: Sind Begegnungen förmlich oder locker-informell gestaltet? Werden Hierarchien demonstriert oder verwischt, wird Respekt ritualisiert gezollt? Seien Sie umsichtig, fallen Sie nicht mit der Tür ins Haus.

Direktheit ist ein Thema: Werden Anweisungen, Gefühle, Einschätzungen direkt (sprachlich, in eindeutigen Worten) oder eher indirekt (durch Platzzuweisung, Gesten, bildhafte Ausdrucksweise) geäußert? Deutsche Direktheit könnte schon in Frankreich als grobe Unhöflichkeit missverstanden werden. Verhalten sich die Menschen sichtbar emotional oder zurückhaltend? Beobachten Sie gut.

Geschlechtsrollen können erheblich ausgeprägter gelebt werden, als Sie das in Deutschland gewohnt sind. Welche Rollen sind der Frau zugewiesen, welche dem Mann? Welche Form des Miteinanders der Geschlechter ist in der Öffentlichkeit gewünscht/geduldet? Wie steht es um das Berührungs- und das Blickverhalten?

Machen Sie sich die Bedeutung von Status bewusst. Wie wird er in Ihrer Zielkultur gelebt? Wird Status aus dem Stand und der Familie bezogen (»erben«) oder aus der eigenen Leistung (»erwerben«) abgeleitet? Setzen Sie Ihre eigene Auslandsdelegation Ihren Erkenntnissen entsprechend zusammen.

In eigener Sache

Dieser kleine Auslands-Knigge will kein Garant für erfolgeiches Auftreten auf der ganzen Welt sein, er beschränkt sich auf die wichtigsten Handelspartner der Bundesrepublik. Wer über ein anderes Land und dessen Sitten spricht, kann dies selbst nach umfassender Recherche nur aus eigener Perspektive tun, das gilt auch für Autorinnen und Verlage.

Stets werden Aspekte außer Acht bleiben, die der eine oder andere in diesem oder jenem Umfeld erlebt und für relevant erachtet. Und doch gibt es allgemeine, landes- und kulturspezifische Grundzüge, die das Bild des Betrachters, der von außen kommt, prägen. Um die geht es hier, nicht um unveräußerliche Wahrheiten. Es geht um Wahrscheinlichkeiten, deren Kenntnis das Zusammentreffen mit Menschen anderer Kulturkreise erleichtern kann. Ganz nach dem Motto »Man sieht nur, was man weiß«.

Extra-Tipp
Sie können sich nach dem Motto »When in Rome do as the Romans do« auf den Standpunkt stellen: Wenn ich mich im Ausland anpasse, müssen sich Ausländer beim Aufenthalt in Deutschland unseren Gepflogenheiten unterordnen. Es ist aber mehr als eine Geste, wenn Sie in Kenntnis der kulturspezifischen Hintergründe ausländischen Besuchern ermöglichen, ihre Sitten und Gebräuche zu praktizieren.

Vive la France: Frankreich

Charles de Gaulle und Konrad Adenauer, Valéry Giscard d'Estaing und Helmut Schmidt, François Mitterrand und Helmut Kohl, Jacques Chirac und Gerhard Schröder – die jeweiligen Staats- und Regierungschefs der Deutschen und der Franzosen zelebrieren, seit am 8. Mai 1945 das Kriegsbeil begraben wurde, ihre Beziehung über den Rhein hinweg gern als Männerfreundschaft. Dennoch kann sich der Rhein – nicht nur politisch – im Alltag an der einen und der anderen Stelle aus äußerst breit erweisen.

Begrüßung

Franzosen legen Wert auf eine korrekte Sprache und Aussprache. Machen Sie sich darum die Mühe, bereits bei der Begrüßung ein paar Worte richtig zu artikulieren: »Bonjour, madame; bonjour, monsieur« kommt korrekt ohne den Namen und wird nicht zu »messieurs-dames« zusammengezogen. »Je suis enchanté de faire votre connaissance« wird als ganzer Satz gesprochen (nicht einfach »enchanté«), jedoch nie von einer Frau. So sehr es sie auch »freut, Sie kennen zu lernen« – sie lässt es beim Tagesgruß bewenden. »Ça va?« ist auf vertraute Kontexte beschränkt und wird mit »Ça va« beantwortet.

Der Handschlag zu Begrüßung und Abschied ist sogar unter Kollegen an der Tagesordnung; das Küsschen-Küsschen überlassen Sie der Begegnung von Kolleginnen untereinander. Zwei-, drei- oder viermal? Das ist regional bedingt!

Trifft Ihr Gesprächspartner unterwegs auf eine Ihnen unbekannte Person, werden Sie wahrscheinlich nicht vorgestellt: Das ist die französische Interpretation von »discrétion«.

Extra-Tipp

Bei dem Wangenkuss – »la bise« – handelt sich um ein kühles Lüftchen, am Ohr vorbei gehaucht, nicht um einen Schmatzer auf die Wange oder gar den Hemdkragen.

Förmlichkeit

Eine gängige Anrede ist die in Deutschland als »Hamburger Sie« bekannte Variante: Vorname und »vous«, vor allem von der oberen Hierarchiestufe zur niederen. Präsident Chirac und seine Frau siezen sich, zumindest in der Öffentlichkeit: Je höher die Kreise, desto förmlicher und von ritueller Wortwahl geprägter die Begegnung. Desto korrekter auch die Kleidung. Zu Geschäftsbesprechungen kommt der Manager im – gern dreiteiligen – grauen Anzug mit weißem Hemd und sehr klein gemusterter

Krawatte, keinesfalls mit Kombination und kurzärmligem Hemd. Zu festlichen Anlässen wählt er im Winter Anthrazit, im Sommer Dunkelblau. Die Managerin ist im klassischem weiblichen Outfit gut angesehen: dunkles Kostüm, kein Hosenanzug; schlichte Pumps, kein flacher Schuh; dezentes Make-up und Parfum, gepflegter Haarschnitt, ein wenig Goldschmuck.

Bon appétit

Dass die Franzosen »arbeiten, um zu essen«, ist eine böse Unterstellung aus deutscher Sicht. Und doch: Ob es auf höchster Ebene förmlich zugeht oder partnerschaftlich im mittleren Management – es heißt schnell »On dîne ensemble«. Der Vorschlag zum gemeinsamen Abendessen ist als Einladung gemeint: Franzosen sind großzügig (bedenken Sie das bei Geschenken!) und würden sich in Grund und Boden schämen, bäten Sie den Kellner bei Tisch um getrennte Rechnungen. Davon abgesehen, dass dieser Ihrem Ansinnen kaum entsprechen würde.

Der Gastgeber geht nicht zuerst ins Restaurant. Im Gegenteil: Franzosen machen sich über die Deutschen lustig, die ein Lokal als unsicheres Terrain interpretieren, in welchem den Gästen – vor allem weiblichen – Schutz durch eine Vorhut zu gewähren ist. Wo immer man Ihnen den Vortritt lässt, ist Ihrerseits ein »pardon« fällig. Das passt sowieso fast immer.

Von einer Einladung nach Hause sind Sie bei den ersten Treffen im Restaurant noch Lichtjahre entfernt. Träumen Sie – vorerst – nicht von einer Einladung in einen französischen Stadthaushalt. Davor müssen Sie – auch mit Partner/innen – eine ganze Reihe Restaurantbesuche hinter sich bringen.

Als Gastgeber lassen Sie mindestens 10 Prozent Trinkgeld diskret auf dem Teller liegen, auf dem die Rechnung kam.

Gute Unterhaltung

Beim Geschäftsessen reden Sie über vieles – nur nicht über das Geschäft. Tauschen Sie sich über Neuigkeiten aus aller Welt (noch lieber über Frankreich!) aus, Politik ist kein Tabu. »Allez les bleus« – Fußball ist je nach internationalem Tabellenstand ein Thema oder nicht. In Frankreich leben rund sechs Millionen Muslime, die meisten stammen aus den ehemaligen afrikanischen – vor allem nordafrikanischen – Kolonien. Ihre Integration ist an vielen Orten nicht unproblematisch – und damit kein Thema für den Smalltalk. Auch kritische Bemerkungen zum Themenkomplex Genuss und Logik – Alkoholkonsum bei Minderjährigen, Naturschutz (Froschschenkel, Gänsestopfleber), die Doppelbelastung von berufstätigen Frauen durch kulinarische Anforderungen im Familienkreis – sind tabu. Informieren Sie sich auf jeden Fall über das französische Fernsehprogramm, machen Sie sich wenigstens mit den Nachrichtensprechern der großen Fernsehanstalten TF 1 und Antenne 2 vertraut. Dass Sie schon die aktuelle Ausstellung im Musée d'Orsay besucht und die Premiere an der Comédie Française gesehen haben – das macht sich wirklich gut. Überhaupt bringen sprachliche Brillanz und kristallklare Argumentation in der Konversation garantiert Punkte für das Business.

Extra-Tipp
Überlassen Sie den Grad der Annäherung, was persönliche Themen wie die Familie angeht, dem Gegenüber. Die Frage, ob er sein Wochenende in der Großstadt verbringt, ist ein Versuchsballon – aufs Land fahren heißt »en famille« fahren.

God save the Queen: Großbritannien

Dass Sie bei Ihrer Rückkehr vom Golfturnier in St. Andrews nicht sagen dürfen, Sie seien in England gewesen, haben Sie schon in der Schule gelernt. Ein Bayer gilt auch nicht gern als Preuße. Bleiben Sie korrekt bei »Großbritannien« oder »UK« für »United Kingdom«. Wenn es um Business im Vereinigten

Königreich geht, wird allerdings häufig zu Recht von England gesprochen, in diesem Landesteil werden – im Gegensatz zu Schottland, Wales und Nordirland – die nationalen Entscheidungen getroffen. Wobei »The Great Divide« wiederum den – inzwischen ärmeren – industriellen Norden Englands von dessen Süden trennt, in dem die Banken, also die Pfund Sterling, zu Hause sind.

Es kann »very British« zugehen – oder gar nicht

Bei Kontakten mit britischen Geschäftsleuten gilt wie bei jeder Reise durch das globale Dorf: Erschweren Sie sich das Leben nicht mit allzu vielen Stereotypen. Gerade Großbritannien ist recht heterogen. In dem einen Milieu wird beim Port am Ende des Dinners (vorher nicht rauchen!) der »Loyal Toast« gesprochen und »To the Queen« skandiert. In einem andern erleben Sie, dass der häufigste Famlienname von Millionären Patel, also ein indischer Name ist.

Sind Sie in konservativen Branchen zu Hause, stellen Sie fest: Die Absolventen der großen Privatschulen haben sich als Studenten in Oxford oder Cambridge wiedergesehen, treffen sich nun als Old Boys auf den Chefetagen wieder und abends in den exklusiven Clubs.

Wer »My Fair Lady« kennt, weiß: Die Mitglieder der Upper Class erkennen einander an der Sprache, die den geografischen, sozialen und familiären Hintergrund widerspiegelt. Bei Kleidung, Visitenkarte und anderen Symbolen des Status kann daher ohne Not ein elegantes Understatement gepflegt werden. Verzichten auch Sie im Business auf auffällige Muster und Farben, auf Braun – das als Farbe des Landes, der Freizeit und der »armen Leute« gilt – und auf grobe Stoffe: Wer es sich leisten kann, geht elegant. Der Dress down Friday ist im Aussterben begriffen; hochwertige Kostüme und Anzüge sind im Trend – genauso wie ein Wochenende in einem italienischen Spa.

Gestreifte Krawatten könnten einen falschen Hinweis auf eine Schul- oder Regimentszugehörigkeit geben. Mit schwarzen glattledernen Schnürschuhen liegen Herren immer richtig. Damen kleiden sich entsprechend eher diskret schick, doch nicht glanzlos – mit Zurückhaltung als Signal für die Zugehörigkeit zur Gruppe der Entscheider eben.

Extra-Tipp
Werden Sie in einen Club eingeladen, sind Sie in privatem Rahmen, nicht in einem Restaurant. Kein Betreten des Allerheiligsten ohne den Gastgeber, keine Beteiligung an der Rechnung, kein Trinkgeld.

Haltung und Distanz
Neben Understatement ist weiterhin ein gerüttelt Maß an »eccentricity« zu beobachten und das Bedürfnis, sich auf sein individuelles Terrain zurückziehen.

Ein leichter Handschlag ist Standard, maximal einmal am Tag, in konservativen Kreisen die Anrede mit »Mrs., Ms. oder Mr.« plus Nachname, ansonsten ist der Vorname üblich, unter Kumpels sogar der Nachname ohne Anredeformel: »See you, Miller.« Titel und Grade sind für Adlige, für Ärzte – außer dem Hausarzt – und für Geistliche reserviert.

Bietet Ihr Gegenüber Ihnen die Anrede mit dem Vornamen an, sind Sie noch lange nicht auf Du und Du. Wer privat angerufen wird, meldet sich nur mit Nummer, sonst nur mit dem Firmennamen. Sie müssen schon fragen, wen Sie an der Leitung haben.

Im Business geben Sie nichts Privates preis: »Never mix business with pleasure.« So wird auf das höfliche »How do you do?« keine inhaltliche Erläuterung erwartet, sondern die gleich lautende Gegenfrage. Unterhaltungen im Stehen finden oft mit einer Armlänge Distanz im 90-Grad-Winkel statt, ohne Berührung, versteht sich. Wenn Sie Geld verdienen wollen, gilt: Contenance!

Bei der Einordnung von Kulturen nach den Kriterien Beziehungs- oder Sachorientierung, Direktheit oder Indirektheit, reservierte oder emotionale Kommunikation sortiert, liegen die Briten in der Mitte der Skalen. Der Augenkonkakt bleibt verhalten, die Gestik desgleichen. Gerade halten, die Hände nicht gemütlich in den Hosentaschen vergraben. Wahrscheinlich ist es sicherer, einen gestandenen, dabei zurückhaltenden Firmenvertreter zum Verhandeln ins Vereinigte Königreich zu schicken als einen forschen Jungmanager – wobei der E-Commerce den Umgang zusehends informeller werden lässt.

Wahrscheinlich aber wird beim Meeting nach kurzem Smalltalk über Wetter und Anreise – der ranghöchste Kunde entscheidet über den Zeitpunkt – sachorientiert präsentiert und das Motto »Keep a stiff upper lip« – keine Gefühle zeigen – befolgt. Da wird weder Hand noch Stimme erhoben, nicht einmal eine Augenbraue. Und der Besucher mag den Eindruck gewinnen, jeder Brite sei eine Insel.

Enjoy your meal

Beim formellen Social Dinner sitzt der Gastgeber an einem Ende des Tisches, die Gastgeberin ihm gegenüber. Alle Gäste bleiben an ihren Plätzen stehen, bis der Ehrengast sitzt, und erheben sich, wenn er geht. Sie verlassen die Veranstaltung nicht vor ihm. Der Service beginnt mit dem weiblichen Ehrengast. In sehr förmlicher Gesellschaft spricht eine Dame während des ersten Gangs mit dem Herrn zu ihrer Linken, beim zweiten mit dem zu ihrer Rechten, dann erst hat sie die Wahl. Am Tag nach einer solchen Zeremonie die »thank you note«, die nur umgangssprachlich »bread and butter letter« heißt, nicht vergessen.

Es kann aber ganz anders kommen, vielleicht beim Business Lunch im Pub, vielleicht wenn vom Erfolg verwöhnte Jungmanager Lust haben, das Spiel zu pervertieren. Dann darf gelacht werden, am liebsten über sich selbst und ihre Sitten. Vielleicht lachen Ihre britischen Geschäftspartner ausgerechnet nicht über die Royals und den Euro oder ein verlorenes Fußballspiel.

Vorsicht! Genauso wie Sie als Besucher die Nordirland-Frage nicht zu stellen oder Großbritannien Europa zuzurechnen brauchen. Schneiden Sie sicherheitshalber von sich aus Sport (Golf!) und Haus und Garten an. Wie sagte ein Fan der Insel: »Mit Briten kannst du über alles reden oder über nichts. Darüber aber viel.«

Extra-Tipp
Dass die pink gestylte Supermarkt-Kassiererin Sie mit »darling« oder »luv« adressiert und ihre Hand auf die Ihre legt, sollten Sie als schichtspezifisches Verhalten einordnen.

Ein in ein Rätsel eingepacktes Geheimnis: Russland

Mit dem Fall der Mauer am 9. November 1989 hob sich der »Eiserne Vorhang«, in ungeahnter Geschwindigkeit drangen Einflüsse aus dem Westen in die Regionen ein, die einmal »Ostblock« geheißen hatten. Allein Russland bietet mit seinen 145 Millionen Einwohnern und unendlich scheinenden Ressourcen ungeahnte Märkte.

Dabei sind eklatante Unterschiede im Grad der Weltoffenheit zwischen den Großstädten Moskau und St. Petersburg auf der einen und dem Rest des Landes auf der anderen Seite festzustellen. Wobei Moskau den Ton angibt; so hat das Land elf Zeitzonen, alle Züge fahren aber nach Moskauer Zeit.

Wer allerdings meinte, den Wilden Osten in Cowboymanier erobern zu können, wurde schnell enttäuscht. Zwar zerbrachen alte Systeme, doch die neuen sind oft mindestens so schwer zu verstehen und zu durchdringen wie die alten. Wie sagte Churchill über Russland? »A mystery wrapped in an enigma« – ein in ein Rätsel eingepacktes Geheimnis.

Fallstricke für Frauen

Russen sind höflich und rücksichtsvoll. So wird sofort die Zigarette gelöscht, wenn eine Person einen Raum betritt, öffentliches Schneuzen wird vermieden, älteren Menschen wird ganz selbstverständlich geholfen. Gleichzeitig sollten Frauen, zum Beispiel um nach dem Weg zu fragen, nur Polizisten oder andere Frauen ansprechen; auf einen fremden Mann zuzugehen könnte rufschädigend als Flirtversuch missverstanden werden.

Russland ist immer noch Männerland; eine in Westeuropa als Anachronismus angesehene galante Etikette verweist die Frauen auf ihren (zweiten) Platz. So wird geradezu als Unhöflichkeit empfunden, wenn emanzipierte Frauen Weinflaschen entkorken, Türen selbst öffnen, in Anwesenheit von Männern schwere Taschen tragen, Zigaretten selbst anzünden oder bei einem Treffen die Rechnung bezahlen.

Frauen sind im Geschäftsleben in hohen Positionen selten, wenn Sie ihnen dort begegnen, werden Sie sie selten in Hosen erleben. Das gilt auch für Russinnen der mittleren und niedrigeren Positionen an, die sich üppig schminken, auffällig kleiden und kompliziert frisieren.

Geduld üben

In Russland ist Zeit ein dehnbarer Begriff, der nach westlichen Regeln pünktliche Beginn einer Besprechung eher selten. Verhandlungen können langwierig sein. Eile gilt als unhöflich. Nutzen Sie das: Aussitzen hat schon manches Gegenüber motiviert, das Angebot zu verbessern.

Persönliche Beziehungen sind in Russland die Voraussetzung für Geschäfte und keinesfalls eine Garantie für Zurückhaltung bei Forderungen und kritischen Anmerkungen. Machen Sie sich auf einen reservierten Beginn einer Beziehung und Momente starker Gefühlsäußerungen gefasst. Gefühle werden für wichtiger erachtet als Fakten. Sogar auf den Tisch zu schlagen ist im Eifer des Gefechts nicht verpönt. Was das Gegenüber tun mag, für Sie gilt: ruhig Blut.

Dazu Dr. Ernst-Jörg von Studnitz, der frühere deutsche Botschafter in Moskau: »Wir im Westen haben oft ein falsches Überlegenheitsgefühl, das gar nicht berechtigt ist, und das kann bei Verhandlungen zu fatalen Folgen führen. Russen darf man bei Verhandlungen nie unterschätzen.« Sprechen Sie Meinungsverschiedenheiten deutlich aus. Erst wenn sie bereinigt sind, kommen Sie zu brauchbaren Verhandlungsergebnissen.

Extra-Tipps

- Soll ein Treffen kurzfristig abgesagt werden, behalten Sie die Contenance und akzeptieren einfach die Entschuldigung nicht. Es kann sein, dass die Gegenseite dann einlenkt.
- Von Ausländern wird Pünktlichkeit erwartet, doch eine halbe Stunde Verspätung wird im Ernstfall – schon aus verkehrstechnischen Gründen – zugestanden.

Wodka, Kaviar & Co.

Wenn Pünktlichkeit im Arbeitsalltag nicht unbedingte Notwendigkeit ist – zu einem Essen, ob zu Hause oder im Restaurant, kommen Sie bitte niemals zu spät. Reservieren Sie einen Tisch, sonst laufen Sie in Russland Gefahr, mit anderen Gästen eine Tafel teilen zu müssen; und das kann bei einem Geschäftsessen nicht in Ihrem Sinne sein. Gehen Sie mit Kollegen aus, teilen Sie die Kosten.

Die Trinkfestigkeit russischer Männer ist legendär, Wodka bestellen sie flaschenweise oder mit Grammangabe, er wird gern aus kleinen Tassen getrunken. Verschaffen Sie sich eine tragfeste Grundlage durch Kaviar – er ist immer noch ein Muss, auch wenn er heute weniger erschwinglich ist als früher – sowie deftige Gerichte wie die Rote-Bete-Suppe Borschtsch mit saurer Sahne und dunklem Brot.

Ein Gesprächsthema sind weder die Trinkgewohnheiten noch die hohe Arbeitslosigkeit von Frauen (90 Prozent der Arbeitssuchenden sind weiblich) noch die Ungleichbehandlung von Minderheiten (Afrikanern, Asiaten, Juden).

Ebenso halten Sie sich klugerweise mit Kommentaren über ein manchmal auffälliges Verhalten von »Neuen Russen« in westeuropäischen Kurstädten und Touristenorten zurück.

Dr. Ernst-Jörg von Studnitz bezeichnet die russische Jugend als »aufgeschlossen, intelligent, leistungsfähig und leistungswillig« – erkennen Sie im Gespräch berufliche Leistungen an und fragen Sie nach Zukunftsplänen. Die klassische Musik, vor allem die deutsche Musik, ist ein ideales Thema, die Familie ebenfalls. Viele Russen verdienen wenig; sprechen Sie nicht über aufwändige private Investitionen. Erkundigen Sie sich respektvoll nach Details zur russischen Geschichte und Geografie, die Basics sollten Ihnen präsent sein, den Kommunismus lassen Sie aus dem Spiel.

Extra-Tipps

- Lassen Sie kein Essen stehen, lehnen Sie nicht ab, wenn man Ihnen nachservieren will, und bereiten Sie sich auf ein paar aussagekräftige Toasts vor.
- Fragen Sie den Kellner nach den vorhandenen Speisen und halten Sie sich an seine Angaben, nicht immer sind alle auf der Speisekarte erwähnten Dinge tatsächlich vorrätig.
- In einer Privatwohnung wird man Ihnen Hausschuhe anbieten, lehnen Sie diese Geste nicht ab.

Freitags nie: Islamische Länder

Das Maß aller Dinge ist in muslimisch geprägten Kulturen nicht der Mensch, sondern der Islam, und der wiederum ist nicht nur Religion, sondern auch Gesellschaftsform.

Unter dem Halbmond

Spätestens seit dem 11. September 2001 ist der Weltöffentlichkeit bekannt, dass man mit unterschiedlichen Auslegungen der auf dem Islam basierenden Vorschriften gefasst sein muss. Wie stark und in welcher Weise diese in den verschiedenen islamischen Kulturformen mit weltweit insgesamt 1,3 Milliarden Muslimen die jeweiligen Verhaltensregeln prägen, ist nicht leicht zu differenzieren. Ob in Indonesien, in Malaysia oder auf den Philippinen (Mindanao), ob in Bangladesch, Indien (Kaschmir), Pakistan oder Afghanistan, ob im Nahen oder Mittleren Osten, ob in Afrika oder auf dem Balkan – die Unterschiede in den 35 Ländern mit hohem muslimischem Bevölkerungsanteil sind mitunter gewaltig.

Übrigens: Ein Moslem, der in Deutschland weltoffen lebt, kann oder muss sich zu Hause den religiösen und gesellschaftlichen Traditionen unterwerfen.

Das Prinzip Entschleunigung

Nach der Tradition wird die Zeit von der Sonne bestimmt und vom Ruf des Muezzins zum Gebet. So wird Geduld zum obersten Gebot in islamischen Regionen. Zwischen traditionell geprägten Ländern wie Saudiarabien oder durch den hohen Anteil an Immigranten und intensive Kontakte zur westlichen Business-Welt beeinflussten Staaten wie den Vereinigten Emiraten besteht da nur ein gradueller Unterschied.

Auf Termindruck sollten Sie verzichten: Der, dessen Vorfahren in der Wüste überlebten, findet einen (willkürlich erscheinenden) Zeitpunkt weniger wichtig als ein geschicktes Timing. Wenn die Zeit reif ist, können Entscheidungen sehr spontan und sehr flexibel gefällt werden.

Halten Sie sich an die ortsüblichen Zeiten. Um den freien Freitag herum beginnt oft schon am Donnerstag das Wochenende. Und ob der Arbeitstag um 13 Uhr zu Ende ist oder Ihr Ansprechpartner vielleicht noch einmal in den Abendstunden im Büro ist, erfragen Sie punktuell. Immer häufiger sind Bürostunden von 9 bis 17 Uhr, immer häufiger werden die westlichen Gepflogenheiten in Sachen Pünktlichkeit zumindest vom Ausländer erwartet.

Natürlich höflich

Bei den Golf-Anrainern ist eine hohe Sensibilität zu beobachten: Versuchen Sie darum gar nicht erst, sich zu verstellen. Seien Sie auf authentische Weise höflich, gelassen, verständnisvoll, fröhlich. Gelingt Ihnen das nicht? Schicken Sie lieber einen Kollegen.

Ihr Gastgeber signalisiert Ihnen seine Wertschätzung dadurch, dass er Ihnen den besseren, den rechten Platz anbietet und den Vortritt durch eine Tür. Verzichten Sie darauf durch ein einmaliges nonchalantes »Nach Ihnen«, nehmen Sie das Angebot dann aber an: Ihr Insistieren würde er als Masche empfinden.

Interpretieren Sie das Ausbleiben rudimentärer Höflichkeitsformeln wie »May I, please« oder »Thank you« nicht als mangelnden Respekt. Viele haben Englisch nicht unbedingt von gebildeten Briten gelernt. Übrigens: Wie perfekt beherrschen Sie alle Nuancen des Arabischen?

Extra-Tipp

Verzichten Sie auf Ratschläge: En Araber erlaubt Ihnen, bei einem Fehler Ihr Gesicht zu wahren. Tun Sie es ihm gleich.

Zurückhaltung wörtlich genommen – sechs Gebote

1. Mit dem Finger auf eine Person zu deuten kann als Angriff missverstanden werden. Wie die Fußspitze, die beim Sitzen mit überschlagenen Beinen nicht in die falsche Richtung gehen sollte.
2. Die Fußsohle zu zeigen, ist ungehörig. Das bei einem Essen auf dem Fußboden sitzend zu vermeiden, ist schwierig, aber nicht unmöglich.

3. Keine unüberlegten Berührungen! Bieten Sie Vertretern des anderen Geschlechts nicht von sich aus die Hand an, öffentliche freundschaftliche Berührungen sind nur unter Männern erlaubt. In Saudiarabien ist Frauen der Kontakt nur zum Ehemann oder zu nahen männlichen Verwandten gestattet, die VAE und zunehmend der Oman sind freizügiger.
4. Halten Sie sich gerade – wer gebückt daherkommt, macht sich zum Spielball derer, für die sich Autorität in einem geraden Rückgrat manifestiert.
5. Halten Sie den Mund. Schweigen ist Teil der Unterhaltung, respektieren Sie Pausen.
6. Halten Sie sich zurück mit zwangloser Kleidung, gerade als Frau. Tragen Sie Sorge, dass Ihre Kleidung dezent ist und keine Blicke auf Körperformen, Arme, Schultern, Knöchel und Knie frei gibt. Am freien Freitag zwischen verschleierten Frauen am öffentlichen Strand im Bikini herumzuspazieren wäre schamlos. Einen Schleier tragen Sie nur auf Anweisung.

Sprichwörtlich: die Gastfreundschaft

Araber machen gern Geschäfte mit Mitgliedern der eigenen Familie, Bekannte sind zweite Wahl, Fremde dritte. Freuen Sie sich über jeden Kontakt, der Ihnen geboten wird. Und bedenken Sie: Gastfreundschaft ist auf Gegenseitigkeit angelegt – laden Sie ein!

Da Ihr Gast möglicherweise einen Verwandten oder Freund mitbringt, entscheiden Sie sich für ein Büfett statt für ein gesetztes Essen. Bieten Sie bei bereits erfolgter Ablehnung mindestens dreimal weitere Speisen an. Und wundern Sie sich nicht, wenn Ihre Gäste Sie unmittelbar nach dem Essen verlassen.

Lassen Sie Speisen ohne Schweinefleisch und Alkohol nicht auf derselben Platte reichen wie solche, die diese für Anhänger des Islam verbotenen Ingredienzen enthalten.

Lassen Sie beim Essen Ihre linke – unreine – Hand aus dem Spiel und halten Sie Ihren – als unrein betrachtete – Hund unter Verschluss.

Übrigens: Im Beisein eines fastenden Moslems zu essen, zu trinken oder zu rauchen wäre eine Beleidigung.

Gute Gespräche für gute Kontakte

In westlichen Ländern ist eine der Grundregeln des Smalltalk: Vermeiden Sie das Thema Religion. Diese Empfehlung gilt für islamische Länder nicht. Im Gegenteil: Stellen Sie alle Fragen, auf die Sie immer schon einmal eine Antwort wollten – selbstverständlich ohne kritischen Unterton oder die Erwähnung des Staates Israel.

Stellen Sie keine Fragen, von denen Sie annehmen müssen, dass Ihr Gesprächspartner darauf nicht antworten kann. Unwissenheit zugeben zu müssen wäre für ihn ein Gesichtsverlust.

Über das andere Geschlecht reden Sie besser nicht. Rechnen Sie aber damit, dass Sie über die Anzahl Ihrer Kinder Auskunft geben müssen. Für Muslime, die sich als Glied einer genealogischen Kette verstehen, sind Single-Dasein und gewollte Kinderlosigkeit unverständlich.

Gute Themen sind, wie überall, der Sport, im Nahen Osten vor allem Soccer und spezifische Sportarten wie Pferde- und Kamelrennen sowie die Falken-Jagd. Hinzu kommen gemeinsame Bekannte und die Wirtschaft, die Geschäfte und die Politik. Und fragen Sie nicht, ohne von sich zu erzählen: Gegenseitigkeit spielt eine genauso große Rolle wie das Hervorheben von Gemeinsamkeiten. Wer dem Ideal des Generalisten entspricht, hat damit kein Problem. Für alle anderen gilt: Bereiten Sie sich vor!

Leichter Ton vor ernstem Business: USA

Sich im US-Business zurechtzufinden ist für den deutschen Manager manchmal schwer – weil scheinbar so leicht. Auf den ersten Blick scheint das Miteinander dem unseren ähnlich, der Partner »cool«, der Zugang »easy«. Bei genauem Hinsehen aber entpuppen sich Unterschiede, die sich schlimmstenfalls als Kulturfallen erweisen.

Verallgemeinerungen können überall den Blick verstellen, die Abstammung der Amerikaner aus den unterschiedlichsten Kulturkreisen und die Vielfalt an Lebensformen machen die Lage für den USA-Besucher noch unübersichtlicher. Dennoch gibt es zentrale Faktoren, die zumindest die im Business größte Bevölkerungsgruppe, die Upper Middle Class europäischer Abstammung, prägen. Die Kenntnis dieser Faktoren hilft als Grundlage der Wahrnehmung im individuellen Umfeld.

Verbriefte Rechte für jeden Bürger

»Leben, Freiheit und das Streben nach Glück« – die in der Unabhängigkeitserklärung von 1776 definierten unveräußerlichen Rechte haben nichts von ihrer Aktualität eingebüßt. Im Business tauchen sie als Selbstverwirklichung, Gleichheit und Streben nach Anerkennung auf.

Selbstverwirklichung

Die Initiative ergreifen, sich behaupten, selbst etwas auf die Beine stellen, Leistung erbringen, Rivalität sportlich sehen – das zählt in den USA. Dem widerspricht keineswegs, dass selbst der Besucher eindeutige Vorschriften ernst zu nehmen hat und ein harter Ton und öffentliche Kritik inakzeptabel sind.

Zu den unumstößlichen Regeln des Miteinanders zählt sogar die Körperhygiene: Frauen mit unbestrumpften, gar unrasierten Beinen sind undenkbar. Mangelnde Hygiene und behaarte Achseln gelten schlicht als unkultiviert.

»A kiss is just a kiss« – Intimitäten sind ebenfalls nicht gern gesehen. Selbst wenn ein Schulterklopfen von Mann zu Mann in der Öffentlichkeit zum guten Ton gehört – Händchenhalten gleichgeschlechtlicher Personen und Oben-ohne-Baden am öffentlichen Strand sind tabu.

Amerikaner betrachten mit Staunen die Anzahl der Feier- und Urlaubstage in Deutschland, Neid kommt deshalb jedoch keineswegs auf. Erstens weil Neid keine akzeptierte Charaktereigenschaft ist, zweitens weil Leistung über alles geht.

Gleichheit

Dem Streben nach Chancengleichheit entsprechen informelle Umgangsformen: andere mit dem Vornamen ansprechen, auf Titel verzichten, die Bürotüren offen lassen, mit jedem Mitarbeiter plauschen, political correctness gegenüber Minderheiten.

Selbst wenn ein Amerikaner Sie nur mit Ihrem Vornamen anspricht, heißt das längst nicht, das Sie mit ihm »per Du« wären. An seinem Umgang mit dem Raum und an weiteren Redewendungen erkennen Sie, dass Nähe und Distanz anders ausgedrückt werden als durch die bloße Anrede.

»Dienst ist Dienst und Schnaps ist Schnaps« – diese Trennung ist unbekannt; in den USA können die beiden eine harmonische Vermischung eingehen. Komplette Arbeitsteams treiben Sport oder gehen abends essen. Sie verbringen sogar das Wochenende zusammen, lassen sich in einer Stretched Limousine von der Wall Street nach Atlantic City bringen.

Übrigens: Direkter Augenkontakt auch mit Ranghöheren wird als Ehrlichkeit gewertet, aber bitte nicht übertreiben!

Soziale Anerkennung

Der gelassene Umgangston könnte vermuten lassen, dass es keine Unterschiede in Hierarchie und Status gäbe. Falsch, sie werden sogar neidlos akzeptiert. Der Gleichheitsgrundsatz schließt Bewunderung für Führungspersönlichkeiten keineswegs aus. Lassen Sie sich durch das flapsige Auftreten mancher Manager, durch Jacketts über der Stuhllehne und Füße auf der Schreibtischplatte nicht zu Nachlässigkeit verleiten!

Anerkennung erlebt der US-Amerikaner nicht nur im geschäftlichen Erfolg, sondern auch im sozialen Kontakt. Spontan Kontakte anbahnen, bei Einladungen und in Arbeitspausen entspannt über angenehme Dinge plaudern – das wird als »soft skills« positiv verbucht.

Wollen Sie unangenehm auffallen, machen Sie einer Kollegin ein anzügliches Kompliment oder erzählen einen Blondinenwitz. Echter Humor hingegen wird hoch geschätzt.

Extra-Tipp
Treffen sich Geschäftsfreunde zum Beispiel auf dem Golfplatz, begrüßen sie sich untereinander mit Handshake; die dazugehörigen Damen bleiben jedoch außen vor beziehungsweise hinten dran.

Smalltalk groß geschrieben
Betrachten Sie Wendungen wie »How are you?« nicht als Aufforderung zur Erläuterung Ihres Gesundheitszustands. Sie sind nichts anderes als »soziale Geräusche«, ihre Funktion liegt in der Absicht, eine Beziehung zu fördern.

Komplimente sind an der Tagesordnung: über das – gesunde – Aussehen, die – hervorragende – Frisur, das – absolut großartige – Kostüm, was auch immer positiv zu thematisieren sein könnte. Der Beruf, Reisen, Essen – und Diät –, Sport, Fitness und Wellness, Musik, Filme, Bücher – das alles ist geeignet. Loben Sie die Schönheiten und Errungenschaften des Landes – und bitte nicht über Deutschland jammern; Nationalstolz gilt als positiver Wert an sich. Weshalb Sie Ihre Äußerungen zum 11. September 2001, zum Irak-Krieg und den Folgen für die USA und die Welt sehr gut überlegen sollten.

Einer optimistischen Sicht der Dinge wird einem kritischen Standpunkt gegenüber der Vorzug gegeben. Dabei erzählen Amerikaner gern Geschichten, die sie selbst erlebt haben, manche sogar ohne Punkt und Komma. Warten Sie nicht darauf, dass Sie ausdrücklich eingeladen werden, es ihnen gleichzutun. Man erwartet einfach von Ihnen, dass Sie kommunikativ kompetent genug sind, um sich einzubringen. Besonders bei amüsanten Anekdoten können Sie mit aufmerksamen Zuhörern rechnen.

Extra-Tipp

Wer im Business schnell auf den Punkt kommt, kann in privaten und gesellschaftlichen Kontexten durchaus indirekt kommunizieren und zum Beispiel die Ablehnung einer unliebsamen Einladung in ein »I'm busy« verpacken.

Tipps für Tips

Mit Trinkgeld seien Sie bitte großzügig: Die Empfangsmitarbeiterin, die Sie ins Zimmer geleitet, bekommt nichts. Der junge Mann vom Empfang hingegen, der Ihnen Ihr Gepäck ins Zimmer bringt, erwartet in einem gehobenen Hotel pro Stück 2 Dollar. Mindestens 2 Dollar sind für den Mitarbeiter fällig, der Ihr Auto in die Hotel- oder Restaurantgarage fährt, beziehungsweise für den Dispatcher am Taxistand, der Ihnen ein Fahrzeug vermittelt, und den Taxifahrer. Der Bell Boy, der Ihnen Karten für ein ausverkauftes Musical besorgt, ist damit nicht zufrieden.

Beim Essen gilt: Wer einlädt, zahlt – und legt mindestens das Doppelte des als Steuer ausgewiesenen Betrags für den Service dazu: »double the tax«. In Touristenregionen schreiben ihn Service-Mitarbeiter oft schon von Hand auf die Rechnung: »15 % service included«. Sie müssen schlechte Erfahrungen mit Fremden gemacht haben, die nicht wussten, dass das Trinkgeld oft ihr einziger Lohn ist.

Im Restaurant

»Wait to be seated«: Stürmen Sie nicht wie im deutschen Biergarten auf den erstbesten freien – womöglich noch mit dem schmutzigen Geschirr des Vorgängers belegten – Tisch zu. Weitere Abweichungen von deutschen Sitten:

- In eleganten Hotels und gehobenen Restaurants ist bei Herren das Tragen eines Jacketts erwünscht.
- Dem Rauchverbot ist zu entsprechen, gehen Sie zu Aperitif und Digestif an die Bar.

- Bedienungspersonal stellt sich oft mit Namen vor, das wird von Ihnen nicht erwartet.
- Die nicht benutzte Hand wird auf dem Schoß abgelegt, vom Fleisch werden hintereinander mehrere Stücke geschnitten, das Messer daraufhin am rechten oberen Tellerrand abgelegt. Die Stücke werden mit der Gabel in der rechten Hand zum Mund geführt. Dieses »zigzag eating«, gehört zum guten Ton, der Ellenbogen auf der Tischplatte nicht.
- Beim Verlassen des Tischs deponieren Sie Ihre Serviette nicht auf dem Tisch, sondern auf dem Sitz.
- Dass Herren aufstehen, wenn eine Dame den Tisch verlässt oder an ihn zurückkommt, ist in den USA üblicher als auf dem europäischen Festland.
- Sie sollen es bequem haben, darum wird Ihnen Ihr Teller weggenommen, sobald Sie ihn leer gegessen haben, ohne dass die übrigen Gäste schon fertig wären. Machen Sie langsam!
- Die Rechnung kommt ungefragt. Nach einem Essen lange am Tisch zu sitzen ist unüblich – genauso wie ein gemütliches Zusammensitzen mit ungewissem Zweck und Ausgang.

Extra-Tipp
Klimaanlagen sind oft stark eingestellt, so dass Damen sich mit Jäckchen oder Stola ausstatten sollten.

It takes two to Tango: Lateinamerika

Als Christoph Columbus 1492 den Fuß auf den Boden setzte, der später den Namen Lateinamerika tragen sollte, meinte er zuerst, er sei auf dem Weg nach Westen im östlichsten Teil Asiens angekommen. Als er sich umschaute, wähnte er sich im Paradies. Seither ist zur Vertreibung daraus so manches unternommen worden.

Verschiedenste Einflüsse

Die iberische (und in Argentinien italienische) Prägung Lateinamerikas ist bis ins 21. Jahrhundert präsent, Argentinien ist mit seinen zu 85 Prozent aus Europa stammenden Einwohnern der Alten Welt am ähnlichsten. Die offiziellen Sprachen sind Spanisch und in Brasilien Portugiesisch sowie regionale indianische Sprachen wie Quechua und Aymara.

Die Unterschiede zwischen den einzelnen Ländern sind groß, Brasilien fällt allein schon wegen der Sprache aus dem Bild; wer Spanisch spricht, kommt jedoch mit einer Mischung aus Spanisch und Portugiesisch, dem »Portañol«, mit gutem Willen und etwas Fantasie auch hier recht gut durch. Brasilianer unterscheiden sich von ihren Nachbarn vor allem im Umgang mit »problematischen« Dingen; »jeitinho« ist das – unübersetzbare – Zauberwort und meint die Fähigkeit, sich geschickt aus den ausweglosesten Situationen herauszuwinden.

Die Lebensstile der Urbevölkerung tragen, so traurig das sein mag, im öffentlichen Leben nur zur Folklore bei. Es wäre ein Fauxpas, das zu kommentieren oder nach der Abstammung seines Gesprächspartners von den »Indianern« zu fragen.

Genauso wenig diplomatisch wäre es, den Namen »Amerika« auf die USA zu beziehen; schließlich landete der Namensgeber des Doppelkontinents, Amerigo Vespucci, zuerst auf dessen südlichem Teil und die Mexikaner sind schließlich sogar »Nord-Amerikaner«. Wobei ohnehin US-amerikanische »westliche« Einflüsse genauso wie in Europa ständig zunehmen.

Emanzipation und Machismo

»It takes two to tango«, zum Tango braucht man zwei starke Partner, der Frau und dem Mann wird gleichermaßen Eigenständigkeit und Kooperationsfähigkeit abverlangt. So ist die Beziehung zwischen Frau und Mann in Lateinamerika häufig von einer klaren Rollenverteilung gekennzeichnet, von klaren Erwartungen an die eine und den anderen und von den Kindern gleich auch.

Der Grad des Machismo – Betonung der Männlichkeit des Mannes – ist unterschiedlich ausgeprägt; in Brasilien und Venezuela zum Beispiel sind Frauen auch in höheren Positionen gang und gäbe, in Peru viel weniger.

Frauen kleiden sich korrekt und dabei weiblich, Pumps sind angebracht, Hosenanzüge selten. US-Amerikaner empfinden die Kleider vor allem der Brasilianerinnen als aufreizend. Als Ausländerin kleiden Sie sich an europäischer Top-Mode orientiert, weiblich, dezent und elegant. Wichtig: Pflegen Sie Ihre Fingernägel!

Hier ist Bescheidenheit keine Zier

Je höher Ihr sichtbarer Status, desto höher die Anerkennung und die Unterstützung, die Sie erwarten dürfen. Lassen Sie sich daher möglichst durch hohe »Würdenträger« Ihres Unternehmens begleiten. Bescheidenheit ist unangebracht, verschweigen Sie Ihre akademischen Grade und Titel nicht, steigen Sie in den Hotels ab, die jeweils von Geschäftsleuten bevorzugt werden; speisen Sie in »In«-Restaurants.

Sind Sie einmal hierarchisch platziert, werden Sie an Ihrer Professionalität und Ihrer kommunikativen Kompetenz gemessen, nicht an Ihrer Herkunft. Behandeln Sie entsprechend Ihre Gesprächspartner der unteren Ebenen stets mit Respekt.

Extra-Tipp

Die Ehre des Einzelnen ist unantastbar, formulieren Sie Kritik daher vorsichtig, werden Sie niemals persönlich.

Ein großer, breiter Fluss: die Zeit

Wenn Deutschland auf der Landkarte der Zeit als feste Burg dargestellt würde, wäre Lateinamerika ein großer, breiter Fluss: Dieser ganze Kontinent ist polychron, Zeit ist hier Mittel, nicht Zweck.

- Machen Sie keine Termine kurz vor Feiertagen aus.
- Vermeiden Sie die Wochen vor und nach Weihnachten und Ostern sowie in den betroffenen Ländern den Karneval und die jeweilige Saison der Unabhängigkeitsfeiern.
- April/Mai und September/Oktober sind sowohl gute Reise- als auch Business-Zeiten.
- Bedenken Sie, dass die Jahreszeiten auf der südlichen Halbkugel den europäischen entgegengesetzt sind; vergessen Sie nicht die klimatischen Unterschiede, die sich daraus und aus Höhenunterschieden und Entfernungen ergeben.
- Prüfen Sie bei langfristiger Terminierung kurzfristig nach und lassen Sie sich schriftlich bestätigen, ob die Einhaltung tatsächlich beabsichtigt ist.

Als das bei weitem pünktlichste Land in Lateinamerika gilt Costa Rica. Das bedeutet aber längst nicht, dass man Sie exakt zu der Zeit empfängt, zu der Sie bestellt wurden. Von Ausländern wird jedoch pünktliches Erscheinen erwartet – außer bei privaten Einladungen am Abend, da sind 30 bis 60 Minuten »Verspätung« nicht nur nicht unhöflich, sondern die Regel und ein Gebot. Pünktlichkeit im deutschen Sinne wird nur bei Veranstaltungen mit festem Beginn wie einem Theaterbesuch erwartet, eventuell bei einer Verabredung zum Lunch. Fragen Sie im Zweifel, welche Zeit gemeint ist: »En punto?«

Extra-Tipp

Rechnen Sie mit zähen Verhandlungen; in die Entscheidungsfindung werden viele Entscheidungsträger einbezogen.

Nähe und Distanz

Die Distanzzonen sind in Lateinamerika für unsere Verhältnisse sehr klein, Körperkontakt von Personen des gleichen Geschlechts ist sogar im Business üblich. Wird die erste Begrüßung noch mit einem festen Handschlag vollzogen, ist eine Umarmung von Mann zu Mann schon bei der zweiten Begegnung möglich, ein kräftiger Schlag auf die Schulter ist ein gutes Zeichen. Frauen berühren den Oberarm oder küssen sich. Berührungen im Gespräch sind häufig. Weichen Sie diesen Angeboten der Nähe nur ja nicht aus! Das würde als Affront interpretiert, den Sie so leicht nicht wieder ausbügeln können. Ein Küsschen zum Abschied ist sogar von Mann zu Mann möglich.

Kleine Geschenke erhalten die Freundschaft; vergessen Sie dabei die Sekretärin nicht. Ein Mitbringsel persönlicher Art – wie Parfum – überreichen Sie als Mann mit der Bemerkung, es sei von Ihrer Frau an sie gerichtet.

Smalltalk

Beim Smalltalk haben Sie es in Lateinamerika mit seiner reichen Kunstgeschichte und regionalen Vielfalt leicht. Preisen Sie die Sehenswürdigkeiten, die Sie bereits besichtigt haben, die Wasserfälle von Iguazú oder die Ausgrabungen von Palenque. Sport jeder Art ist ideal, genau wie die Kultur. Essen und Trinken sind wie überall auf der Welt konsensfähige Themen. Erzählen Sie von Ihrer Familie, Ihrem Beruf und Ihren Tätigkeiten in der Freizeit. Nehmen Sie persönliche Fragen nicht übel, Sie brauchen sie ja nicht bis ins Detail zu beantworten.

Stolpersteine

Lassen Sie historisch problematische Situationen wie die Kämpfe zwischen Argentinien und Großbritannien um die Falkland-Islands (die hier »Malvinas« heißen) oder die verlorenen Kriege zwischen Bolivien und den Nachbarländern aus dem Spiel. Auch die Frage, wo denn die illegalen Auswanderer über die mexikanische Grenze in die USA kommen, wie es um die kolumbianische Drogenmafia steht oder wo in Argentinien die Sklaven aus Schwarzafrika abgeblieben sind, klären Sie nicht mit Ihren Geschäftspartnern vor Ort. Die Demokratie ist mancherorts ein gutes Thema; was davor war, geht niemanden etwas an.

Extra-Tipp

Die Mittel- und Südamerikaner empfinden die spanische Art, s-Laute an den Schneidezähnen zu brechen, als affektiert; verzichten Sie ruhig auf die Zungenbrecher.

»Angesagt«: das Geschäftsessen

Entweder Sie übernachten im jeweils »angesagten« Hotel und laden dorthin ein oder Sie bitten in das schickste Restaurant der Stadt.

- Laden Sie zum Dinner die Lebenspartner/innen mit ein, machen Sie eine gesellige Veranstaltung daraus. Reden Sie, wenn überhaupt, beim Kaffee über das Geschäft. Wie lange Sie auch zusammensitzen – in gehobener Gesellschaft wird auf die Tischregeln geachtet.
- Behalten Sie – im Unterschied zu den US-amerikanischen Gepflogenheiten – beide Hände auf dem Tisch.
- Kosten Sie von allem, was man Ihnen vorsetzt.
- Essen Sie mit Besteck, sogar das Obst zum Dessert.
- Erst nachdem der Gastgeber einen Toast ausgesprochen hat, ergreifen Gäste das Wort.
- Als Gast lehnen Sie Angebote zum Nachservice zunächst ab, Sie nehmen nur an, wenn die Gastgeber insistieren.
- Lob könnte als Bitte um Nachschlag missverstanden werden. Lassen Sie einen Rest auf dem Teller zurück, um zu zeigen, dass Sie genügend bekommen haben.
- Brechen Sie als Gast frühestens eine halbe Stunde nach dem Ende des Essens auf.

Wer einlädt, zahlt nur in der Theorie. In der Praxis müssen Sie wahrscheinlich um die Rechnung kämpfen. Beugen Sie vor: Teilen Sie dem Oberkellner zu Beginn des Dinners mit, dass er nur Ihnen die Rechnung überreichen darf, in Ihrem Hotel lassen Sie sie gleich auf das Zimmer schreiben.

Das gilt besonders für Frauen, die anwesenden Männer werden alles tun, um zu verhindern, dass »Sie« zahlt. Der Service ist meist auf der Rechnung schon vermerkt, das sollte Sie nicht hindern, mindestens 5 Prozent Trinkgeld hinzuzurechnen.

Extra-Tipp
Gäste danken in den Tagen nach der Einladung, schriftlich oder per Telefon.

Mit Fingerspitzengefühl nach Fernost

Selbst das umfassendste Handbuch über Sitten und Gebräuche eines Landes kann keine genaue Vorhersage über das Verhalten einer einzelnen Person liefern.

So geht es bei allen beschriebenen Verhaltensweisen vorwiegend um Wahrscheinlichkeiten, die bei der Begegnung mit dem Fernen Osten zur Hypothesenbildung dienen können. Zumal der Ferne Osten zum Teil sehr unterschiedliche Gebiete und Kulturen umfasst.

Allein wenn wir uns – was wir hier aus Platzgründen tun – auf China und Japan beschränken, ist zu präzisieren: Was für die Volksrepublik China gilt, gilt nicht unbesehen für das zum einen Teil kosmopolitischere, zu einem anderen Teil traditionell-»chinesischere« Taiwan und schon gar nicht für das durch seine hundertjährige Ära als Kronkolonie partiell britisch geprägte Hongkong.

Dafür verhalten sich zum Beispiel im Ausland ansässige Japaner dort mit großer Wahrscheinlichkeit ähnlich wie zu Hause. Korea, Singapur, Vietnam usw. haben wiederum Ähnlichkeiten teilweise untereinander und mit Japan oder China, teilweise unterscheiden sie sich beachtlich.

Welt-Anschauungen

Dieser Ferne Osten ist also alles andere monolithisch und eindeutig. Verständlich wird Verhalten gerade im Fernen Osten allerdings vor allem durch seine Einbettung in die jeweilige Weltanschauung.

Die konfuzianische Lehre ist vor allem in Japan im Geschäftsleben präsent, was unter anderem die starke Verpflichtung auf die Gruppe (zum Beispiel die Abteilung) und das Gemeinwohl (zum Beispiel die Firma) erklärt.

China ist vom Mahayana-Buddhismus geprägt, der für Opfer und harte Arbeit dem Individuum den Einzug ins Nirvana verspricht und somit die konfuzianisch bedingte Verpflichtung auf Gruppe und Gemeinwohl mindert.

Neben diesen beiden Lebensphilosophien bestimmt der Taoismus den Verhaltenscode, im Westen über die Yin-und-Yang-Symbolik bestens bekannt. Dass Unterschiedliches sich in Harmonie vereint, in der alles seine Ordnung hat, dass Passivität Aktion ist und Schweigen Gold – das macht sich vor Ort allerdings facettenreicher aus, als es das schwarz-weiße Symbol vermuten lässt.

Auf der Wertschätzung harmonischer Beziehungen basiert auch der Shintoismus: Er wertet sowohl belebte als unbelebte Objekte als beseelt, an der Auswahl von Gegenständen und deren Anordnung im Raum kann Bedeutung abgelesen werden. Dass auch das Christentum (u.a. auf den Philippinen) und der Islam (Indonesien) ihren Einfluss in der Region haben, sei der Vollständigkeit halber, wenn auch nur am Rand erwähnt.

Fettnäpfchen stehen überall

Immer laufen Sie Gefahr, als Mensch aus dem Westen als ungeduldig, ungehobelt, egoistisch und intolerant angesehen zu werden. Beweisen Sie das Gegenteil! Erfreuen Sie beispielsweise Ihre Gastgeber mit kleinen Geschenken, achten Sie dabei aber auf die Symbolik von Farben, Objekten und Zahlen. Schenken Sie keine Uhren (Hinweis auf die Vergänglichkeit) und keine

Messer (zu aggressiv). Packen Sie Geschenke erst ein, nachdem Sie die Zollkontrolle passiert haben, dann keinesfalls in (der Trauer vorbehaltenes) Weiß. Geben Sie sich vor allem in Japan ausreichend Mühe mit der Verpackung. Dort macht sich eine Papiertüte mit dem Logo einer Nobelmarke gut. Die Zahl Vier meiden Sie, sie wird aufgrund ihrer Lautung im alten Chinesisch mit dem Tod in Verbindung gebracht, die Acht wiederum ist ideal. Obst und einfache Speisen zu überreichen würde suggerieren, Sie unterstellten dem Beschenkten Armut. Überreichen Sie ein Geschenk für eine Delegation dem Repräsentanten mit dem höchsten Rang.

Der Nagel wird so lange eingeschlagen, bis er im Brett verschwindet oder abbricht: Japan

»Klappern gehört zum Handwerk« – dieses deutsche Sprichwort muss einem japanischen Geschäftsmann spanisch vorkommen. Denn für ihn ist Zurückhaltung Zier und Überlebensstrategie zugleich: »Der Nagel wird so lange eingeschlagen, bis er im Brett verschwindet oder abbricht«, sagt der Volksmund im Land der aufgehenden Sonne: Wer sich nicht anpasst, wird verstoßen.

Warum? Japan ist ein vergleichsweise kleines Land mit schwierigen geografischen und klimatischen Bedingungen. Wo wenig Lebensraum ist, bleibt wenig Freiraum für Alleingänge, wenig Spielraum für Versuch und Irrtum. Eingebettet in das große Ganze hat jeder seinen Platz – woran die sich verstärkenden Einflüsse westlicher Denkungsart noch nichts Wesentliches geändert haben.

Noch schwankt Nippon zwischen Xenophobie und Xenophilie, noch bleibt der Ausländer der Fremde, der »gaijin«, noch beeinflussen Religion und Ahnenkult den Alltag in hohem Maß. 87 Prozent der Japaner hängen Shinto an, 73 Prozent dem Buddhismus. Dies ist kein Rechenfehler, sondern Zeichen dafür, dass die meisten Japaner Elemente beider Religionen in ihre persönlichen Rituale einbeziehen. Diese lassen sich zu zwei ganz großen Gs bündeln: Gesicht und Gruppe.

Gesicht und Gruppe

Das Gesicht wahren und wahren lassen, ein würdiges Mitglied einer Gruppe sein – das ist in Japan das A und O. Für den, der dort erfolgreiche Geschäftsverbindungen knüpfen will, bedeutet dies in verschärftem Maß, was auch in Europa gilt.

Erweisen Sie Respekt, dann erhalten Sie Respekt!

Seien Sie pünktlich, halten Sie Termine ein. Lassen Sie Ihren Anwalt zu Hause; juristische Klauseln fallen weniger ins Gewicht als Ihre Fähigkeit zur Vertrauensbildung.

Präsentieren Sie sachlich ohne Eigenlob. Hören Sie genau zu, nicken Sie als Zeichen Ihrer Aufmerksamkeit. Üben Sie sich in Geduld: Zeit ist Macht. Äußern Sie Interesse statt Kritik und statt Widerspruch ergänzende Aspekte – auch innerhalb des eigenen Teams. Ein »Nein« werden Sie kaum hören, als Ausdruck von Missfallen eher ein lautes Einziehen von Luft durch die Zähne. Verabschieden Sie sich – ob mit oder ohne zufriedenstellendem Ergebnis Ihrer Unterredung – mit Dankesworten.

Extra-Tipp

Sprechen Sie langsam, gut artikuliert, in kurzen Sätzen und ohne Metaphern, denn die Japaner denken in anderen Bildern als wir.

Status wird an Äußerlichkeiten abgelesen

Das Hotel, in dem Sie wohnen, die Kleidung, die Sie tragen – das Label-Denken ist auffallend! – die nonverbale Signale, die Sie senden – alles wird als Botschaft gelesen. Fremde anzulächeln wird als Mangel an Respekt interpretiert, kontinuierlicher Blickkontakt, ein kerniger Händedruck, lautes Lachen, Berührungen im öffentlichen Raum und die Verringerung der von den Gastgebern vorgegebenen Distanzzonen sind Grenzverletzungen. Gerade sitzen, als Frau beim Lachen den Mund verdecken, die Gestik reduzieren – das kommt gut an.

Würde und Bescheidenheit weisen den Weg für Auftritt und Auftreten

Wählen Sie ein uniformes Business Outfit. Als Herr sind Sie in einem dunklen Anzug mit hellem, einfarbigem Hemd angemessen gekleidet. Loafers lassen sich vor dem Essen auf Tatami-Matten problemlos abstreifen. Damen tragen eher Kleid oder Kostüm mit Rock statt Hose. Bedenken Sie jedoch die Rutschgefahr beim Sitzen auf dem Boden. Grelle Farben, auffällige Muster und extravaganter Schmuck stehen nicht hoch im Kurs. Selbst wenn manche jungen Frauen sich schrill herausputzen – tun Sie's nicht. Und wickeln Sie sich nicht unaufgefordert in einen Kimono.

Lernen Sie, Alters- und Geschlechtsbarrieren zu umgehen

Wie der Rangniedere dem Ranghöheren den Vortritt lässt und der Jüngere dem Älteren, platziert sich die japanische Frau an zweiter Stelle hinter dem Mann. Geschlechtsspezifischen Zwängen ist eine Geschäftspartnerin aus dem Westen jedoch nicht unterworfen. Sie wird in erster Linie als fremd und erst in zweiter Linie als Frau betrachtet. Die/der ausländische Besucher/in lässt sich geschickt mit allen Funktionen und Kompetenzen von einer Mittelsperson vorstellen und zeigt Expertise in der Sache sowie im verbalen und nonverbalen Ausdruck.

Bei dem Versuch, die japanischen Anredeformen zu kopieren, können Sie mehr falsch als richtig machen. Bleiben Sie bei »Mr.« und »Mrs.« Erst wenn Sie mit Ihrem Namen und dem Anhängsel »-san« angesprochen werden, übernehmen Sie diese Anrede für Ihr Gegenüber.

Händigen Sie Ihre – idealerweise zweisprachige – Visitenkarte außer bei sehr starkem hierarchischem Gefälle allen Anwesenden aus. Die Karte – »meishi« – reichen Sie zweihändig an den oberen Ecken mit dem japanischen Text Ihrem Gesprächspartner. Seine Karte nehmen Sie mit beiden Händen entgegen und bewahren sie oberhalb den verbleibenden eigenen auf; stecken Sie seine Karte nicht in seiner unmittelbaren Anwesenheit weg. Lächeln, kurzer Blickkontakt, nicken, das war's.

Extra-Tipp
Am subtilen Verbeugungsritual lesen Sie ab, wie sich Menschen gegenseitig aufeinander beziehen. Überlassen Sie das den Japanern untereinander.

Rituale und verlässliche Rangordnungen
In der Öffentlichkeit tritt die »äußere Person« auf, die »innere Person« hat nur im privaten Rahmen ihren Platz.
- Das höchstrangige Teammitglied wird zuerst begrüßt und vorgestellt.
- Die besten Plätze am Ess- oder Verhandlungstisch – mit Blick auf die Tür – sind den Gästen vorbehalten, die Gastgeber sitzen mit dem Rücken zur Tür. Die wichtigste Person sitzt in der Mitte dieser Reihe; je größer die Entfernung von ihr, desto geringer der Rang. Jeder Anwesende sieht sich einer Person von entsprechendem Rang gegenüber.
- Der Ranghöchste spricht bei einem Meeting zuerst. Das heißt nicht, dass er sofort spricht. Vielleicht nutzen alle Beteiligten zuerst einmal die Strategie des Schweigens, um neue Kontakte auf sich wirken zu lassen und Eindrücke mit allen Sinnen aufzunehmen.

Wahrscheinlich folgt dann die Phase des Smalltalk. Da der Schlüsselwert in der japanischen Gesellschaft »wa« – Harmonie – ist, schneiden Sie Themen an, bei denen Sie mit großer Wahrscheinlichkeit Konsens erzielen. Schildern Sie positive Eindrücke über Land und Unternehmen, stellen Sie Fragen zu

Sehenswürdigkeiten und Gebräuchen. Humor ja, Witze nein. Ihre Begeisterung über den Film »Pearl Harbor« halten Sie zurück. Keine Kritik an Japan, keine Kritik an Deutschland.

Geht der ranghöchste Vertreter der japanischen Gruppe zum Business über, stellen Sie Philosophie und Organisationsstruktur Ihres Unternehmens vor. Lassen Sie das Gegenüber selbst zur Sache kommen.

Extra-Tipp

Sie haben es mit einer stark an Symbolen orientierten, visuellen Kultur zu tun. Und machen Sie es wie Ihre japanischen Gesprächspartner: Richten Sie ständig Ihre Antennen auf Ihr Gegenüber.

Manager zwischen Yin und Yang: China

»Der Mensch hat drei Wege, klug zu handeln: erstens durch Nachdenken, das ist der edelste. Zweitens durch Nachahmen, das ist der leichteste. Drittens durch Erfahrung, das ist er bitterste.« So befand Konfuzius. Wer auf dem Weg zu Geschäftskontakten in China nicht in der Sackgasse landen will, sollte sich demgemäß über die Gepflogenheiten informieren und entsprechend sein Verhaltensrepertoire überlegt erweitern.

Dabei ist China nicht gleich China. Mit »China« ist hier die Volksrepublik China gemeint, nur tendenziell auch Taiwan, die ehemalige britische Kronkolonie Hongkong und exilchinesische Enklaven wie Chinatowns irgendwo in der Welt.

In China leben neben Han Chinesen – 92 Prozent der Einwohner – und mindestens 55 weitere ethnische Gruppen: Über 1,2 Milliarden Menschen bilden im Verein mit sozialistischer Marktwirtschaft und steigendem Lebensstandard einen – so platt würde kein Chinese das je formulieren – lukrativen Markt.

Ritualisiertes Vorgehen

Die Begrüßung von Geschäftspartnern vollzieht sich als geschwind absolviertes, aber in ihrer Hierarchisierung klar erkennbares Ritual.

- Die Gastgeber erwarten die Gäste.
- Deren höchstrangige Person betritt den Raum zuerst.
- Wird sie mit Applaus begrüßt, erwidert sie ihn und wendet sich an den wichtigsten Vertreter der Besucherdelegation.
- Alle Anwesenden begrüßen sich entsprechend ihrem Status, schütteln mit respektvoller leichter Verbeugung sanft die Hände.

Lächeln und Nicken werten Sie als Zeichen für Zuhören, nicht für Zustimmung. Verständnisschwierigkeiten durch erhöhte Lautstärke zu kompensieren würde an Ihrer Autorität kratzen. Wozu haben Sie Ihren (Ihren!) Dolmetscher?

Erscheinen Sie pünktlich, bringen Sie Geduld mit, halten Sie Schweigen aus. Richten Sie Fragen und Bitten vorzugsweise an Gleichrangige. Akzeptieren Sie, dass Chinesen viele Dinge gleichzeitig tun können und ein Geschäft erst möglich ist, wenn die Beziehung stimmt.

Übrigens: Weil in China Frauen in Top-Positionen immer häufiger sind, werden Business-Frauen aus dem Westen entsprechend ihrer Position geachtet.

Namen und Karten

Zur Ehrerbietung gehört, den Namen des Gegenübers korrekt auszusprechen – für Europäer schwierig genug, nicht nur weil im tonalen Chinesischen die Bedeutung eines Wortes gemäß der Betonung variiert. Auch weil auf der chinesischen Visitenkarte der Nachname meist an erster Stelle steht; so ist Li Er Peng mit »Mr. Li« anzusprechen. Es kann aber auch ganz anders sein, zum Beispiel weil verwestlichte Vornamen vor dem Nachnamen platziert werden; verheiratete Frauen behalten häufig ihren Mädchennamen bei.

Visitenkarten werden mit beiden Händen im Stehen überreicht und entgegengenommen und – als Verlängerung der Persönlichkeit – bestens behandelt. Schreiben Sie nicht darauf herum, vergraben Sie sie nicht beliebig in der Jackentasche.

Extra-Tipp
Lassen Sie sich rechtzeitig informieren und lassen Sie sich Ihrerseits mit Ihrem Rang und Namen verständlich und respektvoll vorstellen.

Bescheidenheit ist eine Zier
Mit Achtsamkeit und einem bescheidenen Auftreten erhöhen Sie Ihr Ansehen.

- Dazu gehört, dass Sie sich äußerst korrekt, dezent und in gedeckten Farben kleiden, als Herr in Anzug und weißem Hemd mit Krawatte, als Dame mit Kostüm, Hosenanzug oder Kleid: einem zwar weiblichen, doch keinesfalls aufreizenden Outfit.
- Dazu gehört, dass Sie beim Smalltalk keine direkten Fragen stellen und persönliche nur, sofern sie von allgemeinem Interesse sind, wie Kinder an sich und Kultur allgemein, und dass Sie Religion, Geld, die Menschenrechte und die Rolle Chinas in der Region von sich aus nicht thematisieren. Wenn Sie einer Aussage nicht beipflichten können, sagen Sie einfach »Das klingt interessant.«
- Dazu gehört, dass Sie einen Gesichtsverlust weder riskieren noch provozieren. Berührungen über den Handschlag hinaus, ausladende Gesten und ausdrucksstarke Mimik sind nicht gut angesehen. Nach kurzem Augenkontakt den Blick senken.

Insgesamt gilt es, eine authentisch-souveräne und dabei sympathische Figur zu machen.

Konsequentes und hartes Verhandeln wird als Zeichen von Stärke gewertet. Achten Sie aber darauf, dass Sie Ihr Gegenüber beim Aufzeigen von Grenzen nicht verletzen.

Gastfreundschaft

Gastlichkeit dient der Beziehung und damit dem Business. Nutzen Sie Einladungen zum Essen konsequent.

10 Gebote für das Verhalten bei Tisch:

- Generell wird erwartet, dass Sie sich integrieren.
- Kosten Sie von allen Speisen, das können bei einem Bankett durchaus ein Dutzend sein. Sie können ein bisschen übrig lassen.
- Mit Stäbchen essen zu können ist das Minimum an Reverenz an die Usancen des Gastlandes.
- Bitte nicht vor einem Toast trinken.
- Als Frau trinken Sie wenig Alkohol, als Mann können Sie ihn nur mit Verweis auf Gesundheits- oder Glaubensgründe ablehnen.
- Als Gastgeber eröffnen Sie jeden Gang mit einem Toast. Immer dazu aufstehen!
- Als Gast bringen Sie gegen Ende des Essens einen Toast auf die Anwesenden, ihr Unternehmen und die gute Beziehung aus.
- Erwidern Sie stets eine Einladung in ein Restaurant.
- Rauchen Sie erst nach dem Essen.
- Putzen Sie sich niemals bei Tisch die Nase.

Extra-Tipp

Sollte Ihnen vor einer Speise grausen – nehmen Sie wenig, schlucken Sie schnell und unterhalten Sie sich angeregt!

Literatur

Von der Autorin (Auswahl)

Elisabeth Bonneau: *Smalltalk und Sanfte Akquise*. Deutscher Sparkassenverlag, Stuttgart

Elisabeth Bonneau: *Mini-Knigge*. Gräfe und Unzer Verlag, München

Elisabeth Bonneau: *Erfolgsfaktor Smalltalk*. Gräfe und Unzer Verlag, München

Elisabeth Bonneau: *Spaghetti, Jeans & gute Sprüche: Knigge für Kids*. Heinrich Ellermann, Hamburg

Bibliografie

Baron v. Mirbach, Johannes: *Adelsnamen, Adelstitel*. Starke Verlag, Limburg

Bauer, Joachim: *Das Gedächtnis des Körpers*. Eichborn Verlag, Frankfurt

Baumann, Hans-Werner/ Hartmann, Martin/Röpnack, Rainer: *Immer diese Meetings*. Beltz, Weinheim

Berne, Eric: *Spiele der Erwachsenen*. rororo, Reinbeck

Bourdieu, Pierre: *Die feinen Unterschiede*. Suhrkamp, Frankfurt

Brinkmann, Ralf: *Mobbing, Bullying, Bossing – Treibjagd am Arbeitsplatz*. Sauer-Verlag, Heidelberg

Edelmann, Walter: *Lernpsychologie*. Beltz PVU, Weinheim

Elias, Norbert: *Über den Prozess der Zivilisation*. Suhrkamp, Frankfurt

Fink, Thomas; Yong, Mao: *Die 85 Methoden eine Krawatte zu binden*. Piper Verlag, München

Forgas, Joseph P.: *Soziale Interaktion und Kommunikation*. Beltz, Weinheim

Fox, Sue/Cunningham, Perrin: *Business Etiquette for Dummies*. IDG Books, Foster City, CA, USA

Frey, Siegfried: *Die Macht des Bildes*. Verlag Hans Huber, Bern

Haeske, Udo: *Erfolgreich telefonieren im Beruf*. Beltz, Weinheim

Hartmann, Michael: *Der Mythos von den Leistungseliten*. Campus Verlag, Frankfurt

Heller, Eva: *Wie Farben wirken.* Rowohlt, Reinbek 1989

Hinsch, Rüdiger/Wittmann, Simone: *Soziale Kompetenz kann man lernen.* Beltz PVU, Weinheim

Hirschfelder, Gunther: *Europäische Esskultur.* Campus Verlag, Frankfurt

Hofsteede, Gert: *Cultures and Organization.* McGraw-Hill, New York

Johnson, Hugh: *Der kleine Johnson 2004.* Gräfe und Unzer Verlag, München

Johnson, Hugh/Robinson Jancis: *Der Weinatlas.* Gräfe und Unzer Verlag, München

Johnstone, Keith: *Improvisation und Theater.* Alexander Verlag, Berlin

Lehnert, Gertrud: *Mode.* Du Mont Buchverlag, Köln

Kushner, Malcolm: *Successful Presentation for Dummies.* IDG Books, Foster City, CA, USA

Lausberg, Heinrich: *Elemente der literarischen Rhetorik.* Max Hueber, München

Loschek, Ingrid: *Reclams Mode- & Kostümlexikon.* Philipp Reclam, Stuttgart

Morris, Desmond: *Körpersignale – Vom Scheitel bis zum Kinn. Vom Dekolleté bis zum Zeh.* Heyne, München

Powers, Dennis M.: *Liebe im Büro.* Campus Verlag, Frankfurt

Morrison, Terry/Conaway, Wayne A./ Borden, George A.: *Kiss, Bow or Shake Hands.* Adams Media Corporation, Holbrook, MA, USA

N.N.: *Schreib- und Gestaltungsregeln Sonderdruck 5008.* Beuth Verlag, Berlin 2001

Naumann, Frank: *Die Kunst der Diplomatie.* Rowohlt Taschenbuch, Reinbek

Paczensy, Gert v./Dünnbier, Anna: *Kulturgeschichte des Essens und Trinkens.* Albrecht Knaus Verlag, München

Pohlmann, Nina: *Krawattenknoten.* Gräfe und Unzer Verlag, München

Rowland, Diana: *Japan-Knigge für Manager.* Campus, Frankfurt

Schiefenhövel, Wolf: *Der Mensch in seiner Welt.* Trias, Stuttgart

Schulz von Thun, Friedemann: *Miteinander reden 1 – 3.* rororo, Hamburg

Stahl, Günter/Langeloh, Claudia/ Kühlmann, Torsten: *Geschäftlich in den USA.* Carl Ueberreuter, Wien

Stephan, Cora: *Neue deutsche Etikette.* Rowohlt, Berlin

Ueding, Gert: *Klassische Rhetorik.* C.H. Beck, München

Watzlawick, Paul: *Die Möglichkeit des Andersseins.* Hans Huber, Bern

Williams, Jeremy: *Don't They Know It's Friday?* Gulf Business Books, Dubai UAE 1998

Stichwortverzeichnis

Wichtige Hinweise

Die Beiträge in diesem Buch sind sorgfältig recherchiert und entsprechen dem aktuellen Stand. Abweichungen, beispielsweise durch seit Drucklegung geänderte Preise, Gebühren, Internet-Adressen etc., sind jedoch nicht auszuschließen. Weder Autorin noch Verlag können für eventuelle Nachteile oder Schäden, die aus den in diesem Buch gegebenen praktischen Hinweisen resultieren, eine Haftung übernehmen.

Die hin und wieder männlich erscheinende Form ist, wenn nicht anders präzisiert, als geschlechtsneutraler Kollektivbegriff für Männer und Frauen gemeint – also eindeutig zweideutig.

ELISABETH BONNEAU ist Kommunikationstrainerin mit über 25 Jahren Erfahrung in Aus- und Weiterbildung in Deutschland, Luxemburg und in der Schweiz. Zu ihren Kunden gehören u.a. die Deutsche Bank, McKinsey & Company, Universität Sankt Gallen, DaimlerChrysler, Hypovereinsbank, Swiss Re und Zürich Versicherungen.

Der Seminartest der Süddeutschen Zeitung attestiert Elisabeth Bonneau »die gebündelte Kompetenz einer Pädagogin, Psychologin und Autorin«. Ihre Seminare, Vorträge und Coachings sind angewandte Psychologie, nicht kurzfristige Fassadenpflege.

Als erfolgreiche Buchautorin zum Thema gewandtes Auftreten in Beruf und Gesellschaft ist sie nicht nur ein gefragter Gast im Fernsehen, sondern auch bekannt aus zahlreichen Veröffentlichungen in der Fach- und Publikumspresse.